课程思政视域下的
哲学教育

主编 严璨

图书在版编目(CIP)数据

课程思政视域下的哲学教育/严璨主编.—武汉：武汉大学出版社，2023.5
ISBN 978-7-307-23559-5

Ⅰ.课… Ⅱ.严… Ⅲ.哲学—教育研究 Ⅳ.B-4

中国国家版本馆 CIP 数据核字(2023)第 004978 号

责任编辑:胡国民　　责任校对:鄢春梅　　版式设计:马　佳

出版发行：武汉大学出版社　　(430072　武昌　珞珈山)
（电子邮箱：cbs22@whu.edu.cn　网址：www.wdp.com.cn）
印刷：湖北金海印务有限公司
开本：720×1000　1/16　　印张：17　　字数：252 千字　　插页：1
版次：2023 年 5 月第 1 版　　2023 年 5 月第 1 次印刷
ISBN 978-7-307-23559-5　　定价：62.00 元

版权所有，不得翻印；凡购我社的图书，如有质量问题，请与当地图书销售部门联系调换。

目 录

疫情期间人文经典教育的信息化探索与反思 …………… 肖　航(1)

育人观念在高校图书管理中的新内涵
　　——以武汉大学哲学学院资料室为例 …………… 冯　娟(12)

对"普通逻辑学"课程的思考与规划 ………………… 杜珊珊(18)

高校院系资料室的育人策略构建 ……………………… 廖玉萍(28)

讨论式教学在高校人文通识课程中的设计与实施 …… 秦　平(33)

沿"心理"之道，用"信息"之术
　　——"生理心理学"课程的"教与学" …………… 李　杰(47)

如何讲一门有人文反思的变态心理学 ………………… 徐华女(56)

通识教育视角下的社会主义核心价值观 ……………… 周　可(74)

做有价值的研究
　　——心理学教学过程中的价值导向 ……… 胡军生　陈苏一(88)

案例教学在"心理学与生活"授课中的运用 ………… 刘　毅(101)

大学生心理健康与适应课程的教学反思 ……………… 王志云(109)

国学学科建设与经典教育 ……………………………… 任慧峰(119)

职业健康心理学课程思政建设初探 …………………… 严　瑜(126)

大学教学中的实践能力导向
　　——以"教育科学中的质性研究方法及训练"为例
　　　　　　　　　　　　　　　　　……… 陈　峥　胡军生(138)

育人于博雅：新文科教育的指归、路径和框架 ……… 余婉卉(148)

通过个性化反馈落实课程育人
　　——以"决策与谈判心理学"课程论文为例
　　……………………………………………… 谢天，吴凡，梁燕芳(161)
论哲学"嵌入"实践教育的可行性与独特性 ………………… 李　志(172)
道德教育的困境与解答 ……………………………………… 喻　丰(181)
当代社会文化背景下"发展心理学"课程思政的定位与路径
　　………………………………………………… 张春妹　刘雨蔚(191)
新文科视野下的中国哲学史文献学课程改革及其教材建设
　　……………………………………………………………… 连　凡(201)
基于基础学科拔尖人才培养的教学管理模式创新研究 ……… 陈苏一(220)
全员育人视域下的课程思政建设研究 ……………… 严　璨　曹佳乐(227)
哲学创新的必备要件：重视"当代哲学史" ………………… 冯书怡(234)
哲学学院国际化育人的探索与实践 ………………………… 李慧敏(249)
实验中心实践育人的挑战和对策探析
　　——以武汉大学哲学与心理实验教学中心为例 ………… 程爱丽(253)
高校德育需要重情：来自实验的证据 ……………… 姜兆萍　王　艳(260)

疫情期间人文经典教育的信息化探索与反思

肖 航[①]

2020年2月5日，教育部正式下发《关于在疫情防控期间做好普通高等学校在线教学组织与管理工作的指导意见》，要求各高校充分利用上线的慕课和省、校两级优质在线课程，依托各级各类在线课程平台、校内网络学习空间等，积极开展线上授课和线上学习，保证疫情防控期间教学进度和教学质量，实现"停课不停教、停课不停学"。实际上早在2020年在2月1日，作为专任教师，我们就接到了学校的相关部署和安排。武汉作为此次疫情的重灾区，在1月底至2月初抗疫形势还非常严峻，线上教学成为武汉大学师生"停课不停学"的必要也是唯一选项。

笔者在这段特殊的学期为2019弘毅人文试验班学生开设了专业必修课程"中国思想经典研读"。根据以往的教学经验，该课程应该以传统文化经典作为基础文本，授课模式以老师在课堂上带领大家朗读、精读，然后进行讨论讲授，很少利用信息化技术来进行授课，这是一项很大的挑战。但经过一个学期的实践摸索，笔者觉得利用信息化技术有效开展传统文化经典导读是可行的，且有其独特优势。下面将就此次探索进行总结和分析，以期提供相关经验教训，并期待就正于各方家。

[①] 肖航，武汉大学哲学学院、国学院副教授。

一、立德树人是传统人文经典教育的核心要义

"中国思想经典研读"这门课程按原计划应该涉及较为广泛的文献资料，但是考虑疫情期间同学们不能方便迅速地获得文献资料，教师本人也因为手头资料有限，所以课程以"四书"为基本材料，选用宋朝朱熹的《四书章句集注》电子版本作为基本教材。

"四书"类课程作为国学院国学专业的必修课程，也是中国哲学团队长期建设的全校通识课程，已经积累了长期的授课经验和基础。在资料获取受限、授课形式完全更新的前提下，这部经典相对来讲前期准备比较充足，也更便于和以往课程质量进行对比。迄今，笔者已经十几次开设"四书"类课程，唯一不同点在于这是第一次也是唯一一次全程带领同学们在线上开展阅读和讨论。此次之所以选择《论语》《孟子》《大学》《中庸》组成的"四书"作为中国思想经典的代表著作进行线上直播讲授，主要还有以下几点考虑：

第一，"四书"是传统儒家的核心经典，凝聚着中华人文精神与价值理念，对中国古代文化产生过广泛而深远的影响。"四书"里面《论语》《孟子》《大学》《中庸》，属于先秦经典文本。经典原文涵盖先秦思想的基本要点和当时历史文化的全息图像。通过读"四书"原文，可以"十字形"打开经典文本，横向拓展到与其同时代的《老子》《庄子》等文本，纵向延伸到《诗》《书》《礼》《易》《春秋》经学文献、佛教典籍、道教典籍、宋明理学等各时代不同经典，从时间的绵延性和地域的广阔性两方面，探索中国思想源头，了解先秦两汉思想的基本风貌是如何的，原始儒家的经典要义何在。不仅于此，在宋代后的将近1000年里，朱熹的《四书章句集注》都是科举考试的必读文献，对读书人产生过非常深刻的影响。加上《朱子家礼》等礼类文献的推广普及，对民间传统风俗礼仪曾经起到过非常广泛的现实指导作用，至今在百姓日常生活中仍然可以看到某些历史遗存。因此，用这组经典代表中国传统文化的重要思想是比较合适的。

第二,人文经典教育首先应是生命教育,包含对生命价值和生命意义的深刻观照,这也符合教育的目的首先在于让学生成人。生命的终极意义何在?人如何在有限的生命时间中拓展自己生命的境界?这是当代青年学生有必要认真思考的问题。"四书"里许多内容展现了对生命主体价值的挺立,对最高真理的不懈追求,对人生责任的勇力承担,对生活的无限热爱,这些都是引导学生树立正确生命观念的最好材料。而课程开设期间,抗疫斗争中涌现的各种人物和事迹又为这些理念价值提供了最好的案例。面对这次新中国成立以来发生的传播速度最快、感染范围最广、防控难度最大的重大突发公共卫生事件,党中央明确提出"疫情就是命令,防控就是责任。人民高于一切,生命重于泰山",这些掷地有声的话语体现了党和国家对于人民生命的不懈守护,对于人民安全的负责到底,对于肺炎病魔的无惧无畏,这也正是"士不可不弘毅,任重而道远"(《论语·泰伯》)的生动体现。在与病魔的较量与搏斗中,全国各地成千上万的医务工作者们为了守护人民群众的生命安全,自己选择披上白衣"战袍"挺身而出,毫不犹豫地背起行囊,义无反顾地踏上了舍命驰援湖北武汉的逆行之路,以血肉之躯筑起了生命安全的坚固堡垒,这又何尝不是"志士仁人,无求生以害仁,有杀身以成仁"的现实写照(《论语·卫灵公》)。这些活生生的例子为传统人文经典充实了新的时代内涵,彰显了中国大爱。在教学过程中,结合经典来讨论钟南山、李兰娟、张定宇等现实英雄例子时,学生们纷纷发表感想,说明他们的内心确实产生了深刻的震撼。

第三,以"四书"为代表的人文经典提供了具体可行的为人为学之道,讲清了修身行事的具体方式,明确了涵养君子人格的必由路径。国无德不兴,人无德不立。育人之本在于立德铸魂。天下大事必作于细,必成于实。立德要教育引导学生从自身做起、从点滴开始,在日常学习生活中落实好的道德价值观念,养成良好的生活学习习惯,踏踏实实修好品德,再逐步成为有大爱大德大情怀的人。

在抗疫斗争中,普通学生最重要的任务还是要坚持搞好学习。课堂上,针对有些学生受网络传媒的某些负面影响,个别甚至产生比较悲观的情绪,传统人文经典可以进行有效的教育引导。比如《论语·为政》有"多闻阙疑,慎言其余,则寡尤。多见阙殆,慎行其余,则寡悔",通过讲解梳理这章,可以教育学生们对于见闻之知不可偏信,要跟随主流媒体,树立抗疫必胜的信念。用"百工居肆以成其事,君子学以致其道"(《论语·子张》)的信念,鼓励学生珍惜特殊时期来之不易的学习时光,力求在课堂上心无旁骛求知问学,沿着求真理、悟道理、明事理的方向前进。

另外,儒家教育思想中明确过获取书本知识并非学习的最高目的,孔子强调讲"弟子入则孝,出则弟,谨而信,泛爱众,而亲仁,行有余力,则以学文"(《论语·学而》)。学习目的是为了实践,在传统儒家思想中落实践行孝悌仁义等道德理念是学习的根本目的,这也是涵养君子人格的起点。在课程期间,笔者做过线上小调查:有多少同学能够独自一人准备全家的饭菜?近百人的课堂里面,能够回答"完全没问题"的学生占少数。课堂上,笔者明确倡议让同学们在家里参加家务劳动,学会做饭。《论语·子张》里面有"子夏之门人小子,当洒扫应对进退,则可矣,抑末也",《大学》里面有"古之欲明明德于天下者,先治其国,欲治其国者,先齐其家;欲齐其家者,先修其身;欲修其身者,先正其心;欲正其心者,先诚其意;欲诚其意者,先致其知,致知在格物",这些都是在强调年轻人的道德涵养要从洒扫应对等实际生活的小事做起,在小事中磨炼心性,培养意志,锻炼能力。不少同学的父母在疫情期间参加了抗疫斗争,疫情缓和后又要复工复产,工作任务本身是比较繁重的。而学生们在此期间基本居家,除了上课之外有时间也有条件从事家务劳动,分担父母亲的家务工作,照顾一家人起居,这也是应该可以尽到的责任。不少同学在课下认真去学了做饭。通过劳动实践,可以培养他们综合处理问题的能力,弘扬劳动精神,引导学生崇尚劳动、尊重劳动,都是学生健康成长的重要方面,是立德树人的教育实践抓手。这种在日常家庭生活中,实践经典所教导的孝道,践行儒家提倡的家庭伦理道德,是以往集中在学校课堂中讲授时无法立刻落实的,而"知行合一"才是儒家精神真内涵。

第四,以"四书"为代表的人文经典教育可以培养学生们的民族自豪感和文化自信心。孔子讲过"四海之内皆兄弟也"(《论语·颜渊》),《大学》里面也强调"修身齐家治国平天下",人类命运共同体正是植根于中华文明中"协和万邦、四海一家"的人文理想,秉持待人如己、仁恕并施的价值理念。病毒没有国界,疫情不分种族。自疫情发生以来,中国同世界卫生组织、国际社会保持密切沟通,主动进行技术交流、实施物资援助、派遣医疗专家团队。面对西方政客的"病毒起源论""甩锅中国论""中国赔偿论"等无端指责和恶意抹黑,中国以实际行动践行人类命运共同体理念,展现出负责任大国的作为和担当,充分彰显坚守道义、肩扛构建人类命运共同体的大国气度。多难兴邦,中华民族的苦难史就是整个民族的精神成长史。此次抗疫斗争提升了中华民族共同体的精神高度,鼓舞着同学们在实现中华民族复兴的伟大征程中砥砺前行。

总之,通过疫情期间的线上人文经典"四书"的讲授讨论,旨在让学生能读懂、能分析与理解原著经典,了解经典产生时代的历史和文化背景,还力求引导他们树立正确的生命观念、道德主体意识,在劳动和实践中践行道德理念,培养其民族自豪感,提升其文化自信心。做到不仅讲训诂而且讲义理,不仅讲知识而且讲价值,讲为人为学之道,讲孔孟仁义之道的现代意义。总体而言,此次线上授课基本实现了课程的设置目标,达到了预期的效果。

二、信息化技术是传统人文经典教育的有效途径

这次授课主要采用的信息化平台是腾讯会议,在课程开设之前通过班级干部建立了专用的QQ群,将所需要的相关参考资料全部上传到群共享,方便大家进行下载。同时,建立QQ群的目的也在于避免腾讯会议平台出现拥堵,一旦有特殊情况有备用的授课方式,如QQ直播间等。在实际操作过程中,在课程开始的前一天和部分同学试用过直播间,测试了授课效果。经过和学生们商量,此次授课以腾讯会议为首选。通过16周的授课,每周一次的线上授课,外加讨论、答疑等环节,笔者认为信息化手段在进

行传统人文经典教育的过程中有其独特的优势。

第一,课堂的翻转性。长期从事"翻转课堂"等新教育模式研究的专家田爱丽讲过:"所谓翻转课堂,是相对于传统的课堂上以教师的知识讲授为主、课后以学生完成作业为主的教学形式而言的;翻转课堂是指利用现代信息技术的便利,教师把对知识的讲解录制成短小精悍的微视频,配以其他学习资料和进阶作业,通过学习平台发送给学生,学生在教师引导下先行自学,完成进阶作业,达到对基础知识的理解和识记;教师通过分析学生学习的数据,在详细把握学情的基础上,有针对性地重点讲解,师生、生生一起解决疑难,拓展探究,动手实践,在此过程中发展学生的高层次思维能力,培养学生的综合素质,促进拔尖创新人才的成长。"①的确,传统课堂教学最典型的流程是老师先讲,学生掌握知识点,然后学生再去完成课后阅读和写作。但是在网络授课过程中,老师不得不调整授课顺序。授课资料和参考书目在课前已经发到了课程群里,不少同学同步背诵下了"四书"的原文(这个在作业项目中,老师并没有做强制要求),还有同学看了许多推荐书目之外的其他相关注释和参考资料,加上网络上丰富的学习资源,同学们已经在课前对所讲授的内容比较熟悉。老师在课上主要的教学活动不再是系统地逐字逐句进行讲解,而是重点提炼思想、有针对性地讲解疑难问题,主要在于回答困惑、进一步提出问题、引发更深层次的思考。这样做的重要意义是老师可以利用珍贵授课的时间去解决问题,帮助学生发展深层次的能力。也就是说原来课上,教师的主要职能是传播知识,帮助学生获得知识、理解知识、记住知识。现在已经变成帮助学生解决薄弱环节,打破固有思维习惯,启发新的认知方式,进而利用这个时间帮助学生在知识迁移应用过程中发展高阶能力。这种在线教学流程的改变对教育教学的改革意义非常大。如果利用好网上的数字资源和学习工具,老师可以做更有利于学生发展高阶能力的教学工作。

---

① 田爱丽. 转变教学模式 促进拔尖创新人才培养——基于"慕课学习+翻转课堂"的理性思考》[J]. 教育研究,2016(10):107.

第二，时空的灵活性。传统授课方式是在某个固定时间和固定地点进行授课，当然在课后或QQ群里老师也会负责答疑，但整体而言比较侧重于课堂，在时间和空间上都受到了一定限制。在线教学是疫情期间让我们停课不停学的权宜之计，但是它本质上也是变革趋势。不论有没有疫情，互联网都必将成为教育的第三空间。这也是国家之所以出台"互联网+"行动计划的原因。在推动各行各业考虑互联网空间进入之后，原有的组织体系、服务模式、服务流程，要做出相应的变化，以更好地适应这个时代的需要。教育也不例外，只是疫情加速了这个进程。建立于大数据和互联网基础上的高等教育，对原来课堂学习的形态已经有所突破。互联网作为新的空间，为构建满足新需求的新的教育体系，为培养适应新时代的接班人和劳动者提供了前所未有的可能。学生可以随时随地根据自身需要利用互联网空间储备和拓展自己的知识，不再受到某个课堂的局限。老师也可以随时回答每个学生单独提出来的问题并进一步推荐适合个人兴趣的书目和相关网络资源，这就突破了传统课堂整齐划一的指导。在这次授课过程中，比如有个别学生对《论语》中可能有阙文或断简的问题比较关注，向笔者提出了不少有价值的问题，那么笔者针对学生本人爱好特长特地推荐了出土文献、古籍版本等相关书目进行指导。这个不在此课程原有的授课目标和学习范围内，但是学生学习能力的进一步发展有要求，老师进行合理的引导，可以保护学生的求知欲和好奇心。

第三，资源的共享性。在信息化教育中，资源不再以传统的渠道来传播，而是利用网络来分享同一个资源，利用云平台跨越原来社会组织的边界来进行同一个活动。我们早期理解的云就是计算能力、存储能力，现在很明显云也是一种课程能力。大学慕课体系的建立、珞珈在线等精品课程平台的建构，为全国大学生同在一门课上学习提供了条件。未来的课程不一定是以学校为单位，可能以区域为单位，也可能以全国为单位。一名好的老师可以利用互联网在更大范围内服务于更多的学生。此次授课以《四书章句集注》的原著为主，但因为该班学生没有系统学习过"中国哲学史"的课程，对整个中国传统思想的主要脉络不大明晰。笔者在授课中重点推荐了由李维武老师主讲、中哲教学团队集体建设的教育部2018年国家精品在线开放课程慕课"中国哲学史",作为此次课堂教学的有效补充。该课程已经建设了较长时间,面对全国大学生开设,每年都有近万学生选修,也深受学生好评。当然网络上还有其他相关的课程,笔者也推荐学生根据自身能力和兴趣进行选看。互联网为我们提供了一种新的课程建设的可能性——资源共建共享。可以把每个学校最精华的东西拿出来,通过互联网让所有的学生共享。这样就能保证资源的质量,更主要的是可以让优质资源被所有有需要的学生所共同分享。

第四,关系的平等性。在网络授课的过程中,传统师生关系也有所改进和革新。在课程中,老师不再只是知识的载体,更是课程的构建者之一,是课程开展过程中的促进者和帮助者,同时也是学习者。每个课堂参与者基本处于平等地位。在此次课程期间,讲课时腾讯课堂的聊天窗口随时开放,QQ群也同步在线,学生即时对老师所讲的经典原文和问题进行查找、核对及扩展,进而提出新的问题。这对老师提出了很大的挑战。而且,有同学的家长因为疫情在家也参与了听课,并对有些问题和内容有反馈和思考,这在以前课程中也是从来没有出现过的情况。笔者也根据学生和家长的意见,对相关问题进行了相应的解答。这种课堂的开放性、灵活性、平等性是以往课堂所难以企及的。随着学生思考解决复杂问题的能力提高,不仅可以使得老师成为教学力量,学生成为教学力量,家长也可以成为教学力量,所以说信息化教学可以整合全社会的资源,共同服务学生。信息化教育平台的搭建正是要通过群体智慧的汇聚来完成知识生产,在汇聚过程中完成知识传播。每一个参与者既是知识的贡献者,更是知识的受益者。

另外,在课堂上有些学生比较活跃、善于提出问题,有的学生相对来讲比较沉默,不愿意公开提出问题。针对不同的参与者,笔者会把在线跟学生问答互动的过程全部记录下来,尤其是比较有典型意义和示范性的内容会全部分享给班上其他同学,这个效果也较好。这种资源分享的意图是为了在网络授课中试图将所有学生从听课者和旁观者的身份转变为实际参与者。这种互动过程的再次展现，不仅能呈现内容，还能呈现真实的互动过程。教学相长、师生互动的过程以及在互动过程中学生获得的约束、激励、帮助是最珍贵的。学生在课堂上不提问，看别人提问，课堂不回答问题，看别人回答问题，这种替代性交互关系可以引起学生的共鸣。也就是说，有很多学生在课堂不喜欢提问题，并不等于他们没有问题或者没有能力参与交互，他们通过观摩别的同学跟老师的交互过程，采用移情方式来完成自己和老师的交互，对自身也可以提供有效促进和帮助，下次他们可能就是主动提问者和互动者。

总之，根据一学期的探索，笔者认为信息化手段推动了翻转课堂的实现，实现了优势课程资源的共享和充分利用，突破了传统授课的时空局限，促进了新型师生关系的建构，具有前所未有的开放性、灵活性、平等性，可以成为传统人文经典教育的有效途径。

三、对传统人文经典教育信息化实践的反思

这次全程线上授课对于笔者而言是第一次尝试，在总结这种信息化教育方式优点的同时，笔者也与传统授课模式进行了仔细对比，相较而言信息化人文经典教育也存在一定局限性，值得提出来进行讨论和改进。

第一，消解了传统课堂的神圣性与严肃性。唐代韩愈在《师说》里面明确讲过"师者，传道受业解惑也"，在中国传统文化中"天地君亲师"的排序方式对教师地位极为推崇，这也促进了全社会尊师重教风气的形成。在笔者本科学习期间，有老先生曾经按古代传统要求学生行上课礼，以此表达对老师的尊重和知识的敬重。笔者按照要求亲身行礼后，确实在课堂上心中某种神圣感油然而生。近些年来，尽管课堂上老师不再强调学生行礼，但在传统授课方式中教师处于讲台上，汇聚全班同学的注意力。在传授经典的过程中，朗读、讲授、分析之时，整个课堂氛围以庄严肃穆为主，当然在讨论环节也应不失活泼自由。根据不同内容的教学要求和实际进程，教师基本能够全程主导整个授课过程。而在网络授课时，老师面对屏幕，

无法及时观测学生的真实表情和反应。因为每个学生所处的具体环境不同，对于课程参与和接受程度也因人而异。有的学生可以做到一家人都参与听课和讨论，有的学生却经常受到家里人和其他事务的不断打扰，还有的学生甚至在没有请假的情况下缺课或者在线不在课（当然不排除有些学生是因为网络条件不好，并非故意缺课）。每个学生所处的小环境分散，课程进行期间每个人心境不同，在缺乏强烈自制力和有效监督的情况下，有些人对待网络授课比较随意，甚至有些人在授课时间仅仅打开了手机等通信设备，这使得学习过程中缺乏传统授课过程中的严肃性和庄严感。

第二，对学习者的自我管理能力要求高。不可否认，自主学习将是终身学习最主要的途径。人在学校的时间是非常有限的，有老师陪伴的学习只是人生的一个阶段，在人生更长的阶段需要开展自主学习。但在基础教育阶段，长期学校课堂教学使得学生产生了一种惯性，认为学习必须有老师陪伴和督促。这次全程在线教学，由学生自己根据自身需求来学习。这种学习方式对学习者也提出了能力上的挑战，需要学生有强烈的内在求知欲和自我控制的能力。在课堂中也发现一些平时自主学习能力、自我管理能力比较弱的学生，在这个过程中遇到一些困难，不能有效参与互动，不能及时回答老师随机提出的问题，不能自主探索更为广阔的学习资源，不能深度拓展自己的思考能力和及时转变思维模式。针对这部分学生，信息化人文经典授课方式似乎收效并不尽如人意。

第三，师生之间、学生之间缺乏面对面的真实交流，讨论互动环节难以把握。以往传统授课时，老师会带着学生朗读课文，让同学当众背诵或者解读，小组讨论中同学们会为某个问题争执得面红耳赤。而在线上教学过程中，这些环节无法有效呈现。老师和学生都是面对的机器或者某种屏幕，缺乏面对面的真实情感交流和互动，无法即时产生神态或肢体语言等反应，进行有效的情感互动。这对于学生的人际沟通表达、身心全面发展可能存在不利因素。另外在讨论互动环节中，因为聊天窗口设置等原因，短时间会同时涌现非常多的意见和消息，打破了传统课堂上一个个举手轮流发表意见的秩序。有些同学表达意愿时特别强烈又紧追不舍，那么老师的回答可能满足了这部分同学的需要而导致忽略其他人。如果课后没有单独和老师的进一步互动，有些学生可能会有被忽视感，这并非老师所期望的效果。有些讨论甚至变成以某个同学的意见为主导，这就使得老师难以有效主导把握整个课堂，从而影响整个课堂的设置和安排。

总之，在此次授课实践中，信息化传统人文经典教育有其独特优势，但不可否认存在一些不利因素，这也是值得进一步思考和总结的经验。

四、结　　语

总体而言，疫情期间笔者线上讲授的"中国思想经典研读"可以说是对传统人文经典教育的信息化一次有益探索。这次授课实现了人文教育重在立德树人的核心目标。新的授课方式推动了翻转课堂的实现，达到了优势课程资源的共享和充分利用，突破了传统授课的时空局限，促进了新型师生关系的建构，具有前所未有的开放性、灵活性、平等性，可以成为传统人文经典教育的有效途径。但是，信息化教学也存在部分局限性和不足，这些都需要在未来的教学实践中进一步克服和完善。

育人观念在高校图书管理中的新内涵
——以武汉大学哲学学院资料室为例

冯 娟[①]

新时代,立德树人是高等教育的根本任务,也是高校不断追求的教育目标。党和国家明确提出了高校要培养全面发展的人,成才先成人。高等学校承担着为实现中华民族伟大复兴的中国梦培养造就高素质人才的重任,习近平总书记在全国高校思想政治工作会议上强调,所有的教师都应履行育人的职责,所有的课程都应发挥育人的功能。近年来,高校在贯彻落实习近平总书记讲话精神、构建"三全育人"格局等方面取得了一些成果。这对高校各种岗位的工作人员的素养提出了更高的要求。

一流的大学需要一流的管理。创建世界一流的大学管理体系,就是将大学作为一学术共同体来建设,管理者和师生有共同的为社会和国家服务的目标导向,有探索真理、服务正义的价值取向和人文关爱的精神追求,处处彰显以学生为中心和以教师为依靠的人文精神。为他们提供世界一流的优质教学科研服务,创建一流心情舒畅的学习和生活环境,营造一流的自由探索的宽松而严谨的学术氛围,这样才能激发师生为学校的"双一流"建设贡献自己的力量,并且在这种互动中实现大学双一流建设和大学管理体系的不断优化与迭代升级。[②] 大学教育是培养人的事业,要凝聚一流的

[①] 冯娟,女,硕士研究生,武汉大学哲学学院资料室馆员。
[②] 刘经南. 以创建高水平管理服务体系促进双一流建设[C]//刘礼堂. 高等教育理论与实践研究探索集(2). 武汉:武汉大学出版社,2019:1.

教师,才能培养一流的人才。文献的管理和利用,对于科学研究必不可少,图书馆在这一方面应起到重要的辅助作用及物质支撑。

一、图书育人的新理念

在耶鲁大学图书馆的大门边刻有"The library is the Heart of the University"(图书馆是大学的心脏)字样。这个观念是由"现代医学之父"加拿大医学家、教育家威廉·奥斯勒提出的,其中的寓意既生动又深刻。优雅的环境、专业的图书、优质的服务是图书馆的三大基本条件。武汉大学图书馆现设四个分馆:文理分馆、工学分馆、信息科学分馆和医学分馆。据2020年7月武汉大学图书馆官网显示,全馆文献资源总量达1844万册。全校现有图书馆馆舍面积为77389平方米,资料室为16626平方米,总面积达到94015平方米。全校26个院系、研究中心及实验室设有图书资料室,在业务上由总馆指导,共同组成学校的文献服务网络体系。

大学的岗位设置一般分三类,分别为专业的教学科研岗位、管理服务岗位和工勤技能岗位,形成教师及研究人员、行政人员、后勤保障人员三支队伍。这三支队伍在工作内容、岗位职责上的区别很大,但最终的目标指向立德树人的根本任务。2018年全国高等学校2663所,教职工共252.6万人。有专任老师169.5万人,占67.1%;行政人员36.4万人,占14.4%;教辅人员22.9万人,占9.1%;工勤人员13.4万人,占5.3%,附属机构10.6万人,占4.1%。①

传统观念认为,教师是通过教学活动来培育人才,是教书育人的主体;行政人员通过学校行政工作,在管理学校的过程中实现育人的目标,是管理育人的主体;保障人员在学校后勤服务工作中实现育人目标,是服务育人的主体。新时代,大学的岗位设置和队伍组成没有发生根本性变化,教学、管理和保障三种人员形成了紧密联系、相互依存、相辅相成的

---

① 何宪.高校工资制度改革研究[J].中国高等教育,2020(20):13.

关系，缺少任何一支队伍，以及教学、管理、服务的任何一项活动，立德树人的目标都难以达成，其读书育人的效果都受到影响。①

图书馆作为学校活力的源泉，肩负着很多的功能：文化保存和收藏整理功能、知识教育功能、信息传递功能、文化娱乐功能等。武汉大学图书馆以其搜罗宏富的藏书和良好的网络信息服务平台成为莘莘学子博览群书、涉猎各科知识、获取各种信息的重要场所。图书馆显然成为传播知识的圣殿，孕育人才的第二课堂。文史哲是武汉大学的传统名牌学科，哲学学院资料室作为学校院系资料室的"老大"，以其特有的专业书籍吸引本专业和全校的师生。现代信息服务环境下的图书馆馆员将以忠诚的敬业精神和热情周到的服务引导大家度过在大学的求学时光。

二、图书育人的新机遇

如果说图书馆是大学的心脏，那么各院所资料室则是辅助心脏运转的静脉或动脉。在实际中，院系资料室在教学科研过程中担当着重要角色，为学科建设提供保障。近年来伴随着信息化时代的进程，院系资料室的发展面临新的困境和机遇。

（一）以便捷的查找方式服务读者、想方设法加大流通量

武汉大学哲学学院资料室是第一批进入学校图书 ALEPH 集成系统的院系资料室，读者通过系统可以查找全校的图书馆藏资源，借阅纸本图书，或者下载电子资源。读者还可以通过文献传递的方式，取得国内院校图书馆的特别、孤本资料。

目前，哲学学院资料室收藏 9.8 万册中外书刊，专职工作人员 2 人，

---

① 王胜本，李鹤飞，刘旭东.试论服务育人的新时代内涵[J].中国高等教育 2020(11)：47.

近年平均流通量达到8000册次。但是为了让学生更多接触专业书籍、促进学生与学科的融合，2019年学院增加了学生借阅图书的册数：博士生可借15本，硕士生可借12本，本科生可借5本。并且学院还为弘毅学堂哲学方向本科学生开通借书权限，为传统文化中心的研究生开通借书权限。资料室的馆员始终把读者的权益放在心中，为学生找书不厌其烦，为年长教师提供远程服务，可送书到家。学院学生进入大馆的人数一直名列全校各院系前位，2019年哲学学院被图书馆评为"十大书香学院"。

（二）用海量的电子资源满足读者对古籍研究或外文文献需求

全校各院系资料室业务上受图书馆指导，目前大多数院系资料室已经完成书刊回溯，并且使用了与武汉大学图书馆相通的ALEPH集成系统，进行新书分编和读者服务、资料室管理。2019年学校图书馆订购各类文献数据库534个，中外文电子书刊达1157万册，其中电子图书950万册，电子期刊207万册。同年，哲学学院资料室新增中外图书1426册。为了缓解书库空间有限的问题，学院于2019年开拓电子图书新领域，购置哲学类数字图书18084种，与学校图书馆的电子资源相互补充。2020年哲学学院资料室继续做好数字化资源的建设，与文学院共同出资购置《中华经典古籍库》1~6辑，资源全校共享。这些措施不仅解决了书库空间紧张的问题，还满足了读者远程阅读的需求，在疫情期间体现出更多优势。

哲学学院资料室的哲学类外文资料丰富：拥有外文书刊2万多册，一半属于"格雷茨曼赠书"。每年订阅的外文期刊有40种，其中包括电子捆绑期刊16种。电子期刊的优点是准时到达、查阅方便、费用降低、不占空间和全校共享。学院的学生普遍反映，在学院资料室查找资料更加便捷和精准。

三、图书育人的新格局

高校是高层次人才集中的地方。2017年中国教育统计年鉴的数据显示,我国教师队伍具有博士学位的占 25.6%,近年高校对学历的要求更高,管理人员的学历也在不断提升之中。以武汉大学图书馆为例,全馆职工中有博士学位 12 人,约占工作人员总数的 5%。全校院系资料室的职工中有博士学位约占工作人员总数的 4%。作为双一流大学为师生服务的图书馆,对从业人员提出了更高的标准和要求,以适应新时代为教学科研服务的需求。院系资料室的工作人员也要不断修炼内功,通过提供特色服务、改进工作方式以及提升自身的实力等为自身的长期发展寻找良性化道路。资料室通过改变思路、主动出击、特色服务等,能够激活"小而精"的活力,充分发挥资料室管理育人、服务育人的第二课堂作用。

在管理育人方面,哲学学院资料室进行了如下举措:(1)优化书库利用空间,剔除老旧图书,屏蔽复本图书,并及时更新图书,使图书流通流程更加通畅。(2)改善资料室环境,及时通风和消毒,最大限度地保护图书。(3)对珍贵图书、典藏图书、善本古籍重点保护,专门管理,定时进行图书修复。(4)增加学生阅览座位,保证书库温度适宜,营造良好的阅览环境。(5)做好捐赠图书的资产登记,如资料室对胡秋原先生的赠书进行专室专藏,设置了胡秋原资料室,安排专人兼职管理。总之,资料室最大限度地做好图书及安全管理,为读者的学习和研究提供物质支撑。

在服务育人方面,哲学学院资料室的举措如下:(1)定期对本院的重要图书、特色图书开展介绍和推广,将学院老师新近出版的重点图书、"优秀博士生培养计划"必读书目通知有需求的读者。(2)熟悉本室图书的馆藏情况特别是占总数 40%的 B 类专业书,了解学校图书馆的各种数据库,掌握相应的检索技术,为广大师生提供专业的文献咨询服务。(3)主动沟通学院老师以了解他们的研究重点、收集师生的阅读需求,为各学科发展提供物质保障。特别是在科研用书方面,认真负责从购买、编目到国资、报账等流程,保证研究者能够及时使用图书。(4)向新生开展宣传教育,带领学生参观学校图书馆和学院资料室,了解掌握资源利用的各种途径,为学生走上科研之路打下基础。(5)向学生开展学术资源规范使用的宣传,以防在论文写作、引文下载过程中发生涉嫌学术不端的行为。

从大学的育人格局来看，大学的育人活动纷繁复杂，有不同的内容和要求，而高校图书馆则应该发挥自己的专业特色。武汉大学哲学学院资料室经过长期探索，形成了管理育人和服务育人的图书育人新格局，可以作为优秀经验进行推广。

四、结　语

综上可知，高校图书馆在全员育人、全程育人和全方位育人中发挥着不可替代的作用，高校图书馆应该通过多个途径把握图书育人的新机遇。并且，高校图书馆应该努力开拓管理育人、服务育人的新格局，真正发挥图书馆的育人功能。

对"普通逻辑学"课程的思考与规划

杜珊珊[①]

近年来，随着社会化逻辑学考试的需求以及各大高校广泛引入逻辑学通识课程，逻辑学本身的重要性日渐为人民群众所熟悉。一些教育机构最早在幼儿园时期就引入"数理逻辑"课程。尽管这些课程中的大部分只是"幼儿数学"的另一名称，而剩余的不过是"幼儿型"普通逻辑学的极简版而已，逻辑学的大名毕竟开始走向千家万户。高校的逻辑学教学则在自身的需求以及社会化影响的大趋势下有了长足的发展。

高校逻辑学教学发展的表现之一就是越来越多不同专业的学生开始了解、选修逻辑学方面的课程。2008 年笔者刚留校时，逻辑学课程主要在哲学学院内部开设，虽然被设置为必修课，但也只有哲学系的部分学生被要求选修该课程。近几年来，医学、人文、社会、法学、马克思主义、心理等专业陆续开始提出为其相关专业本科生开设逻辑学导论课程。令人欣喜的是，从 2015 年开始通识课程加大了对逻辑学方向的投入。在核心通识课方面，学校引入了批判性思维课程；在一般通识课方面，学校引入了"逻辑学导论"等课程。目前，理工科学生是选修"逻辑学导论"通识课程的主力军。这些发展变化都说明逻辑学确实为更广泛的专业所了解和认可。

高校逻辑学教学发展的表现之二是数理逻辑在教学中开始占主导地位。长久以来，以讲授亚里士多德三段论为标志的普通逻辑学（或称形式逻辑）占据逻辑学教学的主导位置。如今，随着教学理念的改变，以数学

[①] 杜珊珊，女，湖北襄阳人，博士研究生，武汉大学哲学学院副教授。

方法、公理化方式研究逻辑原理的数理逻辑开始成为更受教师欢迎的授课内容。究其原因，不外是数理逻辑早已经是逻辑学这门学科自身的研究基础。它由普通逻辑学知识脱胎而来，又不局限于普通逻辑学知识本身。①

在这样的背景下，笔者在最近几年内更新了本科生阶段属于专业课的"逻辑学导论"内容，将原本讲授普通逻辑学知识改为素朴地、非公理化的方式讲授的数理逻辑知识。严格说来，新教授的内容是非公理化方式呈现的数理逻辑的基础知识，② 忽略由逻辑学原理构成的系统（或称为演算）本身以及它们的元定理知识。③ 这种讲法可以看成是标准数理逻辑课程的简化版本，突出的是数理逻辑的实用性意义。然而，即使将数理逻辑课程加以简化和注重实用性，笔者在教学实践中仍发现数理逻辑的两个弊端。第一，由于本身内容较普通逻辑学更为复杂，在原有课时不增加的情况下，该课程只能以命题逻辑和谓词逻辑的自然演绎推理为其主要内容。这样一来，虽然课程能够涵盖普通逻辑学的几乎全部演绎推理部分以及超出普通逻辑学知识的两个逻辑的语义学，但是却忽略了普通逻辑学中的"概念""语词""定义""归纳推理"以及"假说"等极具重要性和实用性的知识。这部分知识同样也是理性思维的重要组成部分，对培养学生们的理性思维能力非常重要。第二，单纯讲授数理逻辑知识无法回答学生"逻辑学知识如何应用"的问题。普通逻辑学能够涵盖人们日常使用的绝大部分的推理和思维知识。它以一种通俗易懂的、极易应用的方式将逻辑原理呈现出来。这种呈现方式使得学习者在应用知识的过程中不会遇到太大的障碍。数理

---

① 严格来说，它是用数学的方式，以公理化的方法研究逻辑学的知识，而这些知识包括普通逻辑学的绝大部分知识（如三段论、关系推理以及复合命题的推理等），还有关于逻辑学原理自身所形成的公理化系统的元定理知识。其中，后者构成了数理逻辑最为关注的部分。

② 广义上，数理逻辑包括集合论、模型论、证明论和递归论。命题演算和谓词演算是数理逻辑的最基础知识。由于实际建设课程的要求，数理逻辑的四个分支往往单独成课。因此，本文不对数理逻辑的四个分支做单独分析，而只将重点放在数理逻辑的基础知识（即两个演算）上。在下文中，凡是提及"数理逻辑"都是"数理逻辑的基础知识"的省略。

③ 这部分知识被笔者放到"一阶逻辑"的课程里教授。

逻辑则由于其自身的原因很难达到这样的效果。基于这两点，笔者认为，之前全盘放弃普通逻辑学课程的想法是错误的，应该坚持在本科生阶段的通识课或专业课教学中保留普通逻辑学课程。

诚然，上述简单思考不足以令人满意。我们不仅需要进一步深入回答"为什么要在本科生阶段保留普通逻辑学课程"的问题，也需要回答"如何去规划普通逻辑学课程"的问题。在下文中，笔者将从普通逻辑学和数理逻辑①的关系、普通逻辑学和批判性思维的关系以及对普通逻辑学课程的规划三个方面来深入探讨这两个问题。

一、从普通逻辑学与数理逻辑的关系来看保留普通逻辑学课程的意义

先谈谈普通逻辑学与数理逻辑的联系。从逻辑学自身发展来看，普通逻辑学是逻辑学发展的初级阶段，数理逻辑是建立在普通逻辑学基础上的大飞跃阶段。两者研究的精神是基本一致的，即都是从研究推理的形式出发研究推理。从内容上看，两者的研究对象有重合的部分。首先，数理逻辑基本涵盖了普通逻辑学的演绎推理部分；其次，数理逻辑在广泛的意义上引入普通逻辑学中的定义以及归纳推理等问题。

重点来审视两者的区别。首先，普通逻辑学和数理逻辑在研究内容方面仍保留各自的特色。数理逻辑的观念是将不同种类的逻辑原理按各自的性质进行归类，形成具有一定组成结构的系统。② 在这样的基础上，它将系统本身设定为自己的研究对象。换句话说，它的关注点不仅仅是系统内部的逻辑原理之间的推导关系，更是系统作为整体的独立意义。它研究系统本身所具有的性质和特点，证明和系统相关的元定理，比如健全性③和

---

① 指的是标准版的数理逻辑。但下文的讨论对笔者的简化版数理逻辑亦然适用。
② 比如数理逻辑课程必讲的两个演算——命题演算和谓词演算。
③ 健全性涉及的是回答"是否所推出的都是正确的"问题。

完全性。① 严格来说，后一部分内容，即系统本身的元定理，才是数理逻辑真正感兴趣的问题，也是完完全全超越普通逻辑学的内容。然而，系统本身的元定理与逻辑学知识的应用，即如何指导我们日常的理性推理过程，是相去甚远的。它是逻辑学理论自身发展的兴趣所在。与此相反，普通逻辑学则不关心系统以及系统的元定理，也不关注逻辑原理之间的推导关系。它的研究特色在于对"概念""语词""命题"的分析，对"定义""归纳""假说"以及"论证"等问题的研究。综合比较起来，普通逻辑学在内容上更接近于日常推理的实际过程，从构成理性思维的最小单位"概念"到最为复杂的推理活动"论证"均有研究。

其次，普通逻辑学与数理逻辑的区别还体现在所采用的研究语言、研究方法上。即使对双方共同感兴趣的研究内容，两者也采用了截然不同的研究语言和方法。从研究语言来看，普通逻辑学基本以自然语言陈述逻辑原理，数理逻辑则完全以人工符号陈述逻辑原理。从研究方法来看，数理逻辑采用数学的方式、公理化的方法研究逻辑问题。数理逻辑设定人工语言、规定公理、推论规则并建立公理系统，用数学的定理以及证明技巧证明公理系统的元定理。普通逻辑学那里则没有公理，没有推导规则，没有公理系统，只有逻辑原理的直白陈述，以及对它们的非数学式的素朴的形式化分析。

我们用一个简单的例子来说明两者的区别。请看下面这个推理：

所有的金属都是有光泽的
所有的铁都是金属
所有的铁都是有光泽的

按照上述写法，横线上方是推理的两个前提，下方是推理的结论。普通逻辑学将该推理确认为三段论。它将"金属"符号化为"M"，将"有光泽

---

① 完全性涉及的是回答"是否所有正确的都被推出的"问题。

的"符号化为"P",将"铁"符号化为"S"。于是,整个推理底部的推理形式是:

$$所有 M 是 P$$
$$所有 S 是 M$$
$$所有 S 是 P$$

普通逻辑学将推理形式看成决定演绎推理正确与否的唯一要素。它判定该推理正确,原因是它的推理形式是演绎的,即该推理的推理形式在其前提为真的情况下其结论必然是真的。普通逻辑学做出这一判断的方法之一就是欧拉图解法。① 数理逻辑也将推理形式作为演绎推理是否正确的唯一依据,但它判断该推理正确的解法有很大不同。它将该推理确认为一阶谓词演算的推理,将其符号化为:

$$\forall x(Mx \rightarrow Px)$$
$$\forall x(Sx \rightarrow Mx)$$
$$\forall x(Sx \rightarrow Px)$$

数理逻辑在符号化时引入了量词,并利用谓词和个体变号来符号化命题的主词和谓词部分。它不再采用简易的欧拉图解法等方法来确认该推理形式的演绎性,而是通过推理规则进行推导或者通过转化为一个逻辑有效式的判明问题而加以确认。当然,该推理从数理逻辑的眼光看仍然是正确的。

从这个简单的例子我们可以看到,普通逻辑学与数理逻辑在分析和处理推理的眼光方面是一致的,即推理的正确性在于其推理形式的演绎性。然而,它们在处理方法上的区别却显而易见。若论分析的细致和先进性,

---

① 这是有普通逻辑学色彩的代表性方法之一,当然,它不是唯一的。

当属数理逻辑；若论分析的质朴和易接受性，当属普通逻辑学；若论知识点应用的方便和简易性，当属普通逻辑学。因此，与数理逻辑比较起来，普通逻辑学讲授的知识点更便于学习者掌握，更有助于学习者进行日常的应用。同时，作为逻辑学初级发展阶段的普通逻辑学能很好地回答被数理逻辑所忽略的若干问题，比如概念和语词的区别、如何构造假说、如何分析归纳等。它也能回答数理逻辑的部分知识点的来由问题，比如人工语言是如何发展的、"形式"是什么、逻辑原理是什么等问题。

所以，综合考察普通逻辑学与数理逻辑的关系以及逻辑学教学的现状，在本科生阶段保留普通逻辑学课程作为数理逻辑课程的补充是有重大意义的。

二、从普通逻辑学与批判性思维的关系来看保留普通逻辑学课程的意义

批判性思维与普通逻辑学和数理逻辑在教学内容和教学方式上有着本质的不同。按流行的定义，批判性思维是面对现实世界做出判断或合理决定的思维能力或决策能力。[①] 它要求学习者掌握的技能包括判断信息的能力、区分理性和感性判断的能力、洞察论证的陷阱和漏洞的能力、独立分析数据或信息的能力以及建立令人信服的论证的能力等。[②] 可以说，批判性思维要求学习者掌握的是理性思维的统合能力。它包括逻辑推理能力，但绝不局限于逻辑推理能力。因此，在批判性思维课程的设置上长期以来形成了三种风格，即具有逻辑风格的课程设计、具有修辞风格的课程设计以及具有交际风格的课程设计。

第一种设计"一方面拒绝使用形式逻辑的形式分析方法理解、分析和评估论证，另一方面主张运用逻辑的概念(如真假、有效性、可靠性、假

---

① 谷振诣，刘壮虎. 批判性思维教程[M]. 北京：北京大学出版社，2006：1-2.
② Moore B N, Parker R. Critical Thinking[M]. New York：McGraw-Hill Education, 2012.

设、内涵与外延等)和逻辑的方法(如定义、演绎、归纳、类比等),对论证做出理解和评估"。① 第二种设计认为"在公众论辩中,好的理由不取决于一系列真实断言的符合逻辑的安排,而是取决于听众对论证中的假设、知识和信念的接受力,在论证中能对听众产生效力的理由就是好的理由","以如何用好的理由进行说服为核心,展开对论证的应用型分析,重点解释针对不同听众或读者,使用什么样的论辩风格和论辩方法"等。② 第三种设计认为"合理的或者正当的决定是在合乎道德原则的、有效的商议与对话过程中做出的,人们在商议和对话过程中,各自在思想和行为上的决定是相互影响的","认为批判性思维是处理商议交往发生'短路'(由于争议冲突而终止商议)和'交通堵塞'(由于缺乏有条理的意见交换步骤和不遵守对话规范而导致的交往混乱)的有效工具"。③

无论是哪一种对批判性思维课程的设计都反映出批判性思维关注的是论证和交流,考察的是统合思维的能力。在课程设计上,批判性思维一般避免直接采用逻辑学的形式化的处理方式,以一种整体的、系统的眼光看待论证以及论证的主体思维。它关注许多逻辑学不曾关注的问题,比如信息的可信性、修辞技巧和因果学说等。

批判性思维三种风格的设计虽然拒绝一般性地使用逻辑学的形式化分析方法,但是会引入普通逻辑学的某些理论知识点,比如假设、概念的内涵和外延、定义、归纳和类比等。不过,普通逻辑学的内容不是批判性思维课程的重点,它只是作为一种解释方法在一部分内容中出现。如果我们将普通逻辑学作为批判性思维课程的补充课程,这会有助于帮助学习者全面了解批判性思维课程的部分内容所依据的普通逻辑学的全貌,从而帮助他们在批判性思维课程中获得最佳的学习效果。

因此,综合考虑批判性思维与普通逻辑学的关系,在本科生阶段保留普通逻辑学课程是正确的。

---

① 谷振诣,刘壮虎. 批判性思维教程[M]. 北京:北京大学出版社,2006:1-2.
② 谷振诣,刘壮虎. 批判性思维教程[M]. 北京:北京大学出版社,2006:1-2.
③ 谷振诣,刘壮虎. 批判性思维教程[M]. 北京:北京大学出版社,2006:17-19.

三、对普通逻辑学课程的规划

我们在前文中探讨了保留普通逻辑学课程的意义,回答了"为什么要在本科生阶段保留普通逻辑学课程"的问题,接下来需要解决的问题就是"如何去规划普通逻辑学课程"。

目前,对普通逻辑学课程的规划一般有三种风格:一是保留原汁原味的普通逻辑学内容以及与之相适应的半符号化的陈述语言;二是在普通逻辑学基础上引入数理逻辑的部分分析方法(比如真值表或自然演绎推理)以及全符号化的陈述语言;三是在普通逻辑学基础上引入批判性思维的部分内容,强调对论证的整体的分析和判断。

笔者在多年教学经验的基础上,总结武汉大学全部逻辑学课程安排,以避免课程内容重复为标准,支持普通逻辑学课程的第四种规划方案,即综合借鉴数理逻辑和批判性思维的长处,将之分别与普通逻辑学的部分内容相结合的方案。简单来说,该方案就是以讲授普通逻辑学内容为主,同时兼顾逻辑学的应用特点,加强对论证和反驳的分析和判断。笔者对这门课程的大致规划如下:

(一)课程名称

普通逻辑学或逻辑学导论(倘若以逻辑学导论为课程名称,笔者的规划是将通识课"逻辑学导论"分成两个课头,在上学期讲普通逻辑学知识,下学期讲素朴的数理逻辑学基础知识)。

(二)课程内容

(1)对概念和语词的分析。概念和语词有关联,但又是不同的。这是数理逻辑的语义学与语法学区分的最早、最质朴的来源。我们在这一极具普通逻辑学特色的内容教学中将告诉学习者采用人工符号研究推理是如何成为可能的。

（2）讲解定义和划分。这部分也属于原汁原味的普通逻辑学内容。当然，我们的讲法也将是非常"普通逻辑学式的"。

（3）对性质命题、关系命题和复合命题的分析。对性质命题和关系命题的分析将沿用普通逻辑学的方法，比如用欧拉图解法解释性质命题，对关系命题的关系进行单纯的逻辑归类和分析。在复合命题部分，我们将引入数理逻辑的真值表法进行解释。这部分内容将和复合命题构成的推理内容相衔接。

（4）对三段论、关系推理、混合推理和复合命题构成的推理的分析。三段论和关系推理是最具普通逻辑学特色的演绎推理。我们将仍然延续普通逻辑学对它们的分析方法，保持对这部分演绎推理的解释的简易性。在复合命题的推理部分中，我们将引入数理逻辑对它们的真值表法进行解释，即通过构造前提和结论的联合真值表等办法确定该推理的正确性。

（5）对归纳推理的分析。归纳推理与演绎推理共同构成了推理的两大部分。在对归纳推理的讲述中，我们将关注"如何提高归纳推理结论的可靠性"这一问题，用实例说明应用归纳推理需要注意的要素。

（6）对假说的分析。鼓励学习者对日常思维现象中的假说给予分析和判明，学会提出自己的假说。

（7）对论证的分析。在这部分内容中借鉴批判性思维的讲法，以实际论证为例，我们将利用前面所讲授的逻辑学知识综合分析它们的论证方式、论点、论据和论证技巧。注意，这一部分内容将尽可能回避逻辑学的纯形式化的分析方法。

（三）课程目标

（1）提高学生的逻辑思维能力以及应用能力；
（2）成为数理逻辑和批判性思维课程的前导性课程。

(四) 授课方法

课堂讲解知识点、分析实例、和学生互动回答、分析问题①等。

(五) 课程考核方式

总分=三次平时作业成绩(占30%)+期末闭卷考试成绩(占70%)。

四、总　　结

普通逻辑学作为数理逻辑和批判性思维课程的补充能够帮助学习者更完整、更系统地认知逻辑学，以及更积极地在自身的理性思维活动中运用逻辑学知识。有鉴于此，普通逻辑学课程应该在本科生阶段被保留并给予良好的规划。

---

① 实例和问题的来源将力求广泛，包括但不限于报纸、视频、论文、书籍、论坛争论、社会化逻辑学考题等。

高校院系资料室的育人策略构建

廖玉萍①

高校最根本、最重要的职责是"育人"：全员、全程、全方位培养、帮助尚不成熟的大学生在成长过程中树立健全的、正确的世界观、人生观、价值观，成为对社会有用的人才。高校图书馆和院系资料室在高校育人体系中都是重要的文化教育设施，同样起到了教育学生、服务学生的作用。因而，在日常工作中，我们要自觉地、有意识地将资料室工作与立德树人的教育目标结合在一起。然而，当前学界对院系资料室在育人过程中扮演的角色、发挥的功能等问题，研究较少。本文拟从高校院系资料室的功能角度，结合相关的工作实践，构建院系资料室的育人策略。

一、院系资料室与文化育人

文化育人是建设教育强国，实现民族复兴的必然要求。大学文化是中国特色社会主义文化的重要组成部分，是大学的精神和灵魂，是人才培养的重要载体和基本要素。因此，高校要以高度的文化自觉和文化自信，紧紧围绕立德树人根本任务，以中华优秀传统文化和革命文化、社会主义先进文化为涵养，加强和改进大学生思想政治教育，大力弘扬社会主义核心价值体系，引领学生的精神生活，全面提高大学生综合素质，使其树立正确的人生观、价值观，培育其深厚的人文底蕴，塑造有理想有信念，能奋

---

① 廖玉萍，女，武汉大学哲学学院资料室干事。

斗敢担当的时代新人。

高校图书馆与院系资料室在大学文化育人体系中形成了属于自己的文化内涵。院系资料室文化内涵主要表现在物质文化、精神文化、制度文化三个层面。通过资料室馆藏资源品质等各种物化形态所体现出来的环境氛围，管理员和读者共同创造、认同的在价值观念、思维方式、思想意识、文化素质和职业道德等方面所形成的一种以意识为形态的深层文化，是资料室文化内涵的核心。加强资料室内涵建设，助力学生成长成才，是资料室建设的根本要求，也是全过程全方位落实立德树人根本任务的义不容辞的责任。

高校图书馆在全校的教学、科研中必不可少，其馆藏图书文献内容大而全，涉及全校所有专业，服务于全校师生；而院系资料室作为本院系文献信息中心，是图书馆在院系中的延续，承载着为本单位师生提供教学、科研、学习等方面活动的文献来源。院系资料室馆藏图书少而精，且有很强的专业性，与图书馆海量的百科式藏书起到了互补作用，有着图书馆无法替代的优势。院系资料室是科技发展，产业精细分工的产物，其馆藏图书及文献收藏体系基于本院系的专业特色、发展方向，突出学科的基础性和专业性，为学科的发展提供强有力的保障。以武汉大学哲学学院资料室为例：截至2020年12月31日，馆藏书刊共47742种、98666册，电子文献18084册，由哲学院牵头购买全校共享的数据库1个。其中哲学、宗教类19183种、40428册，占全部藏书的40.18%和40.97%；武汉大学哲学学院致力培养高素质的国际化人才，推进一流科研，因此，对外文书刊的需求量更大，现馆藏外文书刊9834种（含40种现刊）、16729册，占所有藏书的17%。正是因为这种小而精的专业化特点，院系资料室可以成为增强大学生专业意识，培养大学生职业道德，提高大学生专业素养，促进大学生心灵成长的专业化场所。除此之外，院系资料室相较于高校图书馆，虽然馆藏书目较少，但是馆藏书目也涉及本院系各个学科，"麻雀虽小，五脏俱全"，方便学生在短时间内查找、阅读其他学科的书籍，有利于提高学生的综合素质。

二、院系资料室与服务育人

院系资料室最基本的任务是"服务",在资料室工作就是一个服务的过程。随着时代进步,社会发展,做好信息服务是院系资料室可持续发展的基础。因此,院系资料室应强化其服务意识,承担起以"服务育人"为核心的工作责任。从传统的资料室重视文献资源建设以图书为中心转变为重视服务,由被动服务转变为主动服务,将书库变为知识的宝库。只有把为读者服务放置在工作的第一位,通过开展高水平的各项服务工作,才能实现资料室为教学、科研服务的功能,才能实现其培养人才的教育功能,才能彰显资料室文化育人的特殊功能。

在信息技术、通信技术和计算机网络技术飞速发展的时代,以互联网为代表的信息技术的广泛应用已经并且将继续引起高校图情工作的巨变。图书馆和资料室必须改变各自为政的散乱状况,加强统筹规划并建立起统一协调的发展机制,建立一个结构合理的文献资源保障体系,实现全校文献资源一体化。院系资料室既收藏有关专业文献,同时负责各专业情报咨询工作,做好一、二次文献的提炼加工和利用,除满足本专业师生的需求外,也作为学校文献资源保障体系中的专业特色中心向全校师生开放阅览,使之成为完整的高校图书情报体系的重要一环。

院系资料室在服务育人的过程中,要贯彻"以读者为本"的原则。即从读者的角度考虑问题、看待问题、解决问题,将方便读者作为首要任务,节约读者的时间成本,急读者之所急。院系资料室的管理员要走到读者中去,了解读者的需求,收集信息,能自主购买的图书及时购买,快速整理、上架、进入流通。不能自行采购的资料室应向图书馆推荐,使图书馆能尽早掌握本院系各专业所需要的文献资料,纳入图书馆采购计划,以满足读者在教学、科研、学术上的需要,并将信息反馈给读者。

此外,在服务学生的角度,"高校图书馆应成为经典阅读的引领者、建设者和推广者"。① 以武汉大学哲学学院资料室为例,为了引导硕士研究生、博士研究生阅读哲学经典,馆员专门将哲学学院"优博计划"的推荐图书专架摆放,以方便学生借阅和研究。为了提高哲学学院学生的综合素养,馆员将商务印书馆《汉译世界名著》套书专架摆放,并推荐学生阅读。因此,院系资料室应该为学生提供大量的学科性、专业性和综合性的文献资料,为学生提供舒适的学习环境,提供便利快捷的服务,真正起到服务育人的效果。

三、院系资料室管理员综合素质提升

习近平总书记2019年3月18日在学校思想政治理论课教师座谈会上给思政教师素养提出"六个要"的要求:"政治要强、情怀要深、思维要新、视野广、自律要严、人格要正。"②这个要求也同样适用于院系资料室管理员,加强职业道德、职业价值观的完善,自觉遵守规章制度,以身作则,展现爱岗敬业精神与专业作风也在一定程度上引导着大学生就业的职业素养。

如果说院系资料室是本院系的第二课堂,管理员就是站在讲台之外的教师,以馆藏文献资料为武器,以藏书地为阵地,参与到院系的三全育人体系中去,与高校"三全育人"工作机制相结合。在自己的岗位上不断地加强思想政治的学习,作为资料与读者间的中介人,传播正能量,把看似简单的工作当作一份事业来做,才能保持对工作持续的热情。加强业务培训,适应现代化、网络化的新型资料室工作。在大数据时代,院系资料室在本单位有能力的情况下应全面回溯馆藏图书,系统使用与图书馆的联机检索,使读者在信息检索上更为便捷,提高资料室文献资源的利用率。

院系资料室管理员要有良好的知识结构,具备专业的图书资料管理知

---

① 郭辉,侯佳宁.大数据时代的大学阅读观[J].高校图书馆工作,2020(1):85.

② 大思政课,总书记心中的一件大事[N].人民日报,2022-05-22(2).

识，熟悉信息系统的运用，熟练掌握图书编目分类法、科学合理的图书排架等技能，同时也要有一定的本系专业知识。高水平的、专业的信息服务可以为院系教学、科研提供资料保障。院系资料室也可以看作一个小型图书馆，是院系的窗口部门，一定要树立窗口文明形象工作。以武汉大学哲学学院资料室为例：两名工作人员，管理着近10万册书刊，全院读者近千人，每年流通量、入库量8000到10000人(册)，一本图书从计划采购到最后流通到读者手里，中间所有的环节没有一个可以省略，难免会产生倦怠，这就要求管理员在长期的工作中培养形成良好的服务心态，强化服务意识。

以人为本、自育育人，文化为核心，服务为宗旨，遵循这个原则，院系资料室的工作才会得到更进一步的改善和发展。

参 考 文 献

1. 唐小波. 高校院系资料室个性化服务模式初探[J]. 职业时空，2009(7)：30-31.

2. 黄键. 对高校院系资料室的思考[J]. 艺术研究，2007(1)：35-36.

讨论式教学在高校人文通识课程中的设计与实施

秦 平[①]

近20年来,以科学类和人文类通识课程为主要内容的通识教育已经逐渐在国内各高校普及开来,成为高等教育的重要组成部分。在多年教学实践中,笔者注意到讨论式教学在通识类课程中具有突出的地位,有其自身的特色、优势和不足。本文将分析通识教育的特色与挑战,并以笔者开设的人文类通识课程"中国哲学智慧"为案例,展示讨论式教学在通识课程教学中的设计和实施及其经验、教训,以供方家批评。

一、通识教育的特点及通识课程面临的挑战

通识教育本为舶来品,是由欧美国家的博雅教育发展而来。当然,在不同国家和地区,通识教育的定义也不尽相同,存在多种模式,如哈佛大学的核心课程、芝加哥大学的名著课程,以及我国香港中文大学的中华文明课程、台湾大学的全人教育课程等。[②] 因其所具有的优势,通识教育已经逐渐在中国的各类高校普及开来。

在20年的通识教育实践的基础上,国内教育界对通识教育的特点已经

[①] 秦平,湖北武汉人,哲学博士,武汉大学哲学学院副教授。
[②] 张明明. 解析通识教育的教育功效[J]. 亚太教育, 2016(10): 255.

做了较为充分的探讨。如有的学者强调通识教育的非专业性和基础性,指出:"'通识教育'(General Education)是相对于专业教育而言的,它是指所有大学生都应接受的有关基本知识、基本理念、基本技能和基本素养的非专业性教育。"①这里所说的"基本知识""基本理念""基本技能""基本素养"均彰显了所应培养的能力的基础性和共通性,这些都不是已有的分科明细的专业化教育所能提供的。因此,通识教育的基础性诉求决定了其非专业性的特点。也有学者将通识教育的宗旨归纳为综合性或总体性:"通识教育旨在让受教育者综合了解人类知识的总况,包括在拥有基本知识之上,理性选择和形成自己的专业方向,是让受教育者拥有更扎实、宽厚的基础和合理的知识结构,同时发展全面的人格素质。"②通识教育的目的不在于掌握分门别类的知识、方法与技能,而是追求更为宽厚、广阔的综合性的知识,即了解人类知识的全貌。这可以产生两个效果:其一,更为理性地指导专业性知识的学习;其二,促进受教育者的人格培养,即:健全人格的塑造。还有论者倾向于从跨学科的视角理解通识教育,提出:"通识教育希冀通过打破知识、学科之间的界限,让学生获得广博知识,倡导培养学生的能力,熏陶学生勤于学习、善于思考的品质,促使学生成为具有对社会、对世界、对文化、对他人有理解力和同理心、富有社会责任感的公民。"③以往的学科分类式教育的一个很大弊端是容易造成知识割裂与学科壁垒,妨碍知识的全面掌握以及人格的全面培养。为了克服此类教育形式的弊端,通识教育极为强调跨学科的特性,以集众家之长。

综合学界有关的研究成果,大致将通识教育的特点归纳为以下几点:(1)基础性;(2)非专业性;(3)综合性(或总体性);(4)跨学科性。这几个特点有重叠的地方,也有语意模糊之处,并不能让人们清晰地了解通识

---

① 冯倩倩,曹宇,邱小立.从通选课到通识教育核心课——北京大学通识教育选修课的建设与发展[J].北京教育,2016(4):71.
② 张明明.解析通识教育的教育功效[J].亚太教育,2016(10):256.
③ 水远璇,高忠.高校人文社科类通识课程混合式学习探讨——以"漫话大学"教学为例[J].煤炭高等教育,2019(4):115.

教育的主要特征。

笔者认为,通识教育的最重要特色就是它的"非专业性",其余特点都可以容摄在"非专业性"这一主要特征之下。

通识教育是对分化细密的现代专业化教育的补充和完善。现代专业化教育以培养分工明确的专门化人才为目标,这固然适应了工业化以来的专门化生产的时代需求,取得了伟大的成就;但是,过度的专业化分工也带来了很多严重的问题,既造成专业化知识发展遇到瓶颈,也危害到知识的主体——人的全面成长。与专业教育强调某一专门领域知识的系统性和专门性不同,通识教育更为看重知识的融合、思维的训练以及价值观的塑造。所以,通识教育有时也被称为"通才"教育或"全人"教育。

如果说专业教育偏向于"务实",那么通识教育则偏向于"务虚"。就此而言,现代通识教育更接近于古典教育,如西方古罗马时期的"七艺"教育(文法、修辞学、辩证法、音乐、算术、几何学、天文学)和中国先秦时期的"六艺"之学(礼、乐、射、御、书、数)。

但需要注意的是,现代通识教育只是专业教育的补充、完善,而非否定或替代。这就意味着通识教育所面对的受众,仍然是分化细密的各专业的学生。因此,通识教育的"非专业化"的诉求,与接受教育者的专业化背景之间,必然存在着一定的矛盾和张力。这也是通识教育所面临的现实困境。

通识教育的这种"专业化"与"非专业化"的错位,对通识课程的开设提出了挑战。选课学生来自分属于文科理科的十几个学院、几十个专业已经成为通识课程课堂的常态。由此也决定了通识类课程的一个最大特点:不再局限于某个特定专业。这具体表现在两个方面:一是开设的通识类课程往往不再强调单一学科特质,而是突出跨学科特色,注重对于来自不同学科的受众的普适性;二是选课的学生不再来自同一专业(或同一大类)和同一年级,而是随机地来自全校不同学科门类、不同专业、不同年级。

伴随而来的一个现象是:通识课程既好讲,又不好讲。从好讲的一面看,通识课程往往不用背负专业知识的讲授压力,不追求知识的体系性,不突出知识的学科属性，对受众的前导课程不做过多要求。因而不论教学内容还是教学形式，通识课程均具有专业课程无法比拟的自由度，极易讲出新意。从不好讲的一面看，通识课程的受众差异悬殊，基础迥异，有着多元的需求。这导致通识课程时时刻刻面临着"众口难调"的压力：讲得过深，有选课学生觉得听不懂；讲得过浅，又有选课学生觉得没挑战。加之目前有相当数量的通识类课程是从原来的专业课程中孵化而来，怎样处理好通识课程与作为其前身的专业课程之间的关系，也是通识课程教学普遍面对的问题。

在日常教学实践中，为了迁就大多数选课学生的接受程度，有不少通识课程选择了淡化专业色彩、降低学习难度、突出知识通俗性的讨巧式做法。但是，在信息化日新月异发展的今天，这一做法带来的后果之一，就是通识课程变成似乎什么都讲了、但又似乎什么也没讲的"万金油"，甚至成了"水课"的代名词。

有鉴于此，笔者认为：通识课程要想摆脱尴尬处境，一方面要考虑到受众的多样性而做出相应的调整；另一方面不能脱离其根本，不能丧失其生命力之源。换言之，既然很多通识课程是从原有的专业课程孵化发展而来，固然要超越原有专业课程的藩篱，克服其弊端；但同样要继承原专业课程的精华与灵魂，守住其根本。只有这样，一门通识课程才是传"神"的，也才因此具有生命力。

如何实现通识课程与作为其前身的原有专业课程的有效融合？这对通识课堂的教学形式改革提出了全新的挑战。其中，讨论式教学已经被证明是一种成效卓著的教学形式，可以灵活、高效地搭建通识课程与作为其前身的原有专业课程之间的联系平台，并促进通识课堂教学的活化和深化。

二、讨论式教学在高校教学中的地位和作用

讨论式教学并不是新鲜事物。早在中国的先秦时期和西方的古希腊时期，讨论式教学已经被广泛地运用。先秦儒家典籍《论语》中大量记录了孔

子和他的不同学生之间就不同主题展开的问答与讨论。古希腊哲学家苏格拉底享誉世界的"问答法"的核心形式正是讨论,而他的学生柏拉图创建的柏拉图学院最重要的学风之一就是开放式的讨论。

当然,现代高等教育中的讨论式教学与古典时期有同有异。通识教育所采用的讨论式教学,最直接的来源可以追溯到19世纪德国大学教育中出现的"seminar"(小组讨论):"这种教学模式是指学生在教授的指导下就某一课题结成小组,在大量调查研究的基础上与教师、同学自由地进行学术探讨,其核心是'充分挖掘课程参与师生的学理潜能,进行多角度、多层次的认知互动'。"①我国著名社会学家费孝通先生将"seminar"译作"席明纳","意为'席'地而坐,'明'经辩理,广'纳'群贤"。② 这一翻译将中外智慧贯通一体,使音译与意译贴合无间,可谓恰到好处。

在此基础上,一些学者对现代教育中的讨论式教学法做出种种界定。有学者认为,讨论式教学法是在授课教师的精心准备和组织指导下,为实现特定教学目标,通过启发学生就特定问题发表自己的见解的形式,来培养学生的独立思考能力和创新精神。③ 也有学者提出,课堂讨论教学法的核心是启发学生的思维、调动学生的主体活动能力、激发学生的学习主动性和积极性;讨论式教学同时也要求教师根据教学目的和教学内容设定讨论内容,要求学生在讨论前广泛阅读相关书籍或相关资料。④ 还有学者主张,课堂讨论法"是以学生的独立活动为主,将教师指导、学生个人独立钻研、集体学习与交流三者有机结合起来,来达到教学的目的"。⑤ 类似的

---

① 陆一,刘敏,冷帝豪.通识教育核心课程"大班授课、小班研讨"的效果评析[J].高等教育研究,2017(8):70.

② 陆一,刘敏,冷帝豪.通识教育核心课程"大班授课、小班研讨"的效果评析[J].高等教育研究,2017(8):70.

③ 孙彦波.讨论式教学法在大学课堂教学中的应用研究[D].武汉:华中科技大学,2008:9.

④ 卢芸.课堂讨论教学法的认识与实践[J].武汉金融高等专科学校学报,2001(6):53-56.

⑤ 杨秀蔚.关于课堂讨论法的探讨[J].科技信息,2008(11):167.

定义有很多，大多认为讨论式教学法具有以下特点：(1)注重调动学生的主动性，突出学生的课堂主体地位；(2)有明确的主题和目标设计；(3)要求学生在讨论之前应先做好阅读资料和思考等准备工作。

因此，讨论式教学并不意味着将课堂完全交给学生，更不等同于散漫的闲谈。讨论式教学是开放性与严谨性的结合。其开放性体现在：讨论的主题是多元的，讨论的形式是灵活的，讨论的结论是开放的(没有固定的、唯一的标准答案)。其严谨性体现在：讨论之前的准备工作越扎实越好，讨论规则的设计越周到越好，讨论过程的学生参与和教师指导越投入越好，讨论主题的辨析越全面、深入越好，评价标准越客观公正越好。也就是说，一场高水准的课堂讨论是多方认真准备、积极投入的结果。

对于通识教育来说，讨论式教学的意义尤其重大。专门为适应通识教育的目的而新开设的通识课程数量并不多，有相当一部分通识类课程是从原分属于不同院系的专业课程中孵化发展而来的。作为其前身的专业课程，不应该被仅仅视作通识课程的包袱，我们更应从积极的角度将之视作通识类课程的生命力之源，而这就需要在原有的专业课程和孵化发展而来的通识课程之间搭建一座桥梁。讨论式教学可以将课程的教学主旨、内在要求，以及学生的兴趣爱好、主动参与有机地结合起来，不仅实现了课堂教学在广度和深度上的突破，更重要的是真正体现了通识教育拓展"学"之内涵的教育理念。"通识教育的目的不是教，而是学习，是要培养终身学习的动机、能力和心智状态。换言之，小班研讨的预期效果完全符合通识教育的目标。"①因此，通识课程中的讨论式教学不失为一种跨越专业壁垒、深化教学主旨、实现教学相长的高效的教学形式。

就讨论式教学的具体环节来看，讨论规则的制定、讨论主题的选定、讨论小组的确定(含小组讨论召集人的产生)、小组讨论及全体讨论的实施、指定发言与自由发言的安排、学生评价与教师点评的互补、评分标准

---

① 陆一，刘敏，冷帝豪. 通识教育核心课程"大班授课、小班研讨"的效果评析[J]. 高等教育研究，2017(8)：71.

的制定与实施,等等,均需要精心设计和细心实施。

三、讨论式教学的设计——以人文通识课"中国哲学智慧"为例

目前国内各大高校推行的通识教育在课程类型上各有特色,大体涵盖科学类通识课程、人文类通识课程、语言与思维方法类通识课程和经典原著类通识课程等几大模块。当然,在不同的设计方案中,各个模块之间有重叠和取舍。与此相对应,讨论式教学在不同类型的通识课程中,也有诸多具体差异。

下面,就以笔者近十余年来在开设的人文类通识课程"中国哲学智慧"为案例,展示讨论式教学在通识课程中的设计和实施的经验、教训。为方便表述,我们将从"讨论规则""讨论主题""评价标准"三个方面介绍讨论式教学的方案设计。

(一)讨论规则的制定

讨论规则主要包括采用何种讨论形式、如何成立讨论小组等。

1. 选定讨论形式

常见的讨论式教学形式主要有全班讨论型、小组讨论型和混合型。第一种形式是在授课教师或课程助教的主持下,由部分同学围绕讨论主题在全班同学面前自由阐释观点,听众可以提问质疑。这一形式的优点是全班同学都能分享发言者的观点,但不足之处在于论点分散以及参与的人数有限,往往成了少数几位活跃学生的"专场发布会",很多同学觉得与自己关系不大,参与意愿不强。第二种形式是将全班同学分成若干讨论小组,并选出组长或召集人,小组成员围绕一定主题展开深入讨论。这一形式的优

点是由于小组成员人数有限,需要每一位成员都参与进来,更能提升同学们的参与热情和讨论的主动性,而且有助于讨论主题的细化;不足之处在于小组讨论的成果仅仅在本小组成员间传播,很难被全班同学分享。鉴于这两种形式各有利弊,我们决定采用第三种形式,即混合型讨论,将小组讨论与全班讨论结合在一起。

具体讨论形式分为小组讨论和班级讨论这两个阶段进行。

第一阶段是小组讨论,在课下进行。将全班同学分成若干小组。考虑到信息化的普及和当代大学生的学习特点,我们要求各小组分别组建小组讨论子微信群,全班同学组建班级讨论大微信群,成员名称均采用"学院+姓名"的形式。授课教师提前3~4周将具体讨论主题分别布置给各讨论小组。各组同学自行约定时间,在各自的小组微信群中分配任务并展开小组讨论(线上线下均可)。授课教师及课程助教将加入各小组微信群,全程关注各小组的讨论情况。在各小组分头讨论的基础上,每组挑选出2~3名表现最佳的同学,准备代表本组在全班讨论课上展示,可采用PPT或其他灵活形式。

第二阶段是班级讨论,在课堂上进行。选择临近学期末的一次课(共3学时)作为专门的讨论课。由每组已选定的2~3名同学代表本组,进行全班展示。每人发言时间5~8分钟,每组不少于20分钟。每组同学展示发言结束后,其他组同学可以提问和自由发言,本组同学也可以回应或补充,然后由任课教师对每组发言进行点评。全部展示和讨论结束后,由任课教师讲评和总结。

需要说明的是,各组讨论主题应尽早布置,以便各小组同学有足够时间进行讨论前的准备。班级讨论的时间则应安排在课程的末段,原因在于:一方面同学们已基本完成课堂教学内容的学习,对整门课程有了一定的了解;另一方面各小组有充裕时间完成小组讨论,并提炼、完善小组讨论成果。

2. 小组产生的方式

我们的设计是:根据讨论主题的数量,将全班同学分成相应数量的小组。例如课程共布置6个讨论主题，则分成6个讨论小组。

具体做法是：根据选课同学总花名册顺序，将全部同学平均分成6组，如80名选课同学，则每组13~14人，指定名册位置居中的一位同学担任本组组长，由组长以抽签形式抽取本组的讨论主题。各组组长分别建立本组的讨论微信群，本组组员加入该群，任课教师及课程助教也同时加入各个分组讨论子微信群。

(二) 讨论主题的选定

讨论主题决定了课程讨论的内容和学生的参与状况，需要仔细推敲。"实践中，讨论主题的设定有六种方式：教师决定，助教决定，学生决定，教师和助教共同决定，助教和学生共同决定，以及教师和学生共同决定。"[1]考虑到笔者所主讲的通识课程的特点，最终采用"教师决定选题"的方式。这一方式的好处是，授课教师更熟悉课程教学内容，更能提炼出教学内容中那些能产生争议或共鸣的潜在讨论点。当然也有弊端，那就是授课教师容易陷入自身的专业藩篱，或多或少会忽略受众的兴趣点。对此，笔者的做法是：结合以往教学过程中同学们经常提问的那些知识点来设计讨论主题。"中国哲学智慧"课程共设计了6个讨论主题：

主题1：请从所学的中国古代诸家哲学中，选择一家来谈谈自己最认同的人生哲学，即：人为什么而活着？人生的价值究竟是什么？理想的人格应该是什么样子？

主题2：有人把哲学的主题归纳为"认识你自己"，请分别代表儒家、道家、中国佛教，介绍它们各自对"认识你自己"问题的答案。

主题3：请尝试着从今日的社会现实出发，重新审视墨家"兼爱"主张的得与失。

---

[1] 陆一，刘敏，冷帝豪. 通识教育核心课程"大班授课、小班研讨"的效果评析[J]. 高等教育研究，2017(8)：74.

主题 4：魏晋玄学名士们的思想言行可以看作是对"真""善""美"关系的诠释，其对我们今天理解"真""善""美"有哪些启发？

主题 5：如果先秦时期衰微的周王朝出现了一位励精图治的君主，请你选择代表儒家、道家或墨家，向这位君主进言，提出自己的治国理念和方略，以重振周朝。

主题 6：道家智慧和禅宗智慧中，有哪些资源可以用于应对日益增多的心理问题（如抑郁症等）？

(三) 评价标准

评价标准既影响到讨论的效果和公平性，也直接关系到同学们的参与热情。

我们设计的评价标准是：

任课教师将考察每一组的小组讨论情况，客观评价该组成员参与的积极性、准备的充分性、思考和发言的深刻性等指标，并给出每个成员的讨论成绩，作为"讨论成绩（一）"。

任课教师再结合班级讨论和展示中各个小组的具体表现，给出该组同学的平均成绩，作为"讨论成绩（二）"。

任课教师还将根据全班微信群中同学们的自由发言和讨论情况，对其中表现突出的部分同学给予附加分，作为"讨论成绩（三）"。

三项讨论成绩相加，即是该同学全课程的最终讨论成绩。

四、讨论式教学在具体实施中的经验与教训

上述设计方案在讨论式教学的具体实施中产生了一些效果，同时也暴露出不少问题。下面，我们从"讨论主题""分组方式""小组讨论实施"和"班级讨论实施"等方面来总结讨论式教学在具体实施中的一些经验和教训。

(一)关于"讨论主题"的设置

在实施过程中,我们发现:描述比较明确的讨论主题(如主题3),以及容易产生对立观点的讨论主题(如主题5),更受同学们的欢迎。这两个小组的成员均感觉有话可讲,而且言之有物。此外,能够将所学知识与现实需求结合的讨论主题(如主题6),同学们的讨论也比较热烈。相反,要求比较模糊的讨论主题(如主题1、主题2和主题4),会让同学们感觉无从下手。

这一点给我们的启示是:讨论主题应更加明晰、具体,而不能过于笼统和宏观。

(二)关于"分组方式"

在原方案中,各小组组长由指定产生。但在具体实施中,我们发现有的组长能力强、积极投入、认真负责,能想方设法组织本组同学开展热烈有效的讨论;也存在部分组长则因个人能力、时间精力或性格爱好等原因而投入不够,导致该组讨论进行得比较匆忙甚至敷衍。因此,在实施一段时间后,我们改革了小组组长产生方式:由同学们毛遂自荐或相互推荐。实践证明,这一新的方式效果更为理想。

原方案设计的分组方式的是根据花名册平均分组。这一方式的优点是每个小组的成员数量很平均;但是缺点也很明显,那就是同学们很难根据自身兴趣挑选讨论主题。因此,在实施一段时间后,我们对分组方式也作了修改:提前设计并公布6个讨论主题,由事先选出的6个组长以抽签形式抽取本组的讨论主题。各组组长分别建立本组的子微信群,公布本组讨论主题,并宣传鼓动全班同学加入本组。全班同学可以根据自己的兴趣以及组长的宣传来挑选加入某一组。这一方式的好处在于,同学们挑选讨论主题的自由度更高、参与讨论的主动性更强。但调整后的方案在实施时又出现了一个新问题,那就是各小组的成员数量可能相差悬殊,如有的小组多达29名成员,有的小组则只有6~7名成员。在后来的实践中,为了避免人数过分悬殊,我们做了补充规定:一组成员数不得超过15人。

(三)关于"小组讨论"的实施

按原方案的设计,各小组组建小组微信群,并由各小组组长召集开展小组讨论,授课教师和课程助教加入各小组微信群,可以旁观和回答问题,但不直接参与讨论。各小组可自行商定讨论时间和讨论形式。

在具体实施过程中,我们发现各小组采用的讨论方式各有特点。就讨论的地点而言,有的小组经商定采用面对面线下讨论的形式,也有小组就借助小组微信群进行在线讨论。就讨论的形式而言,有的小组采用先分工,再汇总的方式,如将整个讨论主题分解成若干需要回应的部分,小组成员分别负责不同部分的资料收集和内容撰写任务,待各项任务基本完成后,再汇总交流,并形成小组最终成果;有的小组则采用每个成员先收集资料和思考,然后依次发言,最后汇总的形式;也有小组采用各抒己见、自由发言的形式,往往会有若干核心成员进行多轮发言,其他成员提问、补充或反驳。

从实施的具体效果来看,线上讨论和线下讨论各有优势,对讨论效果的影响不大。但不同的讨论形式,则会对讨论效果产生较大的影响。如第一种方式(先分工,再汇总),导致小组成员过分看重小组结论的专业性和整体性,而缺乏必要的讨论和个性化的发言。这种类型的小组讨论,更像是大家分工完成一套试卷,只在乎答案的标准性,基本丧失了讨论式教学的真正价值。第二种方式(先收集资料,然后依次发言,再汇总)的讨论效果要好于第一种,小组成员均能发表意见,并进行一定程度的交流。但这种类型的讨论,个人汇报的色彩仍要浓过小组讨论的色彩。效果最理想的是第三种方式(成员各抒己见、自由发言)。在这种类型的小组讨论中,一些同学能围绕主题畅所欲言,经常会擦出一些特色鲜明、创造力十足的思想火花;其他同学也往往会被感染,不由自主地参与进来。可以说,这种类型的讨论最符合我们对通识课程讨论式教学的预期。当然,如何才能在小组讨论中产生核心成员以引领并提升讨论水准,恐怕仍需在讨论主题的选定上着手。坦白地说,我们不缺乏有思想、有创造力的学生,缺乏的是能刺激他们主动思考、积极创造的话题。

(四)关于"班级讨论"的实施

按照我们最初的设计,班级讨论环节应该是"强强对话"的精彩阶段;但是在具体实施中,却发现由于各小组只负责本组的讨论主题,导致大部分同学对于其他小组的讨论主题了解和参与不够,更多的是在静听其他小组同学的汇报,而缺乏必要的质疑与挑战。这一问题可能会导致"班级讨论"环节蜕变为"小组展示"环节。

为此,我们在具体实施过程中,做了两方面的补救:其一,增强各小组之间的对抗性,要求每一组在完成本组讨论成果的展示之余,还需要挑选另一组作为对手,对其讨论成果提出质疑和挑战,受挑战方则需作出回应。这样一来,就将原本平淡的"汇报演出"变成激烈的"挑战赛",全体同学顿时紧张和兴奋起来,使班级讨论的氛围大为改观。其二,针对每组的成果展示,授课教师会详细分析其得与失,并引申出一些多样性的思考,打破"标准答案"的思维束缚,启发全班同学从多个角度思考论题。如某小组完成了主题4的小组成果展示,强调魏晋玄学家的个性与"真"的密切关系。授课教师就此提出了一系列问题:"个性"与"愤世嫉俗"的关系如何?是否愤世嫉俗就等同于"真"?或者说,"真"是否只能通过愤世嫉俗、癫狂怪异的方式展示出来?这些新的思路启发了同学们,引发了该主题的一个讨论小热潮。

总之,讨论式教学在通识教育的课程学习中扮演着越来越重要的角色。有效的讨论式教学,不仅能加深学生对课程内容的理解和掌握,落实学生的课堂主体地位,培养学生自主学习、主动思考的终身学习能力;而且帮助授课教师更好地贯彻通识教育理念,实现通识课程教学目标,提升通识课堂教学效果。而如何才能打造"有效"的讨论式教学,则是需要广大教师和同学们努力探索的共同主题。

沿"心理"之道，用"信息"之术
——"生理心理学"课程的"教与学"[①]

李 杰[②]

"生理心理学"是心理学专业的核心专业课程，是所有高等院校心理学专业普遍开设的心理学专业课程，但是由于师资、实验仪器、实验动物饲养和场地要求等限制，最终开设生理心理学实验课的单位仍然为数不多，即便是国内心理学排名前茅的知名院校，仍缺少相应的实验课程帮助理解和学习心理的生物学机制（项锦晶，訾非，杨智辉，2013）。以理论教学为主的"生理心理学"教学难度重重，是心理学课程教学改革的难点。武汉大学和某些高校的心理学专业文理兼收，多年招生文科生比例较高，进一步给教学增添了难度。很多学生反映基础知识储备不足，"生理心理学"课程理论性强，枯燥难懂，对学好这门课程缺乏信心；还有部分学生认为该课程与自己未来发展没有关系，缺乏足够的学习动机及兴趣。

针对这些问题，笔者对"生理心理学"课程教学进行了整体规划。首先认真教授"生理心理学"的前期基础课程"神经解剖生理学"，力图提升所有学生的神经科学基础知识；其次，选用可读性强的教材，并推荐视频资源增强课程趣味性。除了这些传统课堂设计之外，近年来持续推进了课程教学改革方案，即在课堂教学过程中，以帮助学生学习为目标，进行目标导

[①] 本文受中央高校教育教学改革专项项目武汉大学教学研究项目（教师教学发展专题研究项目，项目号41300101）资助。

[②] 李杰，心理学博士，武汉大学心理学系讲师。

向式教学设计：具体应用助人心理学（助人自助）、动机心理学（期望价值理论和成就目标理论）及学习与记忆心理学（遗忘曲线）的知识原理，采用现代信息技术设计课堂教学，提升了课程学习效果，赢得了学生好评。针对在原有课堂讲授的基础上，课程改革设计思路如图1所示。

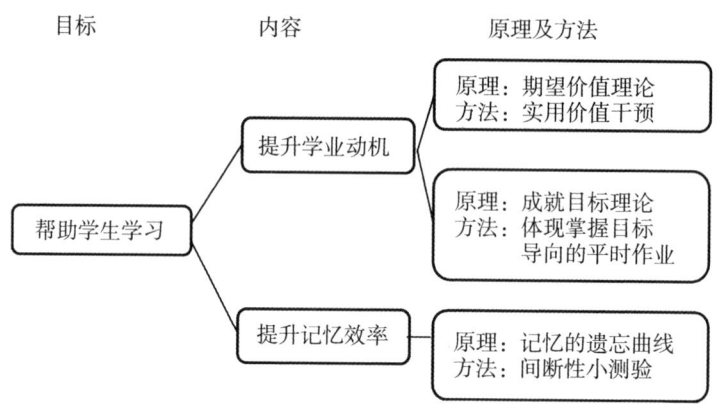

图1 从助人的角度理解教与学："生理心理学"课程教学设计改进方案

一、从助人的角度理解"教与学"：帮助学生学习

所谓助人行为，是以帮助他人为目的的行为。助人者与受助者之间的关系即为助人关系。不管行为动机是否存在期待回报的成分，也不管行为结果是否带来实际回报，只要在行为决策时，存在帮助他人的目的，即属于助人行为。助人行为的定义强调助人的"动机"。如果原本没有想到会帮到别人，但是结果却对他人有益，这种行为便不能称为助人行为。例如，有人将废旧衣物丢弃，被有需要的人拾走。这种丢弃行为自然不属于助人行为，有别于为了帮助他人而捐赠旧衣物的助人行为。

从助人的角度来看，如果教师仅以教授知识为目的，学生仅从知识获得中得到成长，这种教学行为并不能算作助人行为。因为这时，教师缺少帮助学生的主观动机，也没有帮助学生学习的实际行为。事实上，韩愈有云，"师者，所以传道授业解惑者也"（《师说》）。自孔子伊始，传授知识、解答问题这种教学行为便只排在教师职责的次要位置，一位理想的"师者"，应以"传道"为首要职责。而"传道"不仅局限于知识的传授，而是以育人为目的，这种教学行为即是一种助人行为。当一名教师从助人关系的角度来看待教师与学生的关系，将教学行为定位为帮助学生成长、帮助学生学习的助人行为时，课程教学过程便从"教师如何教、学生如何学"的教与学分离的过程变成"教师如何帮助学生学"的助人过程。

助人行为的目的是助人自助。在教学过程中，教师需要帮助学生达到自发学习学及深入学习的目的。当学生存在畏难情绪，面对存在一定困难的学习任务时，如何改变学生的学习行为呢？罗杰斯的"当事人为中心"的理论提出，希望受助者发生行为改变的首要前提是助人者以真诚的、无条件积极关注和共情同感的态度与受助者建立关系。① 共情包括情感共情和认知共情。前者要求教师能够体会到学生学习难点知识的困惑和痛苦，能够体会到学生没有有效学习时的无助；后者要求教师理解学生的知识基础如何妨碍学生有效学习，要求教师教授学生行之有效的学习技巧。

目前学生在学习"生理心理学"课程的过程中面临两大难题：认为该课程与生活联系很少，和自己的未来规划没有关系，缺少学习动机；认为缺少前期知识基础，记忆困难。基于对学生的共情，可以采用动机心理学原理采取措施提升学生学习动机，应用记忆心理机制帮助学生提升记忆效率。

二、提升学业动机

学生在学习"生理心理学"课程时反馈的主要问题分为两种情况：认为自己基础差，缺少学好生理心理学的信心；认为未来工作用不上，或者不

---

① ［美］克拉拉·E. 希尔. 助人技术：探索、领悟、行动三阶段模式［M］. 胡博，等译. 北京：中国人民大学出版社，2013：1-5.

感兴趣,缺少学习生理心理学的兴趣。在动机心理学领域,期望价值理论和成就目标理论是最为广泛应用于提升学习动机的理论框架。

(一)依据期望价值理论的课程实用价值干预

期望价值理论认为,成就动机依赖于对成功的预期和对任务价值的信念。如果学生认为目前任务不重要(价值低),或者认为不可能成功(期望低),那么就不会付出努力从事相关任务。任务价值包括四种成分:成本、达成价值、内在价值和实用价值。相较于其他任务价值,实用价值是教育干预最为关注的也是最为可行的一种任务价值。实用价值强调学生感知到的目前学习内容对未来成功的用途,即使这一任务本身似乎和未来目标无关,重点测量个人感知到的某学科内容和课堂外生活的相关性,以及个人对学科内容实用性的评价。[①] 期望价值理论得到诸多实证研究支持。多项研究发现,学生对学科实用价值的评价能正向预测大学生对相应学科的学业兴趣、学业表现或未来从事相关职业的意向,包括心理学(Hulleman and Godes et al., 2010)、计算科学(Peteranetz and Flanigan et al., 2018)、护理学(Simons and Dewitte et al., 2004)、教育学(Lee and Turner, 2017)等。因此,研究者围绕实用价值开展了一系列干预研究,分别在实验室或课堂情境下,针对心算等学习任务或英语、数学、生物等科目在多个年级层面进行了干预。这些干预普遍提升了对任务实用价值的评价,增强了学生的学习兴趣(Harackiewicz & Hulleman, 2010)。值得一提的是,相对于传播式(Directly-communicated)干预(通过实验材料强调实用价值),自发式(Self-generated)干预,即学生自己发现其实用价值的干预方式更能激发大学生对相应学科的学习兴趣(Curry and Spencer et al., 2020)。这些结果提示,如果在课程开始阶段,引导学生思考课程与生活的相关性,引导学生发现课

---

① Eccles, J. S., & Wigfield, A.. Motivational beliefs, values, and goals. Annual Review of Psychology, 2002(53):109-132.

程知识对解决生活问题的实用性，很有可能会提高学生对课程实用价值的感知，继而增加学习兴趣及学业表现。

由此，笔者在课程前请学生针对两个问题作答："你认为课程内容与实际生活有什么联系"和"你觉得学习本课程可能帮助你解决哪些生活中的问题"，并且在课堂互动环节，要求学生将知识点内容与实际生活相联系，进行课堂展示。这些活动旨在引导学生自己发现课程内容的实用价值。许多学生希望通过课程学习可以了解情绪产生的原理，帮助自我调节情绪；还有学生认为课程学习能够帮助他们增加对脑的认识，可以理解心理障碍的生理机制等。在课堂展示环节，很多学生聚焦于各种精神障碍、阿尔兹海默症、帕金森病、舞蹈病以及多种神经系统疾病等病症，以了解相关知识及文献内容；还有些学生关注利他行为、暴力攻击行为等社会心理与行为的生理机制。这些展示内容生动体现了学生对课程实用价值的思考。

(二) 掌握目标导向的课程作业

成就目标理论区分了掌握和成绩目标导向的成就动机：掌握目标以自我为参照标准，强调技能获得、能力提升和自我成长，目标在于自我促进，而成绩目标以自己在任务中的表现为目标。① 当学生担忧，自己的成绩不如期望值，或者不如理科生时，这种比较以表现比他人良好或不要比他人表现差为目标，而并非获得好成绩或者展示能力，也并非为了自我促进。社会比较令学生感知到竞争威胁，虽然可以提高学生的学业表现，却也唤起更多负性情绪。② 诸多研究一致提示，掌握目标而并非成绩目标的

---

① Pintrich, P. R. An achievement goal theory perspective on issues in motivation terminology, theory, and research. Contemporary Educational Psychology, 2000, 25(1): 92-104.

② Dijkstra, P., Kuyper, H., Van der Werf, G., Buunk, A. P., & Van der Zee, Y. G. Social comparison in the classroom: A review. Review of Educational Research, 2008, 78(4): 828-879.

学业动机是更为可靠的学业成绩的预测因子。①

针对这一问题,笔者设计了一项综合性课程作业:请学生阅读新近的生理心理学研究文献,并撰写文献摘要报告;笔者对摘要报告进行批改,反馈意见;学生再继续修改,直至定稿。在此过程中,学生得以单独与教师互动,内容局限于自己选择的文献,在这一任务上,不会存在与他人比较的顾虑;同时,通过针对批改意见的修改,学生可以集中于文献内容的理解,在每次修改过程中得以感受到自己的进步,从而学到以成长型思维(例,我对知识的理解加深了,我对课程内容掌握的更多了)而非固定型思维(例,我知识基础差,我学不好这门课程)看待课程学习。这有助于提升掌握目标导向的学习动机,继而提升对课程学习的兴趣。

三、提升记忆效率

在学习与记忆领域,艾宾浩斯提出的无概念音节遗忘曲线和里德提出的概念遗忘曲线是目前关于遗忘的最权威理论成果,是指导开展教学研究的基础理论之一,相关研究众多。艾宾浩斯的无意义音节遗忘曲线,主要反映机械学习材料的遗忘过程;里德提出的概念遗忘曲线,主要反映真正理解的概念或原理的遗忘。对于生物学知识欠缺的文科生来说,生理心理学可能存在许多"无概念音节"内容,在最初学习的阶段适用于艾宾浩斯遗忘曲线的规律:在学习之后第二天,记忆比例迅速滑落至40%,而一周之后再次上课时,记忆比例只剩下20%左右了。这极大地妨碍了学生吸收知识。因此,许多学生抱怨,课时相对太少,课程内容被急剧压缩,不得不在课后加强复习才能够保障学习效果。然而,重复阅读教材可能造成一种假象,让学生以为自己掌握了概念及其背后的道理,但是却不能有效

---

① Sirideridis, G. D. Goal orientation, academic achievement, and depression: Evidence in favor of a revised goal theory framework. Journal of Educational Psychology, 2005, 97(3): 366-375.

输出。

针对这一情况,笔者尝试在课堂教学环节引入课堂小测验,使学生可以间断性检索记忆,提升学习效果。与反复阅读这种复习方法相比,小测验(俗称"刷题")会更加有效,这种方法被称为"检索式练习",检索会强化记忆并阻止遗忘。在听过一堂课后,只需用一道简单的小问题,就可以巩固所学,强化记忆。这一练习需要不间断地进行。因此,笔者建立了"生理心理学"题库,根据知识点准备题库,随机抽取,定期小测验巩固知识点。学生也可以在课后时间里间断性自测,从而保证不连续的检索式练习,提升对知识点的记忆效果。

四、教学改革成效及未来展望

笔者在教授2016级心理学本科生时首次尝试这一课程改革方案,效果显著,该学期学生成绩优秀(≥85分)比例为34.3%(课程设计改革之前2015级为22%),笔者本人评教分数由96.95提升至99.47,院内排名上升30余名。不过,该年级及格率为94.3%,较低于2015级的97.2%。依据前期文献提示,实用性干预对于初始兴趣较高的学生更为有效,而并不一定能够提升初始兴趣较低学生的学习兴趣,这能够充分解释在及格率下降的情况下,成绩优秀的比例显著上升的教学效果。而整体上,学生从中受益,对该课程设计改革评价较高,因此,评教分数得到显著提升,表现出对教学方法的认可。

不过,这一教学设计仍存在以下不足:相对缺少对学生的个性化指导,文献摘要作业提供的学生与教师直接交流的机会,也许对某些初始兴趣不大的学生是一种压力,并且,对于这一部分学生,实用价值干预的方法效果也可能比较差;再者,在这一教学设计中,没有涉及学生之间的学业交流,而同辈促进作用也许是提升学业动机的备选途径,可能需要将这种思路从教师与学生之间扩展至学生相互之间。未来可以通过以下方面进一步改进教学设计:除选用可读性强、趣味性高的教材之外,还可以推荐畅销科普读物等，提升学业兴趣；设计互动式课件，进一步丰富课程相关题库，方便学生自学自测；在课堂互动部分，利用雨课堂平台，以系列研究问题为讨论主题，引导小组讨论，开发解决方案，深化对生理心理学领域知识及应用的理解与认同；针对课堂展示和文献摘要作业，鼓励同学之间进行互评及批改；鼓励文献主题相关的学生合作撰写综述性文章。另外，还需要采用心理学研究的科学方法深入调查，例如通过调查问卷及个别学生访谈的方式进行教学干预和学习需求的调查，课程结束后通过问卷收集反馈意见，科学评估教学效果，从而完善确定教学改革方案。

参 考 文 献

1. [美]克拉拉·E. 希尔. 助人技术：探索、领悟、行动三阶段模式[M]. 胡博，等译. 北京：中国人民大学出版社，2013.

2. 侯玉波. 社会心理学[M]. 北京：北京大学出版社，2018.

3. 燕良轼. 高等教育心理学[M]. 长沙：湖南人民出版社，2010.

4. 孙小媛，万崇华，禹玉兰，吴丹，全鹏. 医学院校生理心理学课程建设与教学改革探讨[J]. 教育教学论坛 2020(10)：156-157.

5. 项锦晶，訾非，杨智辉. "生理心理学"课程建设与教学改革探讨[J]. 中国林业教育 2013(3)：45-48.

6. Curry, K. W., Spencer, D., Pesout, O., & Pigford, K. Utility value interventions in a college biology lab：The impact on motivation[J]. Journal of Research in Science Teaching, 2020, 57(2)：232-252.

7. Dijkstra, P., Kuyper, H., Van der Werf, G., Buunk, A. P., & Van der Zee, Y. G. Social comparison in the classroom：A review[J]. Review of Educational Research, 2008, 78(4)：828-879.

8. Eccles, J. S., & Wigfield, A. Motivational beliefs, values, and goals[J]. Annual Review of Psychology, 2002(53)：109-132.

9. Harackiewicz, J. M., Rozek, C. S., Hulleman, C. S., & Hyde, J.

S. Helping parents to motivate adolescents in mathematics and science: An experimental test of a utility-value intervention [J]. Psychological Science, 2012, 23(8): 899-906.

10. Hulleman, C. S., Godes, O., Hendricks, B. L., & Harackiewicz, J. M. Enhancing interest and performance with a utility value intervention [J]. Journal of Educational Psychology, 2020, 102(4): 880-895.

11. Lee, J., & Turner, J. The role of pre-service teachers' perceived instrumentality, goal commitment, and motivation in their self-regulation strategies for learning in teacher education courses [J]. Asia-Pacific Journal of Teacher Education, 2017, 45(3): 213-228.

12. Peteranetz, M. S., Flanigan, A. E., Shell, D. F., & Soh, L. Career aspirations, perceived instrumentality, and achievement in undergraduate computer science courses [J]. Contemporary Educational Psychology, 2018 (53): 27-44.

13. Pintrich, P. R. An achievement goal theory perspective on issues in motivation terminology, theory, and research [J]. Contemporary Educational Psychology, 2000, 25(1): 92-104.

14. Sideridis, G. D. Goal orientation, academic achievement, and depression: Evidence in favor of a revised goal theory framework [J]. Journal of Educational Psychology, 2005, 97(3): 366-375.

15. Simons, J., Dewitte, S., & Lens, W. The role of different types of instrumentality in motivation, study strategies, and performance: know why you learn, so you'll know what you learn! [J]. British Journal of Educational Psychology, 2004, 74(3): 343-360.

如何讲一门有人文反思的变态心理学

徐华女①

一、变态心理学教学需要人文反思

我们生活的这个时代,人们的心理痛苦越来越多。讲心理障碍课程,也越来越感到这门课有它应该承担的责任,无论在帮助人们认识心理痛苦方面,还是在培养心理健康专业人员方面。笔者于 2014 年开始讲授变态心理学课程,目前已经讲过七轮,现在是时候要进行一些总结、反思、调整和更新。关于这门课的名称,曾有巡考老师问过,"变态"不是个贬义词吗?确实,这个课程名称不够人文。"变态心理学"译自"abnormal psychology",朱光潜先生在 20 世纪 20 年代撰写的《变态心理学派别》中已使用这一译法(可能还有更早的),"变态"乃对应于"常态"而言,② 之后国内心理学领域一直沿用这一译法。由于语言含义的文化变迁,"变态"一词在今天带有更多污名意味,一些学者建议使用"异常",也有些心理学系采用病理心理学作为课程名称(不过人文取向学者对"异常""病理"也存有质疑)。在几年的教学过程中,笔者越来越感觉到,什么是正常和异常,如何理解人类的心理痛苦,如何帮助有心理痛苦的人,这些都是严肃且需要反思的问题。

---

① 徐华女,女,辽宁大连人,博士,武汉大学哲学学院心理学系讲师。
② 朱光潜. 变态心理学派别[M]. 北京:商务印书馆,1999:2-3.

变态心理学教材将这门理解心理障碍的心理学分支视为科学，认为变态心理学是"对异常行为的科学研究，旨在描述、预测、解释和改变异常的功能模式"。① 在心理障碍的界定上，包含三个要素（缺一不可）：心理功能失调（认知、情绪或行为功能上的瓦解）；心理痛苦或功能受损；不典型或不符合文化预期。我们以往不带反思地理解和接受了这些界定以及其中的预设。近几十年来，心理障碍的家族越来越庞大，包括广泛的障碍类型，如焦虑障碍、强迫及相关障碍、创伤和应激相关障碍、躯体症状及相关障碍、分离障碍、心境障碍、进食障碍、睡眠-觉醒障碍、性功能失调、性欲倒错障碍、物质使用及成瘾障碍、人格障碍、精神分裂症谱系障碍、神经发育障碍、神经认知障碍等大类划分。我们忙于理解和掌握整个分类诊断系统，但可能没有去问为什么会有那么多不同类型的心理问题。

有学生会疑惑心理障碍和精神障碍有什么分别？实际上，心理障碍和精神障碍同样都是指上述这些障碍（基于相同的分类诊断系统），心理学更倾向使用心理障碍（psychologicaldisorder），精神医学更倾向使用精神障碍（mentaldisorder）。出于去污名的考虑，我国台湾学者也将"mental disorder"译为精神失序。② 由于变态心理学和精神医学在心理/精神障碍的范畴上一致，都使用国际通用的 ICD 和 DSM 分类诊断系统，因此变态心理学的内容与精神病学有相当高的重叠，也在很大程度上采用精神医学的思路。

笔者在最初讲变态心理学那两年，由于教学和研究领域不一致（研究领域不在临床方向），这门课的教学挑战很大。最初有两个比较大的困难，一是对心理障碍的分类诊断系统熟悉程度不够，未能全面把握；二是心理障碍的生理机制和药物治疗对笔者而言属于弱项，需要花时间学习和记忆。当我们把大量认知资源用于理解和掌握时，反思的空间可能是不足

---

① Barlow D H, Durand V M, Hofmann S G. Abnormal psychology: An integrative approach (8th) [M]. Boston: Cengage Learning, 2018.
② 蔡友月，陈嘉新. 导读：不正常的人？精神医学与人文社会科学的跨界、交流与反思[M]//蔡友月，陈嘉新. 不正常的人？台湾精神医学与现代性的治理. 台北：联经出版事业股份公司，2018.

的。几年教下来,当已经熟悉了诊断系统、生理机制这些难点,可以把更多精力用于扩展阅读和反思时,笔者发现以前的教学中存在诸多问题,心理障碍的成因、诊断和治疗领域有很多争议是以前没有充分反思的,主要集中在一些人文议题上,应有更多的人文关怀和本土关照。

二、文明中的疯癫？从历史视角理解心理异常

理解心理异常,为什么历史视角是重要的？从历史角度纵向分析人类从古到今有关心理异常的观念衍变、对待心理异常者的方式沿革,有助于我们理解不同的传统,看到衍进趋势及影响因素,发现有价值的人文议题。

历史上对心理异常(表现为行为异常)的理解,有超自然传统、生物学传统和心理学传统。在史前社会,人们认为行为异常是神鬼作祟、邪魔附体等超自然因素所致,因而采用驱魔方式,或以颅骨环锯术来释放恶灵。到中世纪,行为异常仍被认为是魔鬼附体或中了巫术,对待方式除了驱魔仪式,还有折磨、鞭打、火烧等。中世纪还发生过一大群人突然举动怪异,同时涌上街道跳舞、大叫、胡言乱语,这种当时被认为魔鬼附体的现象很可能是我们今天所称的集体癔症,由情绪感染所致。[1]

生物学传统在古希腊时期萌芽,希波克拉底的体液说认为,行为异常源于体液不平衡,因而要处理体液过多或过少,调整环境的冷热干湿。由体液说发展出的疗法有水疗法、放血疗法、催吐法等,中世纪时水疗法被用于治疗躁狂,将患者数次浸泡水中,直到筋疲力尽归于平静。[2] 经历了几个世纪的沉寂,19 世纪后,生物学传统复兴,发现了梅毒相关妄想症状的致病原因;精神病学家格雷将精神异常视为躯体疾病,强调休息、饮食、适宜的温度等。20 世纪初,现代精神病学奠基人克雷普林从生物学角

---

[1] Barlow D H, Durand V M, Hofmann S G. Abnormal psychology: An integrative approach (8th) [M]. Boston: Cengage Learning, 2018.

[2] 潘志华. 中西方精神病学史比较及启发[J]. 残疾人研究, 2013(1): 59-63.

度对精神障碍进行了分类，认为每种障碍有各自的发病年龄、病程和症状。20世纪二三十年代，精神科医生发现胰岛素休克和电休克引发的抽搐有治疗作用，30—50年代脑白质切除术被用于治疗精神分裂症等障碍（后因治疗效果、意外事故、伦理问题走向没落）。① 20世纪50年代，第一代抗精神病药物被研发出来。

心理学传统更强调人道的对待和照料，在解释适应不良行为时关注心理因素的作用，也考虑社会和文化因素的影响。精神异常者经历了中世纪被驱逐、17—18世纪大禁闭时代被强制关进收容院或监狱的命运，19世纪道德疗法兴起，收容院中的精神病患被解除了身上的锁链，受到了更人性化的对待。道德疗法开创了治疗性收容院（后发展为现代精神病院），营造鼓励正常社交的环境，摒弃了约束和隔离的做法。② 20世纪，随着心理学的三大流派精神分析、行为主义和人本主义兴起，心理治疗为精神痛苦者提供了不同于生物学传统的选择。

变态心理学教材很少介绍中国古代如何理解和对待心理异常，如《降妖与幽禁：宋人对精神病患的处置》一文发现，宋人已能区分心理异常与生理疾病的差异，在心理异常的成因方面，有生理角度的阴阳失调和家族遗传，也有心理角度的创伤过重、内疚自责、积忧成狂和思念故人。宋代医者会使用冰冷物质来治疗病患的身体燥热。在信仰层面，心理异常的成因主要是鬼怪作祟和因果报应，对鬼怪作祟会以民俗方式降妖除魔，延请巫医、道士和僧尼以法术驱逐。此外，精神病患的家人也会将其幽禁家中，为顾及颜面，避免病患危害他人或遭人伤害。作者的反思是，各种对待方式看似在救治病患，实则为抚慰非病患的恐惧。③

总的来说，西方世界心理异常的文化史和医疗史已有较好的分析和梳

---

① 潘志华. 中西方精神病学史比较及启发[J]. 残疾人研究，2013(1)：59-63.
② Barlow D H, Durand V M, Hofmann S G. Abnormal psychology: An integrative approach (8th) [M]. Boston: Cengage Learning, 2018.
③ 杨宇勋. 降妖与幽禁：宋人对精神病患的处置[J]. 台湾师大历史学报，2003(31)：37-89.

理，学生可以在斯卡尔的《文明中的疯癫》①中详细了解到从古到今人们如何理解心理异常以及如何对待心理异常者。纵观人类历史对待心理异常者的方式，总体趋势是朝向人性化方向发展。对人性化趋势的理解，有助于学生分析当前公共领域对待心理痛苦者的一些措施是否得当。相关研究显示，媒体常常将精神病患呈现为一种危险而暴力的形象，且往往只强调精神疾病的负面议题，缺少平衡、正面的报导主题与态度。② 历史视角有助于学生看到古今中西心理异常者受到的对待，可以更多地站在平等、人道、尊重差异的视角上思考心理异常和对待方式。

三、反精神医学？人文取向学者对精神医学的反思和批判

变态心理学教材采用精神医学的诊断系统，在这种跨领域状态之下，心理学人对精神医学及其受到的批评可能认识不足，讲解和学习诊断、成因和治疗时也可能做不到充分反思。自20世纪60年代起，反精神医学阵营对当时的精神医学提出了一系列挑战与批评（基于不同的认识论立场），双方围绕着什么是"精神疾病"，展开了激烈的论战。③ 反精神医学一派采用建构论取向，援引的思想主要来自精神病学家库珀、莱恩和萨斯、哲学家福柯、社会学家戈夫曼等学者。

"反精神医学"（Anti-psychiatry）思潮最初起源于精神医学内部的学术争论，由英国精神病学家库珀（David Cooper）于1967年提出。该思潮提出的背景是，20世纪50年代脑白质切除术盛行，精神病院内医生和患者之间

---

① ［英］安德鲁·斯卡尔. 文明中的疯癫：一部关于精神错乱的文化史［M］. 经雷, 译. 北京：社会科学文献出版社, 2020.
② 唐宜桢, 吴慧菁. 精神疾患污名化与去污名化之初探［J］. 身心障碍研究季刊, 2008(3)：175-196.
③ 彭荣邦. 导读：打开潘朵拉之盒［M］//罗伯特·惠特克. 精神病大流行：历史、统计数字、用药与患者. 王湘玮, 译. 新北：左岸文化出版社, 2016.

是绝对权威和服从的关系。库珀主张将精神医学"非医学"化,打破医生和患者之间的二元对立,解放受精神医学"暴力"压迫的人。① 精神病学家萨斯(Thomas Szasz)在《精神疾病的神话》中指出,精神疾病是被制造出来的"神话",不是被精神医学发现的,而是被命名、被发明的;精神病学诊断是一种污名化的标签,不合社会常规(或越轨)的人被认为有精神疾病。②《飞跃疯人院》(1975)就是一部反精神医学电影,我们可以看到那些质疑的声音,为什么要在所谓正常和异常之间划界,对"精神疾病"的诊断是否存在问题,有何权利把"患者"(有些是偏离常规者)关在精神病院,"患者"应该享有哪些权利,精神病院内医护人员管理和治疗"患者"的方式是否人道,等等。

在《分裂的自我》③中,英国精神病学家、存在主义心理学家莱恩(R. D. Laing)认为,精神病学语言将患者拒于一旁,是为特定临床需要而产生,专门用来孤立和限定患者生活的意义,并使患者成为内在或外在的客体。基于存在主义现象学视角,莱恩强调精神分裂症的可理解性,认为患者的行为可以看作"对自身存在经验的表达",如他经历了什么(他感到痛苦和绝望),他通过自己的语言和行动想要达到什么目的(他反抗审讯,希望被倾听)。要达到对患者存在状态的理解,需要将人的行动与他体验自身情境的方式联系起来;要彻底承认他的独特和不同,承认他的独立、孤独和绝望。存在主义现象学试图帮助患者重建其生活方式,使他在自己的世界里作为自己而存在。在治疗关系中,核心问题是患者"与我一道存在"的方式。莱恩认为,精神医学可以走向超越,走向真正的自由,走向人的真正的发展。

在《疯癫与文明》④中,哲学家福柯(Michel Foucault)将精神疾病视为

---

① 杨锃."反精神医学"的谱系:精神卫生公共性的历史及其启示[J]. 社会,2014(2):71-75.

② 杨锃."反精神医学"的谱系:精神卫生公共性的历史及其启示[J]. 社会,2014(2):71-75.

③ [英]R. D. 莱恩. 分裂的自我:对健全与疯狂的生存论研究[M]. 林和生,译. 贵阳:贵州人民出版社,1994.

④ [法]米歇尔·福柯. 疯癫与文明:理性时代的疯癫史[M]. 刘北成,杨远婴,译. 北京:生活·读书·新知三联书店,2012.

在理性时代兴起的过程中对"疯癫"的驱逐、禁闭与规训。最有启发性的一部分是他对19世纪道德疗法的批判。道德疗法通常被认为是人性化对待的开始，皮内尔和图克作为精神病院改革者，解除了患者身上的锁链。然而，福柯认为，道德疗法虽然让疯人在肉体上受到更为人道的对待，但这并不意味着非理性获得了解放，而是意味着疯癫早已被制服了。锁链限制的是身体上的自由，而去除锁链后限制的是精神上的自由。图克的疗养院试图使负罪感成为疯人本人的一种意识，强调服从秩序、承担责任，要求建立一种自我克制。病人的自由受劳动和他人观察的约束，且不断需要承认有罪。看护者代表实行禁闭的权威，也代表进行审判的严厉理性。新的理性统治了疗养院，病人没有自主权，没有公民地位和实际自由。皮内尔主管的疯人院，既是道德整肃的工具，也是进行社会谴责的工具，实质上是一个道德教育场所，其道德措施有：缄默（被孤立）、镜像认识（被激发羞耻感）、无休止的审判（被激发悔悟）和医务人员的神化（绝对权威）。医生之所以能够在疯人院行使绝对权威，是因为从一开始他就是父亲和法官。福柯给我们的启发是，人性化的对待，不是表面上对肉体的解放，精神上的道德控制仍然使疯癫处于被理性蔑视的地位。

在《精神病院》中，社会学家戈夫曼（Erving Goffman）基于对精神病院的田野研究，提出"全控机构"的概念，指一种居住和工作的地方，一大批有相似处境的个体，在相当长一段时间里处于更广泛的社会隔绝，一起过着封闭的、受正式管理的生活。① 全控机构有多种类型，精神病院属于看护那些被认为既没有能力照顾自己，又对社区构成威胁（尽管是无意的）的人。精神病院的入院程序，使入院者的个人属性受到剥离，如个人通常的外观（被换为统一病服）和他的名字（被换为动物或物品等更低等的代号），新到者被塑造和编码成一个客体，可以被放入机构的行政机器中顺利运作。剥离个人属性的程序使他们丧失了先前自我身份认同的大部分基础。

---

① Goffman E. Asylums: Essays on the social situation of mental patients and other inmates[M]. New York: Anchor Books, 1961.

因与外部世界隔绝,入院者的一些社会角色也受到剥夺。由于被污名化和入院时的被剥夺感,入院者常常会与市民社会产生疏离,有时表现为不愿意离开医院,这构成了住院治疗的副作用,对个体的影响比他最初的困难更大。全控机构中的种种设置和做法,会导致个体无法建立主体性,难以回归原来的社会场所。

反精神医学思潮反对社会对"精神疾病"的建构,注重精神病患主体性的重建,改变了传统的"人观",推进了区域精神卫生服务和社会精神医学的发展。反精神医学思潮在内容上相当丰富,莱恩、福柯和戈夫曼的作品都极富反思性和启发性,对培养批判性思维很有帮助。了解人文取向学者对精神医学的质疑,我们可以在心理健康专业人员培养的过程中更多地反思究竟何为心理障碍(案例分析时也须慎重判断,不轻易做出障碍诊断,注意标签的负面影响),以及在专业学习和实务中要注意哪些伦理问题。这门课会推荐学生观看一些反精神医学的影片和经典著作,鼓励学生讨论相关的人道议题。

四、如何理解人类的心理痛苦? 对心理障碍成因的争论

人类主观的心理痛苦从何而来?变态心理学领域当前对心理障碍成因的理解,会采用"生物—心理—社会"整合模式,这也是不同取向的学者经过长期论争之后形成的一种折中模式。然而,在特定障碍的成因分析中,往往采用素质—应激模型的思路,强调生物易感性(遗传、自主神经系统、神经递质系统等)和心理易感性(人格特质、思维方式等),而应激性生活事件主要是激活了表达某种特性或行为的遗传倾向。[1] 这一分析思路看重微观、个体因素,但对宏观社会因素(如文化、经济不平等、社会变迁)并

---

[1] Barlow D H, Durand V M, Hofmann S G. Abnormal psychology: An integrative approach (8th) [M]. Boston: Cengage Learning, 2018.

未充分关注，容易将心理痛苦个人化。由于治疗方式是对应于成因理解的，因此变态心理学在治疗部分看重药物治疗和心理治疗。

近年来，我国心理/精神障碍的盛行率(患病率)已增长到17%，受焦虑症、抑郁症困扰的人已分别增长至7.6%和6.8%，① 实际情况很可能更高，但我们记忆中的20世纪八九十年代，生活环境中学生和成人都很少有人产生心理障碍。与时代变迁相关的这种变化，生物学和心理学视角无法做出充分解释，还需要从社会变迁角度去思考。如果我们不将易感性理解为个体的脆弱性，而是将其视为对有害环境更敏感的检测器，那么心理障碍盛行率的快速增长是否可以提醒我们需要改变的是对人有伤害的社会环境，而单纯治疗个体无法阻挡盛行率的进一步上升？心理治疗师徐凯文分析大学生"空心病"时提到，来访者"不知道为什么要学习，不知道为什么要活着，只是按照别人的逻辑活下去而已"，② 虽然他们心境低落、兴趣减退的状况符合抑郁症的诊断标准，但药物治疗和心理治疗对他们都没有效果。年轻人意义感缺失的问题需要从教育、经济、社会文化等因素中去寻找原因。社会学家渠敬东认为全面竞争化的教育环境导致人们在竞争中心灵处于全面压抑的状态，会造成年轻人过早夭折，③ 而全面竞争化的教育环境可能也是社会竞争加剧的一个缩影。

人文社会取向的学者认为，心理健康问题的范围及其特定表现形式，很大程度上是社会产物，是资本累积的驱力催生出来的。④ 失业、降薪、债务、住房和贫困都会降低幸福感和心理韧性，造成更多的酒精依赖、更高的自杀率和更大的社会隔离。⑤ 在《饱食穷民》中，斋藤茂男讲述了日本

---

① Huang Y, Wang Y U, Wang H, Liu Z, Yu X, Yan J. & Wu Y. Prevalence of mental disorders in China: A cross-sectional epidemiological study[J]. The Lancet Psychiatry, 2019, 6(3): 211-224.
② 徐凯文. 时代空心病与焦虑经济学[EB/OL]. [2017-05-17]. https://www.sohu.com/a/138840265_536015.
③ 渠敬东：《健康才是教育的根本》，见北京大学教育学院公众号。
④ [英]伊恩·弗格森. 精神疾病制造商：资本社会如何剥夺你的快乐[M]. 宋治德, 译. 台北：时报文化出版社, 2019.
⑤ [英]伊恩·弗格森. 精神疾病制造商：资本社会如何剥夺你的快乐[M]. 宋治德, 译. 台北：时报文化出版社, 2019.

泡沫经济时代,男性终日像机器人一样工作,女性独自在家养育子女、承受情感孤寂,此种异化状态导致了抑郁症、强迫症、分离性漫游、神经性贪食等心理健康问题。① 在《纳粹嗑药史》中,奥勒分析了纳粹德国全民服用兴奋剂的社会因素。"劳动的程式化趋势对个体提出了新的要求,每个人都要成为这台机器中合格的齿轮……柏飞丁正是推动个体跟上时代发展的助力剂……其任务是让国家永远保持'苏醒'。"②看重社会因素解释力的学者,也往往倾向在某些情况下不做障碍诊断,比如对于军人战时的应激反应,心理学家霍兰德认为不应将其诊断为创伤后应激障碍,国家恐怖主义所制造的心理痛苦有其社会来源,社会创伤的本质不是个人的,而是共同的体验。③

因此,仅看重生物因素和心理因素,不足以完整理解心理障碍成因的全貌。在以往教学中,我们往往强调生理机制、心理机制和诊断标准的理解与记忆,人文社会取向的反思相对不足;学生在案例分析作业中分析社会因素时,也主要集中在教养方式、同伴关系、学校教育、亲密关系、职场环境这些个人生态系统的微观系统和中观系统,缺少对宏观社会因素的思考。在未来教学中,这门课会推荐更多的具有宏观视角的阅读材料,如人类学视角的心理障碍研究,帮助学生从宏观角度理解人类的心理痛苦。

五、将正常情感病理化?对心理障碍 DSM 诊断系统的批评

变态心理学教材大部分以美国精神医学学会的《精神障碍诊断与统计

---

① [日]斋藤茂男. 饱食穷民[M]. 王晓夏,译. 杭州:浙江人民出版社,2020.
② [德]诺曼·奥勒. 亢奋战:纳粹嗑药史[M]. 强朝晖,译. 北京:社会科学文献出版社,2018.
③ [英]伊恩·弗格森. 精神疾病制造商:资本社会如何剥夺你的快乐[M]. 宋治德,译. 台北:时报文化出版社,2019.

手册》(DSM)①为参照编写,能找到的英文教材(大部分是美国教材,少量来自澳大利亚等地)均采用 DSM 诊断系统。由于心理/精神障碍的分类主要是以症状做区分,并无清楚的生理指标作为诊断依据,因此现代精神医学一直致力于建立科学性、标准化的诊断系统。② 目前国际通用的诊断系统,除《精神障碍诊断与统计手册》外,还有世界卫生组织发布的《国际疾病分类》(ICD)之精神与行为障碍分类。两套诊断系统经历多次改版,增加了很多新的诊断类别,障碍的划分归属也有调整,并有逐渐趋同的倾向。

具文化敏感性的学者沃特斯认为,几十年来,美国以规模批发的方式出口自己的心理障碍观念,美国对心理障碍的定义和治疗变成了国际标准。③ 当美国文化以外的教师和学生在使用教材和诊断系统时,由于教材对精神医学发展的诸多背景介绍不足,也缺乏对 DSM 争议背景的介绍,导致对诊断系统认识不足,容易将 DSM 手册作为诊断心理障碍的"圣经"来对待,将学习的主要任务放在理解和记忆诊断系统及障碍诊断标准。此外,随着诊断系统的标准化,"人类生命中某些情感、行为、思考与反应,都可能被化约成一种需要治疗的疾病,导向单一化、同质化的处理方式"。④

针对 DSM 诊断系统的改版过程,精神医学和心理健康专业人员提出过一些批评。新的诊断类型的增加,有将人性和日常生活医疗化的风险。⑤

---

① 美国精神医学学会. 精神障碍诊断与统计手册(第 5 版)[M]. 张道龙,等译. 北京:北京大学出版社,2014.
② 蔡友月,陈嘉新. 导读:不正常的人? 精神医学与人文社会科学的跨界、交流与反思[M]//蔡友月,陈嘉新. 不正常的人? 台湾精神医学与现代性的治理. 台北:联经出版事业股份公司,2018.
③ [美]亿森·沃特斯. 像我们一样疯狂:美式心理疾病的全球化[M]. 黄晓楠,译. 北京:北京师范大学出版社,2016.
④ 蔡友月,陈嘉新. 导读:不正常的人? 精神医学与人文社会科学的跨界、交流与反思[M]//蔡友月,陈嘉新. 不正常的人? 台湾精神医学与现代性的治理. 台北:联经出版事业股份公司,2018.
⑤ [英]伊恩·弗格森. 精神疾病制造商:资本社会如何剥夺你的快乐[M]. 宋治德,译. 台北:时报文化出版社,2019.

参与 DSM 第四版编写工作的弗朗西斯(Allen Frances)对 DSM-5 提出了多项质疑,如认为丧亲之痛不应被重新归为抑郁症的症状,那不仅会增加不必要的药物使用,还会"将这种有尊严的哀痛降低为哺乳类和人类的身心状况";广泛性焦虑障碍会将日常生活中的不安和痛苦视为精神障碍;轻度神经认知障碍可能将正常老化的健忘归为精神障碍;破坏性心境失调障碍会将儿童的耍脾气视为障碍症状。这些改变会扩大精神障碍的定义,使更多人成为患者,更容易面临具潜在危险的药物。很多心理健康组织也担心精神障碍的诊断门槛降低后,更多人会被贴上不必要的患者标签,对儿童和老年人等弱势群体的不当治疗也会增加。[1]

DSM 诊断系统是与美国医疗保险体系挂钩的,心理学学者彭荣邦认为,美国精神医学的全球化是件相当可疑的事情,其整体部署很难拆解输出而不改变本质。最容易输出的是障碍诊断和药物治疗,但社会福利、特殊教育等接应精神病患的体制,就很难跨国输出。[2] 制药公司宣称某种精神类药物能够有针对性地治疗某些障碍(对药物临床实验及其发表也有诸多批评),因而障碍类型越多,药物治疗的范围也越大。西方制药公司会在海外市场拓展和药品广告中推广诊断系统和具体障碍,这一做法被认为是为了售卖"解药"谋取利润而将某种障碍推销给人们。[3]

因此,了解 DSM 诊断系统的发展背景以及批评的声音,有助于我们反思,我们是否在没有充分了解背景信息的情况下就不假思索地接受了教材和诊断系统对心理障碍的界定和治疗。我们还需要继续思考,持续更新的两套诊断系统移植到国内,在教学、实务和科研中使用这两套系统,会产生哪些问题。

---

[1] [英]伊恩·弗格森. 精神疾病制造商:资本社会如何剥夺你的快乐[M]. 宋治德,译. 台北:时报文化出版社,2019.
[2] 彭荣邦. 导读:打开潘朵拉之盒[M]//罗伯特·惠特克. 精神病大流行:历史、统计数字、用药与患者. 王湘玮,译. 新北:左岸文化出版社,2016.
[3] [英]亿森·沃特斯. 像我们一样疯狂:美式心理疾病的全球化[M]. 黄晓楠,译. 北京:北京师范大学出版社,2016.

六、对非西方文化不敏感？对标准化诊断系统的文化敏感性反思

精神病学家、医学人类学家克莱曼（Arthur Kleinman）在《反思精神医学》中提出，需要正视的是，为什么占全世界80%人口的非西方社会，要使用一套深植欧美文化的精神医疗模式？① 对于当代精神医学看重放诸四海而皆准的诊断标准这一问题，人文社科学者发出了很多质疑的声音。

在《像我们/美国一样疯狂》中，沃特斯从医疗人类学角度，为心理障碍的教学、科研和实务人员敲响了警钟。他指出，标准化的诊断系统缺乏文化敏感性，忽视非西方文化中自身带有的理解和疗愈苦难的方式。随着美国DSM诊断系统的全球化，那些曾经在不同文化里各异的"发疯"概念正飞速消失，全球对心灵的理解都美国化了。一些在美国文化中被鉴别出来并普及的心理障碍，如抑郁症、创伤后应激障碍、厌食症，正以传染病的速度跨越文化边界，在世界各地蔓延，而本土形式的精神疾病和疗愈方式正被美国制造的障碍类别和治疗方法所取代。西方很多心理健康从业人员认为，诊断手册（除了"特定文化相关症状"）中描述的心理障碍（包括症状和预后）都是不受文化和信念变迁影响的。②

人文取向学者认为，心理障碍的体验与文化不可割裂。无论心理障碍成因为何，我们都会依靠文化信念来理解正在发生的事情，患病体验也会受到这些信念的影响。在一种文化中，人们如何看待心理疾病，如何对症状进行分类和排序，如何治愈症状以及预期病程和疗效，都会影响疾病本身。人们一直通过各种不同文化中多样化的宗教、科学和社会信念去看待

---

① 彭荣邦.导读：打开潘朵拉之盒[M]//[美]罗伯特·惠特克.精神病大流行：历史、统计数字、用药与患者.王湘玮，译.新北：左岸文化出版社，2016.
② [英]亿森·沃特斯.像我们一样疯狂：美式心理疾病的全球化[M].黄晓楠，译.北京：北京师范大学出版社，2016.

心理异常，所以此时此地的疯癫和彼时彼地的疯癫相差迥异。① 例如，1997年，法国制药公司希望招募阿根廷双相障碍个案进行研究，由于阿根廷社会很少采用这一诊断，该公司一直无法在当地招募到足够样本。20世纪80年代末，美国制药公司放弃将抗抑郁药销入日本，因为调查显示抗抑郁药在日本没有市场。日本传统文化认为人生苦多乐少，对情绪低落的表现相对轻视。90年代日本精神科医生开始使用抑郁症诊断，与当时的泡沫经济有关，人们也开始反思抑郁背后的过劳因素。②

　　人文取向学者也质疑了灾后心理救援的文化不敏感问题。每当地震等自然灾害或传染病疫情发生时，我们作为心理学人往往担心心理健康专业服务资源不足，不能满足民众的需求。人文取向的批评为我们提供了不同的思路。沃特斯批判了2004年斯里兰卡海啸后西方创伤治疗师纷纷冲进灾区的问题，认为他们带着西方的自信用"创伤后应激障碍"来诊断当地人的心理问题，无视当地的文化传统和信念。③ 科伦坡大学一位颇具文化敏感性的学者认为，受害者对创伤事件的加工取决于它意味着什么，这个意义要从他们的社会和文化中汲取，该意义也影响他们求助的方式以及对康复的期望。费尔南多担心PTSD症状清单未能反映斯里兰卡人在创伤后体验心理痛苦的特定文化方式，因为他们有对创伤的独特文化反应和特定文化疗愈模式。④ 鉴于不同社会体验巨大创伤、表达痛苦受难以及为经历赋予意义的方式多种多样，坚持采用西方关于创伤的假设，可能会破坏本土保健系统，损害本土疗愈的力量，摧毁当地人的心理韧性、应对方式和生存

---

　　① [英]亿森·沃特斯.像我们一样疯狂：美式心理疾病的全球化[M].黄晓楠，译.北京：北京师范大学出版社，2016.
　　② 蔡友月，陈嘉新.导读：不正常的人？精神医学与人文社会科学的跨界、交流与反思[M]//蔡友月，陈嘉新.不正常的人？台湾精神医学与现代性的治理.台北：联经出版事业股份公司，2018.
　　③ [英]亿森·沃特斯.像我们一样疯狂：美式心理疾病的全球化[M].黄晓楠，译.北京：北京师范大学出版社，2016.
　　④ [英]亿森·沃特斯.像我们一样疯狂：美式心理疾病的全球化[M].黄晓楠，译.北京：北京师范大学出版社，2016.

策略。当地人会向自己的教堂、学校和社会网络寻求支持并对自身经历的意义做出解释,心理援助应帮助当地机构和网络恢复正常运作,以便当地人能够按自己的方式来疗愈和生成意义。

因此,人文取向的批评提醒我们,植根西方文化的心理障碍诊断系统,有其社会文化的特殊性,不应无视背景地轻易标准化。在心理障碍的诊断、成因分析和治疗中,需要关注当地文化、社会、政治、经济等因素,带着批判性视角去思考我们学过的变态心理学知识如何能够具有文化敏感性地帮助我们进行心理健康服务。

七、只看到障碍没看到人?案例分析中的视角反思

《房思琪的初恋乐园》的作者林奕含在她的网络日志中曾写道,作为长期遭遇精神痛苦的人,她感到自己对于精神科治疗师而言只是一个案例。来自心理健康服务对象的感受可以提醒我们,在分析和对待服务对象时,应充分看到心理痛苦者"作为'人'真实存在的困境"。[①] "珍视人的完整性,反对对人的生命和心灵的肢解与割裂,拒斥对人的物化与兽化,否弃将人简单化、机械化",[②] 是人文素养的重要组成部分。

回想早些年在对教材、案例集、教学视频中的案例进行解释时,确实很大程度上集中在理解和分析症状上,关注点在于什么样的一组症状符合某一障碍的诊断标准,某个案例为什么适合诊断为 A 障碍而非 B 障碍。在这个过程中,确实存在被质疑的"只看到障碍、没看到人"的问题,关注点较多放在分析障碍上,视角客观、分析理性,但有些抽离于人本身。教学中的这个问题可能也与教材的编写有关,案例都是两三段的简要描述,目

[①] 蔡友月,陈嘉新.导读:不正常的人?精神医学与人文社会科学的跨界、交流与反思[M]//蔡友月,陈嘉新.不正常的人?台湾精神医学与现代性的治理.台北:联经出版事业股份公司,2018.

[②] 肖川,张文质.基础教育课程改革的关键词[M].福州:福建教育出版社,2005:13.

的也主要在于帮助学习者理解某一障碍的界定和诊断标准。针对这个问题，这门课可以鼓励学生在案例分析作业中（要求有一个直接接触的案例）更多地关注人的完整性和主体性。

在这一反思之下，近两年备课中有所改进的是，笔者更多地看了一些心理痛苦者自己的讲述，也处理了少量个案（性质上类似社工的个案工作），理解他们主观上如何体验自己的心理痛苦。越来越多的年轻人通过自媒体分享了自己产生心理障碍的背景和经历，在数月或数年的时间里如何抗争和走出阴霾。这个自述视角跟案例集的视角有很大的不同，与案例集中治疗场域里相对被动、力量偏弱的个案相比，主动讲述者更大程度上是作为一个主体在分享自己的经历和感受，他们已经在一定程度上发展了自我疗愈的能力，还以自身经历为相似苦恼者提供借鉴，往往有明显的同质群体内助人的倾向。在近期的教学中，笔者已更注重跟学生分享类似生动、详细、自助助人的案例，也推荐学生去阅读《躁郁之心》《我穿越疯狂的旅程》这类非常诚挚的自述作品，理解他们长期与心理痛苦共处的心路历程。另外，一些有人文关怀的纪录片也值得推荐，例如我国台湾的一部思觉失调症纪录片（台湾卫生福利部门于2014年将精神分裂症更名为思觉失调症，为减少污名，使患者愿意接受治疗），透过患者、家人、精神科医生、心理咨询师、社区心理健康服务人员的视角，讲述他们对思觉失调症的理解和感受。学习者可以从中看到专业人员如何以人为本地帮助患者康复，促进他们回归社区独立生活。

从人文视角看到人的痛苦、困境和需求，还需要充分反思心理健康专业行为是否自觉带着去污名和反歧视的意识。比如，在心理障碍的诊断和评估的操作上，心理健康从业者需要反思的是，诊断和评估不适用于哪些情况，如在教育机构和职业组织中，可以通过评估候选人潜在的心理健康风险而影响他们升学或入职的机会吗？一些精神科医生在向公众普及精神健康知识的过程中，会呼吁平等的求学和就业权利。作为心理健康专业人员，我们需要常有人文反思的意识，保持独立和批判性思考。

八、跨领域对话：心理障碍研究和治疗的多元化

人类的心理痛苦，以及全球化背景下精神医学和临床心理学面临的种种挑战，不是精神医学和心理学两个学科能够完善处理的，对相关问题的思考和实践，还需要更广泛的人文社科学者参与跨领域交流和反思。医疗人类学家克莱曼（Arthur Kleinman）认为，除非人类学、社会学、心理学、历史、伦理和文学研究变成医学研究真正的一部分，否则精神医学将会缺乏必要的知识。①

社会学学者蔡友月等主张发起跨领域对话，基于"不具共识的合作"这一思路，建立一种松散连结的沟通系统，保持人文社科与精神医学可以对话的状态，以期产生协同性的行动，同时建议将精神医学、心理学、社会学、人类学、科技与社会、医疗史、文学、艺术等各领域的智性资源结合。② 这种跨领域对话的背景是，针对精神医学知识、机构、体制与论述的批判性研究增多，从不同认识论角度反省精神医学范式，推进探讨精神医疗与本土社会、文化之间的关系；此外，有跨领域学术背景的学者亦有助于实现跨领域对话。③ 跨领域对话还需实现方法学上的多样性，除量化研究外，应重视更具人文取向的研究方法，如一些质性研究从诠释角度出发，对经验现象进行深描，以意义为中心理解患者的社会受苦、病痛经验和生命史。

在心理治疗方法上，变态心理学教材比较看重认知-行为疗法，因为该

---

① 蔡友月，陈嘉新. 导读：不正常的人？精神医学与人文社会科学的跨界、交流与反思[M]//蔡友月，陈嘉新. 不正常的人？台湾精神医学与现代性的治理. 台北：联经出版事业股份公司，2018.
② 彭荣邦. 导读：打开潘朵拉之盒[M]//[美]罗伯特·惠特克. 精神病大流行：历史、统计数据、用药与患者[M]. 王湘玮，译. 新北：左岸文化出版社，2016.
③ 蔡友月，陈嘉新. 导读：不正常的人？精神医学与人文社会科学的跨界、交流与反思[M]//蔡友月，陈嘉新. 不正常的人？台湾精神医学与现代性的治理. 台北：联经出版事业股份公司，2018.

疗法有更多关于治疗效果的量化研究作为依据，而人本主义、存在主义等人文取向疗法，则部分由于缺少量化研究的证据而在教材中处于不受重视的地位。基于巴洛和杜兰德版教材，我们在以往教学中也较为重视认知-行为疗法。弗格森提出了一个反思：在这个时代，认知-行为疗法经常被当作手段，以确保人们的行为迅速改变，甚至可能被用于强迫人们重返劳动力市场，然而人们浮现的"症状"通常具有意义，应该尝试去理解，而不是压制或消除它。① 作为补充，我们可以推荐学生去了解一些人文取向的治疗思路，以存在主义疗法为例，学生可以阅读意义疗法创始人弗兰克尔的《追寻生命的意义》、哲学学者马里诺的《存在主义救了我》等。

变态心理学课程还可以鼓励跨专业选课。以往由于生理机制等内容不易掌握、闭卷考试有难度等原因，非心理学专业的人文社科学生选课人数比较少（理科学生选课的也不多，主要来自生科等专业）。这门课欢迎来自社会学、社会工作、人类学、哲学、伦理学、文学、历史学、政治学、法学等人文社科专业的学生选课，来共同探讨人类的心理痛苦应该如何理解和对待。我们希望通过这门课，不仅培养心理健康服务专业人员，还能培养心理健康领域的社会工作者和志愿者。

在这门课中，来自不同学科的学生可以发挥从科学到人文的多元视角去理解人类的心理痛苦，理解一系列有关人类生存和发展的大问题，我们应不只看到障碍，也要反思障碍，更要看到正在经历痛苦的人。希望这门课能够促进学生深入思考人类心理痛苦的复杂成因和服务方式，共同探讨什么是健康、完善的人生，如何用心理健康专业知识和技能更好地助人。

---

① ［英］伊恩·弗格森. 精神疾病制造商：资本社会如何剥夺你的快乐［M］. 宋治德，译. 台北：时报文化出版社，2019.

通识教育视角下的社会主义核心价值观[①]

周　可[②]

在从价值层面理解社会主义的本质规定方面，21世纪以来中国共产党的指导思想经历了从2006年十六届六中全会提出的"建设社会主义核心价值体系"到2012年十八大提出的"积极培育和践行社会主义核心价值观"的深化过程。近年来，阐释、宣传社会主义核心价值观成为中国理论界热议的话题。探索社会主义核心价值观的培育途径和有效方式也受到社会各界的共同关注。虽然国内学者在凝练和概括社会主义核心价值观等问题上还存在分歧，但人们普遍认识到，当代中国亟待形成价值共识、重建价值秩序，以引领社会思潮、建设精神家园、树立理想信念、推进改革发展。在培育社会主义核心价值观方面，尽管社会各界积累了不少经验，也形成了较为丰富的理论成果，但目前仍处在摸索阶段。笔者认为，现代通识教育的理念和方案提供了理解社会主义核心价值观的独特视角。现代通识教育旨在解决现代社会的价值分裂和冲突问题，其实质是现代社会的价值观教育。社会主义核心价值观是当代中国社会转型和社会主义建设应有的价值共识。立足当代中国的国情，合理借鉴现代通识教育的经验，有助于推进社会主义核心价值观的培育。

[①]　本文系2015年武汉大学教学改革建设项目"新世纪中美名校通识教育改革研究"、武汉大学自主科研项目和湖北省教育科学规划2015年度立项课题"21世纪中美知名大学通识教育改革比较研究"（课题编号：2015GB003）的阶段性成果，得到中央高校基本科研业务费用专项资金资助。

[②]　周可，武汉大学哲学学院副教授。

一、作为价值观教育的现代通识教育

作为一种教育理念,通识教育可以追溯到西方文明的早期阶段。古希腊时代的城邦生活确立了自由教育的传统。在亚里士多德看来,自由教育旨在培养良好的城邦公民,它通过身体训练、品格教育和智力教育三方面,让公民获得身体、道德和理智的全面且和谐的发展。在奴隶制盛行的古希腊城邦,由公民专属的自由教育本质上区别于主要由奴隶从事的职业训练,后者被视为低劣卑下的活动。古希腊时代的自由教育理念体现在教学内容中,逐渐形成了包括文法、修辞、逻辑、算数、几何、天文和音乐七门课程在内的"七艺"。到了中世纪,一方面,受到教会势力的影响,学校教育的课程设置被打上了宗教的烙印,僧院学校主要对教士和僧侣进行读、写、算和教义基本知识的教育;另一方面,所谓的"骑士教育",以培养体强壮、虔信上帝、忠君爱国的武夫为目的,其内容主要是包括骑马、游泳、投矛、击剑、打猎、弈棋和吟诗在内的"骑士七艺",并且通过与上流社会的交往而培养骑士的封建意识和道德习惯。[1]

在古希腊时代和中世纪,古典的自由教育传统都以培养统治阶层和精英人士为目标,都强调人的和谐发展,都重视传授文化知识、提升道德修养和塑造强健体格。更为重要的是,在前现代社会,教育在一定程度上与特权相联系,渗透着与现存社会结构和统治阶级利益相一致的价值观念,而处在社会底层的劳动大众长期被排斥在教育活动之外,难以接受文化教育的熏陶。正如在古希腊时期真正享有自由的仅限于城邦公民,古典时代的"自由教育"或"博雅教育"就其实质而言,也是少数人所享有的特权,是名副其实的"贵族教育"或"绅士教育"。自文艺复兴时代以来,由于分门别类的自然科学、技术科学和社会科学的发展,古典自由教育的僵化、保守

---

[1] 杨明全. "七艺"考略:西方古典课程的传统与流变[J]. 全球教育展望,2015(7):12-20.

的课程设置和教学内容日益受到冲击，取而代之的是以专业教育和科学研究为标志的现代大学制度。

准确地说，今天中国学者熟悉以及国内一些知名高校所推行的通识教育，主要是以20世纪上半叶以来美国大学的本科教育为模板的。20世纪初，针对高等教育的大众化和专业化趋势所引发的问题，美国教育界的一些有识之士提出了通识教育的理念，并克服重重阻力，推行本科通识教育改革。一般而言，现代意义上的美国通识教育以哈佛大学的通识教育改革为标志。1945年，美国哈佛大学发布了一份题为"自由社会中的通识教育"的专门报告（中译本名为《哈佛通识教育红皮书》）。这份报告提出了解决当时社会问题的通识教育理念，并且依据这一理念规划了较为详细的通识教育方案。该报告为哈佛大学所设计的通识教育方案很快被采用，成为哈佛大学本科教育的一大亮点。它也是近些年来中国许多高校实施通识教育时效仿的主要对象。

《哈佛通识教育红皮书》认为，由于知识的专门化、市场分工的发达、教育系统的扩张以及社会生活的日益复杂，20世纪40年代的美国社会面临严重的分化与分裂倾向；这一倾向导致个人的自由发展与公民的共同信念之间出现激烈的冲突，这一冲突可能会挑战现代社会的民主和自由。作为教育界人士，《哈佛通识教育红皮书》的作者们尤为关注专业教育的弊端。他们认为，绝大多数美国人从中学阶段开始接受与专业课程接轨的教育，发展各自的兴趣和才能，以便将来从事专门领域的工作。大部分人甚至不得不在高中毕业后就谋求一份工作。即便是进入大学的那一小部分人，大学期间也是以修习专业课程为主，力争成为专业人士。然而，专业教育带给受教育者的不仅是知识和技能的专门发展，还包括世界观、价值观和人生观等价值观念方面的差异和对立。如果民主意味着每个人的权利和机会都要得到保障，自由意味着每个人都应该不受约束地发展自己的兴趣和才能，那么，由此导致的差异不可避免地蕴含着某种分化乃至分裂的力量。由于现代社会的民主和自由更为尊重并鼓励个人之间的差异性，包括技能、观点和价值的多样性。所以，现代社会更容易走向分裂，也更需要某种约束力。在这些忧心忡忡的专家看来,要解决这一问题,就需要构建共同的价值规范,以约束现代社会的分裂力量。为此,专家委员会提出了现代意义的通识教育理念,其精神和主旨是解决现代社会的分裂问题,寻求让公民团结一致的有效途径。简言之,"通识教育是一种促使现代人团结起来而非分裂开来的教育"。① 具体而言,与前现代社会的"博雅教育"或是"自由教育"主要培养贵族和绅士等少数精英不同,现代通识教育面向全体社会成员,旨在培养现代社会的合格公民,塑造公民的共同信念和社会责任。同时,现代通识教育反对与专业教育相分离,主张在传播专业知识、发展专业技能的同时,形成现代社会必需的共同知识与价值观。也就是说,"专业教育永远来自于通识教育,并永远要回归和丰富通识教育"。② 在这一理念的指导下,现代通识教育的实施就不限于高等教育,而是囊括国民教育各个阶段,甚至连成人教育也不例外。

由此可见,通识教育的实质是现代社会的价值观教育,是以凝聚价值共识的方式来解决现代社会的价值分裂和价值冲突问题。

二、作为当代中国价值共识的社会主义核心价值观

20世纪上半叶,在经历了19世纪的经济增长与结构变迁之后,美国已经完成了从农业和商业为主的沿海经济向现代化工业经济、从传统的农业社会向现代的工业社会和消费社会的转变。这一时期,美国社会出现了一系列新的变化。例如,城市和城镇的增长,国内外贸易的繁荣,新闻出版物和大众传媒的普及,交通和通信网络的发达,人口流动的加剧,社会团体的发展,生活水平的提高,消费主义的盛行,等等。③ 许多学者认为,

---

① 哈佛委员会. 哈佛通识教育红皮书[M]. 李曼丽,译. 北京:北京大学出版社,2010:28.
② 哈佛委员会. 哈佛通识教育红皮书[M]. 李曼丽,译. 北京:北京大学出版社,2010:28.
③ 恩格尔曼,等. 剑桥美国经济史:漫长的19世纪[M]. 高德步,等译. 北京:中国人民大学出版社,2008:1-42,583-615.

应对社会生活的剧烈变动，迫切需要更新教育理念、调整教育方案。为此，他们提出了通识教育的理念和方案。虽然现代通识教育滥觞于美国，直接针对的是美国的社会问题，但是，作为一种教育理念，它的旨向和意义不限于教育领域和美国社会，而是辐射到整个现代社会，切中了现代社会亟待解决的价值共识问题。在我们看来，通识教育的理念和方案对于思考当代中国的价值共识同样具有启示意义。

当代中国，经历了30多年的改革开放之后，由于市场经济的建立、社会转型的加速和利益格局的调整，再加上全球化和信息化浪潮的冲击，民众的价值观念发生了深刻的变化，呈现出多元差异、对立冲突的特征。随着改革的深入和社会的转型，不可避免地出现价值观的混乱、紧张和冲突局面，整个社会价值秩序也在反复调整中逐渐成型。在构建良好和谐的价值秩序的过程中，离不开一定的核心价值观，它能够起到主旋律和指南针的作用。在当代中国，社会主义核心价值观承载着凝聚全体民众的价值共识、引领社会价值秩序重建的历史使命。"二十四字"的社会主义核心价值观，以简洁深刻的概括，科学地回答了我们要建设什么样的国家、建设什么样的社会、培养什么样的公民等重大问题，因而是反映全国各族人民价值共识的"最大公约数"。借鉴探讨现代社会价值共识问题的现代通识教育理念，我们认为，培育和践行社会主义核心价值观应该把握以下几点：

一是传统的继承与革新。《哈佛通识教育红皮书》在阐述通识教育理论时，一开始就讨论了"遗产与变革"问题。从表面上看，这一问题是指强调科学和实验的实用主义教育观与基于遗产、重视信仰和真理的古典教育观之间的对立。然而，这一对立的实质是如何看待并协调传统价值观念的继承与革新。该红皮书指出，宗教教育和古典名著教育都主张把文化遗产介绍给学生，以传递社会赖以存在和延续的共同观念；即使是在教育现代化和多元化的背景下，现代民主教育也跟宗教教育和古典名著教育一样，继承、适应并传递有关人性和社会的理念的信仰。"我们的社会和其他任何社会一样，依赖于共同的信念，而教育的主要任务就是使这些信念永存不朽。"① 但是，科

---

① 哈佛委员会. 哈佛通识教育红皮书[M]. 李曼丽, 译. 北京：北京大学出版社, 2010：35.

学技术的进步和社会生活的变动，冲击着古典时代以来的知识和价值，从而在共同信念与引领变革的创见之间形成一定的张力。对此，该红皮书认为，"传统本身存在这样一条公理，即确信：任何公认的理想的当前形式都不是最终的，每代人，甚至每个个体都会发现它的新形式"。① 这样所理解的文化传统或遗产，就不是形同槁木的僵死观念，而是像充满生机活力的森林一样，随着社会生活的变化而吐故纳新。

如果说，以美国为代表的西方社会在塑造自己的价值共识时，主要面对的是如何继承并更新西方文化传统和价值观念的问题，也就是文化传统的古今之争问题，那么，中国这样具有悠久历史和独特传统的文明古国在重建价值秩序与塑造价值共识时，不仅面临自身文化传统的古今之争，而且需要回应异域文化尤其是西方文化传入所带来的东西之争。然而，近代以来冲击中国社会、影响中国人思想的西方文化和价值观念，主要是经过启蒙运动和19世纪一系列革命的冲击、洗礼之后的现代西方文明，而非古希腊时代以及中世纪的古典西方文明。就此而言，近代以来中国文化所面临的东西之争实际上是古今之争。更何况，就其实质而言，一定形态的价值观念主要是对特定时代、特定民族和特定文化背景下的社会生活的生动反映。因此，在当下中国培育和弘扬社会主义核心价值观，必须以中国优秀传统文化为基础，立足中国社会的实际和现代文明的要求，对传统文化进行创造性转化与创新性发展。

二是个人自由与社会责任的协调。对于受教育者而言，教育既是发展个性、完善自我的有效方式，又是融入社会生活、实现社会化的重要途径。如果说前者意味着要充分尊重并发展个人的天赋、兴趣和技能，那么，后者则要求在一定程度上引导、规范甚至是限制个人发展的方向，强调个人应尽的社会责任和义务。在现代社会，教育活动中亘古以来就存在的张力被进一步强化。由于经济发展、技术进步、政治民主和教育普及，

---

① 哈佛委员会.哈佛通识教育红皮书[M].李曼丽,译.北京：北京大学出版社,2010：39.

实现个人的自由发展成为教育乃至整个社会的主要目标。专业教育的兴起与职业分工的细化不仅服务于这一目标，而且推动了这一趋势。然而，正如《哈佛通识教育红皮书》的作者所忧虑的，现代民主社会最大限度地尊重人与人之间的差异性和多样性，鼓励个人为了自己的利益而自由地选择和创造；如果任由这一趋势蔓延，必然会削弱人们之间的社会联系，淡化其社会责任感。在教育理论中，个人自由与社会责任之间的张力表现为专注于提升学生智力、知识和技能的专业教育与培养学生的直觉、情感和智力等共同人性以及公民感的通识教育之间的差异。该红皮书指出，"自由社会的理想中包含着双重的价值，一是自由的价值，一是社会的价值。民主社会是由自由人组成的共同体。我们有时倾向于强调自由——个人选择的力量和为自身着想的权利，而对与我们的同胞进行合作的职责考虑得不充分。民主社会必须在自由的价值观与社会生活之间不断调适"。① 因此，该红皮书主张将通识教育的理念贯穿在专业教育当中，将通识教育的育人目标界定为培养整全的人(the Whole Man)和负责任的公民。

在当代中国，市场经济的改革和政治体制的完善，不仅将个人从计划体制的束缚下解放出来，保障了个人自由和民主权利，而且激发了个人追求物质利益、实现自我价值的欲望，为个人的自由发展创造了较为充分的物质条件。时下，通过获取尽可能多的物质财富来实现个人价值、跻身为所谓的成功人士俨然成为许多人的人生目标。这种极端个人主义的价值观，不仅充斥着利己主义的原则，而且仅仅根据个人自由尤其是追逐物质财富的自由来界定美好的人生，将人类看作是本质上孤立的、互不干扰的原子式的集合。当下中国社会生活中人情冷漠、公德沦丧、责任缺失、话语暴戾等丑陋现象与这种价值观念的盛行不无关系。因此，要实现社会有序发展、构建良好的价值秩序，有必要处理好个人自由与社会责任之间的关系，调适两者的之间的张力。社会主义核心价值观为此提供了合理的原

---

① 哈佛委员会.哈佛通识教育红皮书[M].李曼丽,译.北京：北京大学出版社, 2010：59.

则。它既强调"民主""自由""平等""公正""法治""敬业"和"诚信"等有利于实现个人发展的价值因素,又倡导"富强""文明""和谐""友善"和"爱国",以培育公民意识和社会责任感。

三是社会主义与资本主义价值观念的差异。1943年,正是第二次世界大战如火如荼之时,哈佛大学的12位优秀学者却在热烈讨论美国社会的教育问题。这一问题看似与当时最为紧迫的世界大战和人类命运相距甚远,实际上却紧密地关联在一起。在这些学者看来,世界大战本身就是美国和西方文化应该吸取的教训。如果教育不能培育公民的责任感、塑造开放的心灵,不能让民众特别是青年人在个人自由与社会生活、宽容与信念之间保持适当的张力,那么,民众就难以摆脱极端怀疑主义和狂热的盲信,就会陷入混乱和极权主义。虽然美国本土远离第二次世界大战的硝烟,但通识教育的倡导者们却担心美国青年迷失了方向,忧虑美国的自由主义文化走上极权主义的道路。因此,现代通识教育作为一种价值观教育,在当时直面的是世界大战引发的西方文化危机和美国社会的未来方向问题。正如该红皮书所言,"通识教育是美国教育系统中迫切需要的一个概念。只有它能指引我们的年轻人为我们国家的未来作贡献"。[1] 尽管如此,我们不能完全忽视该红皮书背后的资本主义意识形态和价值观念。诚然,该红皮书批评了自由主义的个人主义主张,也反思了第一次世界大战以来自由主义者中出现的怀疑主义和狂想主义,但是,该红皮书仍然坚持自由主义的基本预设,仍然以与资本主义制度相适应的自由和民主理念作为现代社会的价值准则与理想。需要指出的是,自从社会主义运动在19世纪蓬勃发展以来,诸如自由、民主、平等之类的现代社会的普遍价值均被赋予了区别于资本主义的内涵。例如,社会主义的"自由"以每个人全面而自由的发展为根本价值追求,揭示出实现这一价值追求的基本途径;社会主义的"民主"以人民民主取代了资产阶级的虚伪民主,有力地保障了劳动群

---

[1] 哈佛委员会.哈佛通识教育红皮书[M].李曼丽,译.北京:北京大学出版社,2010:2-3.

众实际参与国家管理，使其真正享受社会发展的福利；社会主义的"平等"不只是抽象意义上的权利平等和机会平等，还包括在消灭剥削制度和剥削阶级的历史过程中逐步实现共同富裕，保证人民平等参与、平等发展和平等享有。① 因此，在理解社会主义核心价值观时，不能忽视现代社会普遍价值背后的意识形态差异与冲突，应该立足本国实际开展切实有效的价值观教育。

三、学校教育与社会主义核心价值观

基于对现代社会趋势和美国社会问题的诊断，哈佛大学的学者们不仅提出了现代通识教育的理念，而且根据这一理念，具体规划了在中学、大学和社会实行的通识教育方案。在他们看来，培育现代社会价值共识的努力应该贯穿于国民教育和社会生活的方方面面，甚至应该从儿童抓起。这份报告没有讨论初等学校中的通识教育问题，并不意味着它们不重要，而是因为认为美国初等教育有着相对清晰的目标和相对稳定的功能，要比中等教育和大学教育更令人满意。② 作为20世纪初美国通识教育改革的标志性成果，这份报告在很大程度上代表着当时美国教育改革的共识，体现了美国通识教育的基本精神，也规划了美国通识教育的实施方案。时至今日，通识教育已经成为美国教育尤其是大学本科教育的重要内容和显著特色，成为很多后发达国家学习的榜样。如果从培育价值共识的角度来看，我们不得不承认美国通识教育的巨大成效。如今，崇尚个人自由与事业成功、公民责任与爱国精神的"美国梦"，已经成为美国社会的主流价值观念，甚至吸引了来自世界各国的移民。

在当代中国，培育和践行社会主义核心价值观是中国特色教育改革与发展的重要内容。2013年中共中央办公厅印发的《关于培育和践行社会主

---

① 包心鉴.平等的核心价值意蕴[N].光明日报，2013-04-27(11).
② 哈佛委员会.哈佛通识教育红皮书[M].李曼丽，译.北京：北京大学出版社，2010：2.

义核心价值观的意见》明确提出，要把培育和践行社会主义核心价值观融入国民教育全过程，要从小抓起、从学校抓起，要推动社会主义核心价值观进教材、进课堂、进学生头脑。可见，学校教育是培育和践行社会主义核心价值观的重要环节和关键领域，任务艰巨，使命重大。借鉴美国通识教育的实施方案，我们认为，在学校教育中培育和践行社会主义价值观应该注意以下几点：

一是价值观教育的濡染性。价值观教育的濡染性是由价值现象的性质所决定的。一般而言，价值是指客观对象满足主体需要的意义关系，价值观念是人们在生活中所形成的反映价值关系的主观认识。价值是人类在认识世界、改造世界的实践活动中所形成的关系，因而是人类所特有的现象。正因为如此，价值现象遍及人类社会生活的各个方面，形成了真假、善恶、美丑、得失、利弊、祸福等各式各样的价值关系。其中，真、善、美等基本价值几乎是人类普遍探索和追求的目标。与之相适应，人们形成了反映各式各样价值关系的价值观念。这些价值观念植根于现实社会的物质条件，受到人们的认识水平、客观利益和兴趣爱好等诸多因素的影响，呈现出千差万别乃至彼此冲突的面貌。因此，要开展行之有效的价值观教育，必须充分认识到价值关系的普遍性与价值观念的多样性。由于价值关系渗透于社会生活的各个领域，价值观教育就应该着眼于引导个人客观认识各种价值关系，形成合理的、有效的、良好的价值观念。也就是说，良好的价值观教育应该起到潜移默化、润物无声的作用，让受教育者在不同情境中接受熏陶，从而形成客观反映各种价值关系、指导个人生活的价值观念。具体到学校教育中，价值观教育不应被看作是某一门特定的课程独自承担的任务，而应该贯穿于各门课程当中，甚至是渗透到学校教育的各个方面。以《哈佛通识教育红皮书》为中学阶段所设计的通识教育方案为例，该红皮书为每门课程给出了既切合中学教育实际又符合通识教育主旨的教学建议。例如，在谈到文学课时，指出名著阅读之所以重要，是因为"我们的文化目前还是一种急需凝聚力的离心文化"，"正是通过诗意，即对于通常事物的具有想象力的理解，人们的思想才会最深刻、最根本的联系在一起"。① 而历史和当代社会的课程,除了要让学生掌握历史知识和历史技能,还要培养他们对公众事务的兴趣和良好意愿,让他们了解构成美国政治、经济和社会系统的历史练习、基本结构与程序,探索美国制度背后的价值观念。可见,虽然各门课程讲授的知识和能力各有不同,但它们都承担着价值观教育的使命,并且正是借助于彼此相异的教学内容和教学方式,才能从不同角度帮助学生形成与现代社会价值共识相适应的各种价值观念。换言之,根据这一方案,即使美国学校没有专门传授价值观念的课程,也不意味着价值观教育的缺乏。相反,可以说美国学校的价值观教育无处不在,各门课程以不同方式、从不同方面培育着符合美国社会需要的价值观念。如果从价值观教育的濡染性这一特征出发,借鉴美国通识教育的经验,在当代中国开展社会主义核心价值观教育,固然要把培育和践行社会主义核心价值融入国民教育全过程,但实现这一目标的合理路径同时也是最具挑战性的做法,或许是探索各门课程与社会主义核心价值观相结合的方式,让学生在接受文化知识、发展个性能力的过程中自觉形成社会主义核心价值观。

二是价值观教育的思辨性。由于主体及其需求的多样性和多元性,价值关系以及反映它们的价值观念都表现出明显的多样性和多元性。一方面,同一主体有着多方面的需求,追求各种不同的价值;另一方面,不同主体所追求的价值和所具有的价值观念各不相同,不能简单通约。在现代社会,由于职业分工、利益分化和个性发展,价值关系和价值观念的多样性和多元性日益强化,俨然成为社会生活的普遍现象。小到个人兴趣爱好、饮食习惯和生活方式,大到新闻舆论导向、主流价值观念和民族文化传统,价值关系和价值观念的差异乃至对立几乎比比皆是。这似乎是现代社会发展不可避免的后果,也是亟待解决的困境。构建价值共识、树立主导价值观念,也就成为许多国家的共同选择。如果说,在前现代社会,民

---

① 哈佛委员会.哈佛通识教育红皮书[M].李曼丽,译.北京:北京大学出版社,2010:86,87.

众主要是被动接受权威和经典所代表的知识和价值，那么，到了现代社会，随着国民教育的普及、民众知识水平的提高以及文化交流的频繁深入，民众对任何价值观念的理解和认同都离不开个人的理性思考和自觉选择。换句话说，任何价值观念只有建立在个人的理性思考和自觉选择的基础之上，才可能是持久且有效的。在以往的革命年代，由于斗争条件的恶劣和民众知识水平的低下，先进政党和革命领袖必须向政治意识和行动上的落后群众灌输阶级意识和革命观念，以便教育群众、发动群众、武装群众。到了现代化建设时期，灌输论指导下的价值观教育已然落后于时代的发展，尤其是不能适应民众理性觉醒的趋势。因此，当代中国的价值观教育要实现构建价值共识的目标，就应该顺应这一趋势，引导民众合理辨别各种价值、自觉选择价值观念。作为实施价值观教育的主要载体，学校教育在这方面肩负着重要的责任。《哈佛通识教育红皮书》指出，学校教育不只是向学生传播知识和方法，而且要培养学生的心智品质，特别是要培养那些契合通识教育理念的能力。这些能力包括：有效的思考能力、交流思想的能力、作出恰当判断的能力和辨别价值的能力。[①] 简言之，要培养学生的逻辑思考能力、关联性思维和想象力，让他们掌握听、说、读、写四种交流技能，进而能将普遍性的原则运用于具体的经验领域，并且在不同价值之间进行选择，最终将信念和理想外化为行动。这样价值观教育才不至于沦为空洞的说教，而是为达成价值共识提供了审慎思考、平等交流、自由辩论和验诸实践的平台和场所。由于这些能力既是心智正常的个人普遍具有的，又是日常生活和学习工作不可或缺的，基于这四种能力而塑造的价值观念才有可能在学生离开学校后继续发挥作用，至少能够为价值方面的论辩提供普遍接受的话语、方式和原则。我们认为，当代中国的价值观教育应该顺应民众理性思考和自由选择的时代趋势，通过尊重并发展受教育者的思辨能力来塑造价值共识，引导受教育者逐步运用自己的理性辨

---

① 哈佛委员会.哈佛通识教育红皮书[M].李曼丽，译.北京：北京大学出版社，2010：50.

析各种价值，从内心深处认同社会主义核心价值观，在一言一行中践行社会主义核心价值观。

三是价值观教育的阶段性。众所周知，教育是具有阶段性的，个体在不同的年龄段接受不同层次的教育。教育之所以具有阶段性，是由受教育者的生理特征以及教育的内容和方式所决定的。教育的主要任务是向个体传递人类文明的知识、能力和价值。为此，教育必须遵循人类个体成长发育的生理规律，根据个体在不同时期的直觉、智力、情感等能力的水平和特征，采取与之相适应的教学方式，传授相应的知识、能力和价值。这样，在国民教育的各个阶段，即小学教育、中学教育和高等教育中，教育活动所讲授的内容、承担的任务和致力的目标各不相同。不过，人们往往从传递知识的角度来理解教育的阶段性。这种观点认为，人类世代所积累下来的文化知识体系只有按照由浅到深、从易到难的方式才能被个体较好地掌握，这种循序渐进的方式也是与个体智力水平随着年龄增长而提升的趋势相一致的。这样所理解的教育片面强调智力在个体发展中的重要性，把知识学习看作是教育的主要任务。它不仅忽视了直觉、情感等能力对于个体发展的意义，而且消解了价值观教育的独特性。实际上，个体对于价值和价值观念的理解、选择和认同也是与他们的直觉、智力和情感等能力的发展水平相适应的。我们很难想象，一个小学生能够很好地理解忠孝难以两全的价值困境；我们也难以要求每一个大学生在面对见义勇为和珍惜生命的两难抉择时都义无反顾地选择前者。如果遵循个体成长发展的规律，在价值观教育方面，我们应该更多地向小学生解释那些美好崇高的价值，引导他们树立积极向上的价值观念，应该为大学生辨明各种价值之间的差异，认清价值冲突背后的现实根源，寻求现代社会的价值共识，营造有利于思考、交流与对话的开放氛围。《哈佛通识教育红皮书》曾这样论述中学与大学阶段通识教育之间的关系："我们将学院阶段的通识教育看做是中学阶段通识教育的继续"，"我们的意思是，学院阶段的通识教育应当被看做是从中学阶段就开始的通识教育的更高水平的发展；我们同时也认为，在这个教育过程的不同阶段中间，教育的价值和目标会保持一致"。① 因此，同样是通过阅读西方名著来打造文化凝聚力。该红皮书认为，中学阶段的文学课主要是学生在教师的指导下精读重要的阅读材料，而大学阶段的文学课应该更多地让学生阅读、思考与讨论精心挑选的经典著作，"教师只能尝试着成为作者传授这门课程的手段而已"。② 反观中国的价值观教育，不可否认的是，中国的学校教育向来重视思想品德和政治教育，并以此来推行价值观教育。但是，这种始终强调灌输正确价值观念的教育，在一定程度上忽视了个体发展的阶段性，其表述话语和教学方式都显得有些僵化生硬，尤其是不能适应大学生思维活跃、情感丰富、个性自由、视野开阔的特点。因此，改进中国的价值观教育，有必要根据学生发展的阶段性差异，调整中小学和大学中价值观教育的内容、话语和方式。唯其如此，才能让社会主义核心价值观在学生头脑中生根发芽，才能让他们在走出校园之后即使面临各种风雨挑战仍能巍然挺拔。

总之，现代通识教育的理念切中了现代社会价值共识这一时代难题，为我们深入理解社会主义核心价值观提供了全新的视角；现代通识教育的实施方案和成功经验，也为我们探索在学校教育中培育社会主义核心价值观提供了可资借鉴的资源。虽然现代通识教育的理念和方案来源于美国社会，但其现实旨向和成功经验具有一定的普遍性，我们可以结合中国实际加以批判吸收，推动社会主义核心价值观在中国大地上真正深入人心。

---

① 哈佛委员会. 哈佛通识教育红皮书[M]. 李曼丽, 译. 北京：北京大学出版社, 2010：160.
② 哈佛委员会. 哈佛通识教育红皮书[M]. 李曼丽, 译. 北京：北京大学出版社, 2010：162-163.

做有价值的研究

——心理学教学过程中的价值导向

胡军生 陈苏一①

中共中央国务院(2020)于2020年10月印发《深化新时代教育评价改革总体方案》,指出在教育评价中要克服唯分数、唯升学、唯文凭、唯论文、唯帽子这"五唯"的顽瘴痼疾,扭转不科学的教育评价导向;认为有什么样的评价指挥棒,就会有什么样的办学导向。由此,引发了整个教育领域"破五唯"的大讨论。其实,"五唯"现象在此之前已经引起了许多探讨,比如2019年2月26日《光明日报》刊发了北京外国语大学国际教育学院刘振天教授《"五唯":痼疾如何生成,怎样破解》一文,指出从五个维度对人才和教育进行评价虽然曾经有过一定的积极作用,但在实践中,却固守五个维度的评价标准,甚至变本加厉,将五个维度的多元评价标准泛化、绝对化、极端化,最终演变成唯一的评价尺度后,"五唯"顽瘴痼疾也就悄然成型。他提出若要破除"五唯"痼疾,归根到底是要尊重教育规律,按照教育规律办学,按照教育规律培养,按照教育规律来进行评价。人力资源社会保障部、教育部于2020年12月31日印发了《关于深化高等学校教师职称制度改革的指导意见》([人社部发[2020]100号]),强调高校教师的职称评定中要克服唯论文、唯"帽子"、唯学历、唯奖项、唯项目等倾向,提出要规范学术论文指标的使用,论文发表数量和引用情况、期刊影响因子

---

① 胡军生,武汉大学哲学学院心理学系副教授;陈苏一,武汉大学哲学学院教务与科研管理办公室副主任。

等仅作为评价参考。

由"破五唯",笔者想到了学术研究领域中的论文导向。有的研究者在研究过程中,主要关注的是自己的研究成果能否发表,以及能在什么期刊上发表,却没有去重点关注研究真正解决了什么问题,关注自己的研究对学术、对社会有什么价值,也就是研究过程中存在着论文取向。作为一名老师,笔者认为老师在课堂上以及与学生的日常沟通中需要引领学生注重研究过程中的问题导向,强调研究对社会、对学术的贡献与价值,而尽力克服研究过程中的论文导向。由此,本文将以笔者在心理学授课过程中的经验为例,探讨研究过程中的价值导向,引领学生形成做有价值的研究这一意识。

一、当前科研领域中的论文导向

2020年1月18日,国内媒体用"鸟屎+石墨烯=SCI论文?华人学者用实验数据硬核讽刺"(https://tech.sina.com.cn/roll/2020-01-18/doc-iihnzahk4922774.shtml)标题报道了捷克共和国布拉格化学与技术大学(University of Chemistry and Technology)Pumera教授团队(Wang, Sofer, Pumera, 2020)于2020年1月14日在美国化学协会旗下顶级期刊 *ACS Nano* 上所发表的论文 *Will any crap we put into graphene increase its electrocatalyic effect*(是不是我们把啥玩意放到石墨烯里都能增加它的电催化作用),引发了"学术期刊灌水何时休"的热烈探讨。新闻中指出,该团队发表该文章的原因是因为材料学界有大把的石墨烯论文,拿各种物质掺进石墨烯测一测性能提升,就能发SCI;过往研究者们在石墨烯中掺杂了许多不同的元素,比如N、S、P、B等,掺杂得到的石墨烯的电催化效果都得到了增强……掺杂单个原子能够提高石墨烯电催化活性,但人类显然不满足于此;随后又发现双元素掺杂的效果更好,自此多元素掺杂石墨烯成为一种趋势……Martin Pumer教授研究组为了抨击这种为了发论文而发论文的现象,对这一问题进行了深入的讨论,认为之前在该领域所做的大量工作没有很大的意义；而鸟粪价格低廉，含有多种元素（N、P、S、Cl等），为了证明鸟粪掺杂石墨烯的电催化活性，他们通过严谨实验发现鸟粪掺杂的石墨烯确实比未掺杂的石墨烯具有更强的电催化作用（https://new.qq.com/omn/20200117/20200117A0R3ZT00.html）。

无独有偶，2020年新冠肺炎疫情期间，凤凰网2020年3月12日以"全球首个新冠病毒性传播途径研究：尚未发现性传播证据 但性行为仍需谨慎"为题（https://news.ifeng.com/c/7uVf8Vl2ePG）转发了红星新闻关于华中科技大学同济医院王世宣教授、马湘一教授团队发表于医学研究论文预印本发布平台MedRxiv上、全球首个探索新冠肺炎患者性传播途径的系统性研究，这是一项有关女性新冠肺炎临床特征和性传播可能的最新研究。鉴于以往研究已经发现新冠病毒在飞沫、泪液、尿液、粪便、唾液和血液中均存在核酸检测呈阳性的情况，该研究拟探讨新冠病毒的性传播途径，结果显示35名患者样本中，所有阴道环境样本均呈阴性，仅有一名患者的肛门拭子样本呈阳性，由此认为尚未发现新冠病毒的性传播证据。虽然王世宣教授团队反复强调这只是回顾性研究，样本量也不足够大，性生活是一系列亲密行为的集合，通常还包括拥抱、接吻等行为，整个过程中可能发生各种器官及组织之间的体液交换，尚不能认为单单通过阴道性交不会传播该病毒。但该研究仍然受到诸多质疑，许多网友质疑该研究没有实际意义，认为性生活的时候不可能穿着防护服。

当然，以上两个新闻事件中提到的研究是否真的没有价值，可能不同的人有不同的看法，但就笔者看来，其对社会的意义是很值得商榷的。

二、心理学研究中价值导向的必要性

在心理学领域，国内研究其实也存在着一定程度的论文导向，或没有关注研究对社会的重要意义。以下将从心理学的学科性质以及我国当下心理学研究的热点来探讨我国心理学研究价值导向的必要性。

(一) 心理学的学科性质与学科目标

简单而言，心理学是一门研究人们想什么、做什么以及为什么这么想、这么做的学科；虽然可以粗略划分为以探讨心理机制尤其是心理的大脑神经机制为核心的基础心理学和强调实践应用的应用心理学两大块，但其最终目的都是为了帮助人们健康快乐地生活。

(二) 我国当下心理学研究中的认知神经科学取向

要准确、系统地梳理国内心理学领域的研究热点，是一项繁重的研究工作，由于本文重点不在于此，故以下只是从笔者在国内学术会议交流以及日常与国内其他心理学研究者的交流的体会中谈谈国内心理学研究中的主要倾向。

不管是笔者的日常观察，还是与国内其他心理学研究者的日常交流，笔者总体上感觉国内心理学研究领域存在着较为严重的认知神经科学取向。为了印证这一看法，笔者查阅了2016年4月启动的全国高校第四轮学科评估中心理学学科排名前5的教学单位的主要领导的近期研究主题，即北京大学心理与认知科学学院、北京师范大学心理学部、华东师范大学心理与认知科学学院、华南师范大学心理学院、西南大学心理学部5个单位。此次评估的心理学一级学科中，全国具有"博士授权"的高校共24所，其中参评的有23所，其他还有部分具有"硕士授权"的高校也参加了评估，参评高校共计51所(http://www.cdgdc.edu.cn/xwyyjsjyxx/xkpgjg/)。结果发现以上5个单位的院长或部长的研究领域或研究兴趣都涉及认知神经科学领域。

北京大学心理与认知科学学院现任院长方方教授，其主要研究领域一直以来就是认知神经科学，现在还主持着国家自然科学基金重点项目"人类知觉学习的认知和神经机制(2020年1月—2024年12月)"。北京师范大学心理学部部长罗跃嘉教授的研究方向为情绪与认知的脑机制、应激下的情绪与执行功能。华东师范大学心理与认知科学学院名誉院长为周晓林教授，周晓林教授的实际工作单位为北京大学心理与认知科学学院，现任北京大学脑科学与认知科学中心主任。此外，华东师范大学心理与认知科学学院的介绍之中提到要强调学科特色：横向交叉，纵向贯通，学院学科门类齐全，设置基础心理学、发展与教育心理学、应用心理学、认知神经科学四个二级学科；着力推动学科领域横向交叉融合，注重加强"脑生理研究—行为学研究—应用研究"三个研究层面纵向贯通。华南师范大学心理学院院长何先友教授的研究领域之中提到应用现代认知神经科学技术，西南大学心理学部部长陈红教授的近期研究主题为自我的认知神经研究，以及节食、饮食失调、肥胖的风险因素及认知神经机制研究。

虽然以这5个单位主要领导的研究领域来推测国内心理学研究中的认知神经科学取向有点以偏概全，但也有一定的管中窥豹作用，能够从侧面反映出国内心理学研究中的热点。毕竟，这是全国高校第四轮学科评估排名前5的心理学教学单位，可以说是国内心理学研究领域中的重要教学单位，这些单位以及这些单位主要领导的研究取向可能会对其他心理学研究者的研究取向造成一定的示范效应。

(三) 心理学研究中价值导向的必要性

心理学研究中关注大脑神经机制就没有意义了吗？就如前面所言，心理学研究既有应用心理学的研究，也还有基础心理学的研究。对心理的大脑神经机制进行研究是对心理与行为的生理基础的探讨，属于基础心理学的研究，并不是没有意义。任何科学研究的研究意义都可以归结为解决理论问题的理论意义和进行实践应用的实践意义。对生理基础的探讨有助于人们了解心理与行为的生理机制，具有重要的理论价值。既然如此，笔者又为何特别强调心理学研究中的价值导向呢？这里价值导向的内涵又主要是指什么呢？

研究中价值导向的主要内涵是该研究对该领域的学科发展以及民众有

什么价值，特别是对民众的价值或研究的实践价值。如果仅仅从学术角度来看，心理学领域中的认知神经科学研究也具有重要的研究意义，有助于人们了解心理与行为背后的神经机制。即使前面所提到的新冠病毒的性传播研究以及鸟粪研究所讽刺的石墨烯领域的研究也同样如此。只要没人做过的研究，都可以做，都具有一定的理论价值。很多科学研究的出发点就是源于研究者的好奇心，很可能研究者没有去关注该研究是否具有一定的实践意义。而且有的研究也可能是暂时没有什么实践意义，或者尚未认识到具有什么实践意义。其实也有许多学者认为研究的时候无须去关注研究是否具有一定的意义，只要自己感兴趣就可以去做，只要有助于人们了解自然的奥秘就都可以。如 2020 年国内新闻报道了《一个浪费科学家的自白：为什么我要研究这些"无用之物"？》(https://new.qq.com/omn/20200719/20200719A073WI00.html)。该新闻报道了美国佐治亚理工学院机械工程与生物学系教授胡立德(David Hu) 调侃自己为什么要去研究那些"无用之物"。比如胡立德提到在看雨的时候想到，下雨的时候，雨滴掉落的速度是蚊子的 10 倍，雨滴比蚊子重 50 倍。一滴雨滴砸蚊子，就像一辆汽车砸人，蚊子怎么不会被雨滴砸死呢？通过研究，他们发现如果砸中的是翅膀，蚊子就会向那一侧倾斜 50°，让水滴顺着翅膀滑走。如果砸中身体，蚊子则不会抵抗，而是迅速随着水滴一起下落，在下落过程中，它会很快和雨滴侧向分离，恢复正常飞行。因为蚊子那么轻，雨滴砸到它们，雨滴不会破。蚊子像打太极拳一样，不去抵抗雨滴，所以它们受到的力并不大，雨滴就不会砸死蚊子。虽然胡立德认为民众其实对这些"无用的"研究有很多误解，即认为这些误解大多是来自科学家们并没有和大众解释清楚这些研究的意义，认为科学研究是否应该因为暂时的"无用"就被指责为"浪费"，而探索的过程何来浪费一说？并且指出他们关于蚊子的研究，对微型飞行器的制作比较有帮助。借助这项研究，工程师可以改良设计，让微型飞行器不易被雨滴或大风弄坏。所以，胡立德认为研究就是为了探索自然的奥秘，比如他提到他的导师拿了两次搞笑诺贝尔奖：一是为什么茶壶嘴里倒出来的茶水，有时候会顺着茶壶嘴流下来；二是扎马尾辫的人跑步的时候头发是怎么甩动的。提到他的"师傅"和他的"师祖"都拿了搞笑诺贝尔奖,他是第三代获奖者。从他们那里他明白了,会问有意思的问题至关重要。他认为应用数学家大多对世界充满好奇,他们用应用数学来解答生活中的问题。

虽然笔者也十分赞同胡立德教授所认为的任何研究都是为了探索自然界的奥秘这一观点,但是结合心理学的学科性质以及我国心理学的发展现状来看,笔者认为我国心理学的研究还是需要重点关注研究对社会、对民众有什么实践价值。由此,笔者认为心理学教学中还是需要注重研究的价值取向,引导学生关注研究的实践价值。

首先,心理学的学科性质以及学科目标表明心理学的研究需要关注其实践价值。因为心理学这门学科探讨的是人们想什么、做什么以及为什么这么想、为什么这么做,考察的是人们心理和行为的规律以及背后的原因,由此帮助人们健康快乐地生活。可以说这是一门非常注重实践应用的学科。心理学研究者当然可以进行纯基础性的研究,但是在自己研究的过程中,也应该分出一部分精力来关注自己研究结果的实践价值,或者从事一部分的应用性研究。而从整个国家层面来说,也应该重点强调心理学的应用性研究,而不是让他人感觉心理学研究者都是在进行心理学的基础性研究,否则就背离或难以真正实现心理学这一学科的真正目标。而且,国内心理学若想真正获得发展,也需要关注实践应用。北京师范大学心理学部前任院长许燕教授(2010)曾经引述刘淑慧教授的话来强调心理学的实践应用性,"心理学要想不被打倒,就要走向应用"。

其次,从国内心理学的发展现状来看,我国研究者更应该重视心理学这门学科的实践意义,更需要思考心理学能给我国民众带来什么样的应用价值。与西方心理学相比,我国心理学还处在起步阶段,与发达国家的心理学相比还存在着巨大差距。由于东西方文化的巨大差异,西方心理学的研究结果并不适用于中国人(王登峰,2012)。其实,早在20世纪70年代,非西方国家的一些心理学者就倡导建立起适用于各文化的本土心理学。我国学者杨中芳(2009)认为,所谓的本土心理学就是一门描述及解释当地人心理与行为的学问。因此,要解决我国民众的心理与精神问题,还有赖于我国心理学研究者的研究。只有中国心理学研究者揭示了我国民众的心理与行为规律,建立起与我国民众有关的心理学知识体系,才能更好地帮助人们健康快乐地生活。特别是在当下中国,由于时代变化与经济的快速发展,我国社会出现了许多亟待解决的心理与行为问题。比如由于经济的发展,子女离家导致传统养老模式已不适应于现代社会,那么如何帮助老年人健康快乐地度过晚年生活就是一个急需解决的重大社会问题;再比如由于人们观念的变化,离婚率急剧增长,如何帮助人们解决婚姻生活中出现的问题、保持婚姻幸福美满也是值得重点关注的课题。虽然心理学也需要关注基础性的研究,但是如果我国心理学研究者全部去进行那些基础性的研究,那么谁来解决中国现实生活中的各种与心理有关的问题呢?因此,对于心理学领域中基础研究与实践应用的关系,我国研究者需要有一个清醒的认识。对这一点,北京大学心理学教授王登峰(2010)在"中国心理学应该如何做"这一论坛中的发言就给了我们非常清晰的启示,他认为,做心理学研究的目的,应该是"关注应用、回应社会"。我们应将眼前和长远关系处理好,解决眼前需要。①

三、心理学教学过程中如何进行价值取向引导

如何在心理学教学过程中引导学生形成价值取向意识,可能不同的老师有不同的做法。以下仅分享笔者这些年来在日常教学过程中的几点做法,以供参考。

(一)强调学术责任感

许燕教授(2010)在谈到心理学应该培养什么样的人才时,认为最为重

---

① 王登峰,崔红.心理学研究中国化的理论思考与实证证据[M]//彭凯平,钟年.心理学与中国发展.北京:中国轻工业出版社,2010:13-37.

要的是对学生学术思想的培养,尤其是责任感。她认为学生除了掌握知识技能外,还需要理解一个行业的社会职责,因为社会需要的是具有社会责任感的专业技术人员。因此,笔者在教学中也特别强调学术责任感的培养。

如前所述,心理学研究的是人类心理与行为的特点与规律。虽然研究者可以根据自己的兴趣去探究人类心理的奥秘,将全部精力投入基础心理学的研究。但是,毕竟心理学的终极目标是帮助人们健康快乐地生活,是为人类的进步服务,即心理学是一门实践性极强的学科,需要关注民众的心理,解决现实生活中民众的各种心理问题,关注其对社会的价值。这是作为专业技术人员应该承担的学术责任,也即许燕教授所说的需要成为具有社会责任感的专业技术人员。也许在心理学较为发达的西方国家,部分研究者可以为了自己的兴趣而全身心地去从事基础性的心理研究,毕竟他们国家的心理学应用已经做得非常好。但对心理学尚不发达、与西方相比仍然存在巨大差距的我国来说,我们还没奢侈到将研究力量完全投入基础心理学的研究,特别是我国心理学在应用层面上尚处在极度落后的情况下。而由于文化的差异,西方的心理学研究结果并不完全适用于中国人,我们的问题只有靠我们自己来解决。由此,作为中国的心理学专业技术人员,就需要承担起为中国人提供心理服务的责任。同时也应该在日常教学中,强调对学生学术责任感的培养。这也是王登峰教授为什么会强调中国心理学研究者"应将眼前和长远关系处理好,解决眼前需要"。

因此,在日常教学中,笔者也特别注重对学生学术责任感的培养。指出他们可以去研究自己感兴趣的问题,可以去从事基础心理学的研究;但同时特别强调,在研究的时候应该重点关注研究的社会实践意义,指出在他们的研究过程中,应该分出一部分精力去从事对社会、对现实有应用价值的研究,而不能全副身心去从事基础性研究。为此,不仅在课堂与日常交流中传达此观点,还经常同他们分享一些比较关注社会价值的研究。比如在课堂上就重点讲述了一下《科学》杂志在 2016 年 9 月 24 日所发表的自动驾驶汽车在紧急时刻是保护路人还是保护司机的研究(The social dilemma of autonomous vehicles；Bonnefon, Shariff, Rahwan, 2016），该研究发现人们对自动驾驶汽车存在着巨大的功利性，具体为如果是别人买车，那么认为自动驾驶汽车的设计中首先应该保护路人；但如果是自己买的话，则认为设计的时候应该设计成首先保护司机。因此，该文章指出自动驾驶汽车的关键不是技术问题，而是伦理问题，即自动驾驶汽车的设置上需要首先考虑到关键时刻是牺牲路人还是牺牲司机。通过这一文章，笔者向学生强调研究者需要具有社会责任感，需要关注新技术对人的影响。但反观我国，我们只看到大量的关于自动驾驶有了什么进展的报道，比如2020年9月23日媒体以"自动驾驶正式进入日常生活！全国首条自动驾驶旅游专线来了"（https://www.sohu.com/a/420232446_255783）为题指出自动驾驶旅游专线车队行驶在沧州主城区道路；而即使在自动驾驶车祸致死的今天（https://www.sohu.com/a/228965384_451144），也很少见到专业人士对此表达关切，新闻媒体也多关注自动驾驶技术背后的硬件设计问题，如2020年06月23日中国经济网转发的新闻《特斯拉自动驾驶再出事故 静止目标无法识别谁背锅》（http://auto.ce.cn/auto/gundong/202006/23/t20200623_35187263.shtml），其重点关注的就是硬件问题。

（二）强调对生活事件的审视

由于心理学是一门研究人类心理与行为的学科，关注的是人们在想什么、做什么，以及为什么这么想、为什么这么做的学科，由此就需要关注现实生活中的人。而日常生活中的事件，就可能反映出人们的心理特点。所以，作为心理学专业技术人员，有责任去了解人们在想什么、在做什么，也就是要强调对生活事件的审视，其实这也是前面所述社会责任感的体现。

许燕教授（2010）曾经指出她非常看重学生对生活事件的审视，并且在2008年汶川地震后的课程考试中出了一道思考现实问题的题目，即让学生论述对汶川地震后心理复原力的思考，认为这个题目可以考察学生运用人格心理学知识对震后心理援助工作的思考。① 其实，笔者一直以来不管是日常交流还是课堂上，也经常引导学生对一些新闻事件的审视。比如在课堂上与学生分享 2015 年 3 月 1 日的新闻"过完春节子女各奔东西 两空巢老人抑郁自杀"(http://news.sohu.com/20150301/n409239906.shtml)，引导学生思考空巢老人的养老问题，思考春节离家后怎样与自己父母联系；并同时与学生分享 2016 年 2 月 5 日《科学》杂志上一篇关于影响健康老龄化的心理因素的研究(Psychosocial factors key to healthy aging; Cosco, 2016)，引导学生思考需要在研究中去关注老年人的养老生活。

(三) 研究选题上强调研究的价值导向，尤其是研究的实践意义

为了引导学生进行学术责任感的培养，笔者特别强调研究选题上的价值导向，注重研究的实践意义。对于学生的研究选题，常常引导他们思考研究可以解决什么社会问题，具有什么现实意义。

比如针对前述石墨烯新闻事件和新冠病毒的性传播途径研究事件，笔者就在课堂上引导学生进行实践意义的思考。并指出这些研究虽然也具有一定的学术价值，但是其实践价值却几乎为零，由此强调研究需要注重价值导向。随后再给出假设的研究选题："考试作弊方式有哪些呢？考试的时候怎样才能避免被抓、成功作弊？"并且表明这一研究如果没有人做过，那么从学术角度、从探索心理奥秘角度也可以去做；但是特别指出如果进行这一研究，那么对社会会有什么价值，会有什么意义呢？难道是为了帮助人们更好地去作弊吗？由此再指出，如果将研究选题调整为"考试作弊方式有哪些呢？老师怎样才能防止考生作弊？"，那么就具有较为正面的意义，具有较好的社会价值。通过以上方式，慢慢让学生形成研究的价值导向意识。

---

① 许燕. 中国社会发展与心理学的使命[M]//彭凯平，钟年. 心理学与中国发展. 北京：中国轻工业出版社，2010：87-95.

当然，科学研究是为了探索自然的奥秘。因此，任何研究都可以去做，都值得去做；但是，研究者也需要重点关注自己的研究能给社会、给民众带来什么价值。因此，教师不能反对也不能打压学生的研究兴趣；不过，教师也可以表明自己的取向，可以引导学生去从事那些可能更为现实所需、更有实践意义的研究。所以，笔者在日常教学中也对一些貌似看不出实践价值、但学生感兴趣的研究，会明确声明自己不反对、但是个人也不提倡。如果他们想做的话可以去做，虽然自己希望他们能够做一些更有社会价值或实践意义的研究。

参 考 文 献

1. Bonnefon, J.-F., Shariff, A., and Rahwan, I. The social dilemma of autonomous vehicles[J]. Science, 2016, 352(6293)：1573-1576.

2. Cosco, T. D. Psychosocial factors key to healthy aging[J]. Science, 2016, 351(6273)：570.

3. Wang, L., Sofer, Z., Pumera, M. Will Any Crap We Put into Graphene Increase Its Electrocatalytic Effect? [J] ACS Nano, 2020, 14(1)：21-25.

4. 刘振天."五唯"：痼疾如何生成，怎样破解[N]. 光明日报，2019-02-26(15).

5. 关于深化高等学校教师职称制度改革的指导意见[EB/OL][2021-01-26]. http://www.moe.gov.cn/jyb_xxgk/moe_1777/moe_1779/202101/t20210126_511116.html

6. 王登峰. 心理学研究中国化的理论思考与实证证据[M]//彭凯平，钟年. 心理学与中国发展. 北京：中国轻工业出版社，2010.

7. 王登峰. 心理学研究的中国化[M]. 北京：中国轻工业出版社，2012.

8. 许燕. 中国社会发展与心理学的使命[M]//彭凯平，钟年. 心理学与中国发展. 北京：中国轻工业出版社，2010.

9. 杨中芳. 如何研究中国人[M]. 重庆：重庆大学出版社，2009.

10. 深化新时代教育评价改革总体方案[EB/OL] [2020-10-13]. http://www.gov.cn/zhengce/2020-10/13/content_5551032.htm.

案例教学在"心理学与生活"授课中的运用

刘 毅①

高校要为国家建设培育合格的人才和接班人,而随着我国现代化社会的不断发展,高校教育改革也在不断深入,思想政治教育理念融入高校人才培养的方方面面。青年人思维活跃,而作为树立良好价值观以及人生信念的关键阶段,个体在大学期间接受的思想政治教育尤为关键。因此这一工作受到了国家的高度关注,习近平总书记曾在讲话中多次强调思想政治教育对于高校的重要性。

如何提升高校思想政治工作的质量,将其更好地落实到大学生教育工作中,是一个需要不断思考和探索的问题。2016年12月,习近平总书记在全国高校思想政治工作会议上强调"要坚持把立德树人作为中心环节,把思想政治工作贯穿教育教学全过程,实现全过程育人、全方位育人,努力开创我国高等教育事业发展新局面"。② 这既为全国高校思想政治工作指出了新方向,也对全国高校大学生教育提出了新要求。

一、思政育人进专业课堂的重要性

当前高校思想政治教育面临的一个现实问题是如何提升其自身的吸引

---

① 刘毅,女,湖北荆州人,博士,武汉大学哲学学院副教授。
② 习近平总书记在全国高校思想政治工作会议上的重要讲话(全文)[N].人民日报,2016-12-09.

力和感染力，从而提升学生的学习兴趣，提高学习的积极和主动性。在课堂教学中采用科学合理的教学方式，丰富课堂教学内容，才能激发学生的学习兴趣，提高学习主动性，从而有效提升教学质量。而传统的填鸭式教学方式没有体现出学生在课堂中的主体地位，一味地进行知识灌输反而会使课堂枯燥乏味。对于思政教育这种理论性较强的课程，如果不注意采用合理的教学方式，则尤其容易出现课堂缺乏吸引力的情况，从而严重影响教学质量。例如一项针对某省部分高校本科生的调查研究表明，绝大多数被试认为当前高校思政教育的吸引力整体状况一般或堪忧。① 解决以上问题的途径之一是传统的思政课程在教学方法等方面不断改进，另一条途径则是充分挖掘专业课程的思想政治教育资源，完善相应的教学方法，提高专业课程的潜在立德育人效果。由于专业课程在大学生学习中占据绝对多数，因此第二条途径具有重要的现实意义和发展前景。

关于思政育人进专业课程，习近平总书记在全国高校思想政治工作会议上强调，要使各类课程与思想政治理论课同向同行，形成协同效应。课堂教学是大学生学习的重要形式之一，也是大学生活的重要组成之一，为了更好地贯彻落实全国高校思想政治工作会议精神，把习近平新时代中国特色社会主义思想融入高校教育事业，就应该用好课堂教学这个主渠道，把思想政治教育落实到每一堂课程中。而这也对于破解思想政治理论课"孤岛化"窘境和思政教育与专业教育"两张皮"现象，实现各类课程与思政理论课同向同行、协同效应，具有重要意义。② 韩愈曾指出，"师者，传道受业解惑者也"。然而近些年来，随着各学科专业化进程的加深等原因，大学教师的职责似乎变成了更注重传授专业知识，而忽视对其进行人生指引。事实上，大学阶段是个体人生成长道路上重要的一环，大学生迫切需要引导，教师的职责绝不应该仅仅是传授知识，而更重要的是帮助学生成

---

① 吴瀛灏，余修日，于胜兰，等. 新形势下普通高校大学生思政教育现状及改进对策研究[J]. 科教文汇，2021(1)：41-42.

② 高德毅，宗爱东. 从思政课程到课程思政：从战略高度构建高校思想政治教育课程体系[J]. 中国高等教育，2017(1)：43-46.

长。因此，无论是具体从事哪种教育工作的大学教师（当然也包括专业课教师），都担负着帮助学生形成正确价值观的重任。

二、在"心理学与生活"课堂中进行思政育人的可行性

习近平总书记指出思政课需要在改进中加强，提升思想政治教育亲和力和针对性，满足学生成长发展需要和期待。要想大学生在专业课程学习中达到良好的思政教育目标，就要求授课教师根据各个课程的特点，充分挖掘专业课程中与思政教育相关的育人因素，精心设计课程，将思政理念等渗透到专业课教学中，最终实现各类专业课程与高校思政课程的自然融合，在专业课的学习中潜移默化地引导学生树立正确的世界观、人生观和价值观，从而真正把思想政治工作贯穿教育教学全过程，实现全过程育人、全方位育人。

课堂教学本质上作为一种人际交流的情境，参与双方是教师和学生。作为其中一方的大学生是接受思想政治教育的主体，是教育的结果和对象，而对高校思想政治教育工作质量的评估也主要是围绕大学生对思政教育的接受程度、运用情况等方面，分析呈现出的效果。作为这种交流活动中的另一方，教师在课堂教学中的作用毋庸置疑。在教学实践中，教师有无亲和力、教学内容有无生命力、教学方法有无吸引力是影响思政课教育教学实效性的三个核心要素。① 而在以上三个核心要素中，教学内容的传递和教学方法的体现都必须通过教师来完成，因此教师才是其中最重要的因素。教师只有拓展思政课涉及的知识面，在教学过程中融入各类学生感兴趣的话题，用充满思想性和艺术性的教学资源去教育学生、感染学生，使高校思政课教学过程充满知识性、趣味性和亲和力，让马克思主义理论变得有血有肉有情感，才能触及学生的内心世界。② 此外，实践教学是高

---

① 路文娟.提升高校思政课亲和力的三个视角[J].中国冶金教育，2020(6)：88-90.

② 谢赛银.教育现代化对高校思政课教学改革的影响[J].现代教育管理，2021(1)：45-52.

校思想政治理论课教学过程中不可缺少的重要环节，也是整个高校大学生思想政治教育的重要组成部分。①

结合以上论述，从"心理学与生活"的课程教学目标、课程自身特点和课程具体内容可以看出，在该课程的授课中开展思政育人有颇多可探索之处。

(一) 课程教学目标

"心理学与生活"的教学目标由低到高分为三个层次。第一层次是对心理学基本概念和理论有所认识，即通过学习了解到对于我们看不见、摸不着的日常心理现象，探讨现代心理学作为一门学科，如何从各种角度采用不同方法对其展开科学研究，并提出了怎样的解释。第二层次则是作为一门从各个角度对人展开研究的学科，心理学与许多学科有着众多交叉。通过对该课程的学习，结合大学生的专业，思考可能与心理学产生的交叉领域，拓宽现有的知识面，开阔学术和专业视野。第三层次则是个人的成长，即启发大学生从心理学的角度去更全面科学地认识和理解自己与他人，获得更全面的成长，人际关系更和谐，实现自身人格与社会性的健全发展。

(二) 课程自身特点

高校思想政治教育是否具有亲和力，直接影响着思想政治教育的有效性。"心理学与生活"这门课程主要结合日常生活中的各种心理和行为现象，介绍相关的基本概念和理论等。由于心理学的研究对象主要是人，这门课程关注的又是大学生在自己的日常生活中会接触到的方方面面与心理

---

① 熊晓琳，杨增崒. 高校思想政治理论课社会实践制度化建设：困境与突破[J]. 学校党建与思想教育，2015(7)：19-22.

与行为有关现象，因此较易在授课中结合相应心理学知识，将书本知识拓展到实际生活中，结合由此产生的价值观等问题，引导大学生进行思考，从而在专业知识的学习中潜移默化地达成良好的思政育人效果。此外，由于此课程对授课对象没有任何心理学专业知识基础的要求，适用于各年级所有大学生学习，因此也具有更好的人群覆盖性。

（三）课程具体内容

"心理学与生活"的具体讲授内容从低级到高级心理现象逐步递进，其中可进行拓展并与价值观产生直接联系的内容包括动机、情感、态度等，这些内容从心理学的角度科学描述和解释了相关心理活动的过程与机制。在这些基础知识的学习中，可以进一步扩展到结合自身相关心理过程进行思考，从而更清晰地反思和认识自己。这时教师再加以正确引导，则有助于其形成正确的价值观，达到思政育人的目的。

综上所述，促进大学生健康全面地发展与成长，帮助其树立正确的人生观、价值观和世界观，正是"心理学与生活"课程的最高目标，而这也与高校大学生思想政治工作的目标完全一致。此课程的自身特点与授课内容也可以较好地达到该目标。因此，在此课程的授课中开展思政育人是大有可为的。

三、充分利用案例教学进行思政育人

案例教学是一种借助"案例素材"进行教学的教学方法，尤其适于结合思政育人，在"心理学与生活"的授课中予以采用。例如先辈们的大无畏革命精神是宝贵的精神财富，正是由于无数革命志士前赴后继的牺牲和奋斗才换来了今天的和平安定。然而由于革命精神本身孕育于革命和战争年代的时代特性，无形中增加了学生共情共感的难度，一定程度上使学生对包括革命精神在内的革命文化产生了距离感。[1] 然而，基于"心理学与生活"的课程特点和授课内容，如果能够结合大学生的心理特征，从他们感兴趣的领域入手，充分利用大学生熟悉且喜爱的案例进行教学，则可以产生良好的效果，从而使同学们对革命精神有更深刻的认识和理解。

在各种常见案例中，影视作品就是一种很好的选择。大学生普遍喜爱观看影视作品，而近年来国内出现了一批兼具思想性与娱乐性的优秀革命题材影视剧，其中一些谍战片因其引人入胜的情节、真实细致的人物刻画、明星演员的出色表演而受到了大学生的普遍欢迎，例如电影《风声》、电视剧《潜伏》等获得了非常好的口碑。这些影视作品真实地向当代大学生们展示了革命年代中的前辈们如何为理想而奋斗献身。具体结合课程学习，则可以从以下三步入手展开思政教育。第一步可以结合心理学中动机、情感的概念，从不同的理论出发剖析革命者的行为选择，理解其革命精神。然而影视剧毕竟是娱乐产品，大学生可能会认为剧中人物是虚构的、不真实的，这时就需要进入第二步，即引导他们通过阅读中国革命史的相关材料，了解现实历史中类似革命者的生平和真实事迹，例如"龙潭三杰"、沈安娜等，认识到现实历史中这些革命者甚至比影视作品中的描述更为伟大。第三步则是结合大学生自己的生活，将理念内化在学生心里，并引导其外化到日常生活中。这时需要引导学生推己及人，结合自己实际生活中的事例，如参加志愿者服务或曾经给他人提供的帮助等，感受其中的收获与快乐，进一步明确自己也可以从小事入手，服务他人，实现人生价值。在思考与讨论中，也需要考虑大学生的现实需求，不回避现实问题。大学生都是现实的个体，都有成长的困惑和现实的需求，就业、人际关系等是他们普遍关心的热点话题。教师要牢牢抓住大学生的诉求和心理期盼，教育学生懂得任何社会、任何时期都会有各种问题存在，引导学生正确看待、辩证认识、理性分析，将个人价值和奉献社会结合起来。

---

[1] 陈娟. 革命精神融入高校思政课教学探析[J]. 西南林业大学学报（社会科学），2012(1)：10-13.

此外，结合当下社会热点选取适合用于教学的案例也是不错的选择。当代高校大学生普遍对热点事件在思政课堂中的应用持"喜欢"态度。热点事件在高校思政课堂中的应用与普及已逐渐成为课堂主体之诉求。[①] 例如为山区教育奉献全部的女教师张桂梅，她以自己的事迹向每一个人展示了在和平年代，虽然我们不会像先烈们那样面临随时可能牺牲的危险，但是我们依然可以无私奉献；而当下中国正面临百年未有之大变局，作为国家未来的大学生，国家也需要他们尽一份自己的努力。

除了在课堂中围绕案例进行思考讨论，还可以结合授课内容，采用其他丰富多样的具体形式展开思政教育，例如组织大学生围绕案例开展辩论赛等主题活动，或者利用课余时间或假期，从案例出发，对相关心理现象进行调查分析或实地参观考察和调研等。在此基础上，结合所学的相关知识，撰写综合调研报告。通过以上这些实践活动，帮助大学生从日常生活细节入手，从生活小事做起，将正确理念融入生活的方方面面。

每个学期结束后，教师及时对教学行为及过程进行回顾和分析也是提升思政育人水平必不可少的。教师可以结合课程教学改革项目研究，建立相应机制，从每次授课经历中及时梳理总结重要的教学经验，归纳教学心得，反思教学问题。通过分析、归纳并整理出相应的教学案例材料，为后续不断提升教学水平、促进专业课中的思政育人而积累资料。

四、结　　论

课堂上讲授的思想和理论是抽象而复杂的，而高校要培养的是社会主义价值观的践行者和社会主义国家的建设者，因此必须把抽象的思想外化以行，充分结合现实生活，并发挥实践的作用。只有当大学生真正在实际生活看到、用到和感受到社会主义价值观的存在及其作用，理论与实际相

---

① 付伊，朱晓飞，张甜，等. 新媒体视域下社会热点事件在高校思政课堂中的应用与构建[J]. 绍兴文理学院学报（教育教学研究），2020(12)：59-72.

统一，才会自觉去学习、理解和实践这一思想。高校专业课中的思政育人要秉承这一点。同时在教育过程中，教师作为教育者要时刻牢记身教重于言教，要想在高校专业课程授课中获得良好的思政育人效果，应在不断提升教学方法、丰富教学内容的过程中认识到其自身品行与才学是获得学生尊重的源泉。具有良好品行的教师可以对大学生产生强大的吸引力、感召力。教师正确的道德观念和行为举止，可以为大学生提供具体而生动的示范与指导，使他们自觉地规范自身言行，形成正确的世界观、人生观和价值观。

大学生心理健康与适应课程的教学反思

王志云①

《教育部关于加强普通高等学校大学生心理健康教育工作的意见》(教社政〔2001〕1号)指出,"当前,我国正处在建立社会主义市场经济体制和实现社会主义现代化战略目标的关键时期,社会情况发生了复杂而深刻的变化,如何指导学生在观念、知识、能力、心理素质等方面尽快适应新的要求,是高等学校德育工作需要研究和解决的新课题。《中共中央国务院关于深化教育改革全面推进素质教育的决定》强调,在全面推进素质教育工作中,必须更加重视德育工作,加强学生的心理健康教育。《中国普通高等学校德育大纲(试行)》明确提出,要把心理健康教育作为高等学校德育的重要组成部分,大学生应具备良好的个性心理品质和自尊、自爱、自律、自强的优良品格,具有较强的心理调适能力。加强大学生心理健康教育工作是新形势下全面贯彻党的教育方针、实施素质教育的重要举措,是促进大学生全面发展的重要途径和手段,是高等学校德育工作的重要组成部分"。②

武汉大学一直积极地推进大学生心理健康教育工作。在大学生心理健康教育课程方面,目前,武汉大学大学生心理健康教育中心开设了两门面

---

① 王志云,女,博士研究生,武汉大学哲学学院心理学系副教授。
② 教育部关于加强普通高等学校大学生心理健康教育工作的意见[EB/OL]. [2021-02-27]. http://www.moe.gov.cn/s78/A12/szs_lef/moe_1407/moe_1411/s6874/s3020/201001/t20100117_76896.html.

向全校学生的通识教育课程,即"大学生心理健康"和"心理咨询与治疗"。另外,该校哲学学院心理学系开设了一门"大学生心理健康与适应"课程。与前面两门心理健康通识教育课程不同,"大学生心理健康与适应"课程主要面向心理学专业的本科生,是该专业学生的专业选修课程。本文将根据该课程的教学实践,对如何改善心理健康专业教育进行一些反思与探索。

一、课程理念与课程内容

《教育部关于加强普通高等学校大学生心理健康教育工作的意见》(教社政)指出,"高等学校大学生心理健康教育工作的主要任务是:根据大学生的心理特点,有针对性地讲授心理健康知识,开展辅导或咨询活动,帮助大学生树立心理健康意识,优化心理品质,增强心理调适能力和社会生活的适应能力,预防和缓解心理问题。帮助他们处理好环境适应、自我管理、学习成才、人际交往、交友恋爱、求职择业、人格发展和情绪调节等方面的困惑,提高健康水平,促进德智体美等全面发展"。[①]

以该任务为导向来建设大学生心理健康教育课程,该意见建议,教学内容一般应侧重于宣传和普及心理健康知识,使大学生了解常见的心理问题及主要表现,帮助他们树立良好的心理健康意识,以科学的态度对待自己和身边人群的心理问题,并且教授大学生一些增进心理健康的方法,帮助他们进行自我心理调适,培养坚韧不拔的意志品质和艰苦奋斗的精神,从而提高他们应对压力与挫折的能力,更好地适应大学生活和社会生活。这一教学任务与教学内容是面向全体大学生而言,适用于大学生心理健康通识教育课程。

武汉大学哲学学院心理学系所开设的"大学生心理健康与适应"课程作为心理学专业本科生的专业课程,在课程理念上不仅致力于普及心理健康

---

① 教育部关于加强普通高等学校大学生心理健康教育工作的意见[EB/OL].[2021-02-27]. http://www.moe.gov.cn/s78/A12/szs_lef/moe_1407/moe_1411/s6874/s3020/201001/t20100117_76896.html.

知识，更要承担起培养心理学专业人才的任务，使学生毕业后既可以去社会岗位上完成心理学相关的职业工作，也可以进入研究生阶段继续深造，从事心理学研究等工作。根据这一理念，"大学生心理健康与适应"课程的教学内容不仅需要包括心理健康知识的学习，而且需要在专业性上进一步提高。具体来说，该课程包括三个教学任务。第一项教学任务是讲授大学生的心理特点，普及心理健康知识。这项教学任务秉承了上述教育部推进大学生心理健康教育的宗旨，体现了大学生心理健康教育的一般性。

第二项教学任务是帮助大学新生更好地适应大学生活。由于该课程在大一上学期开设，选课的学生是刚入校的心理学专业新生，所以需要借助该课程帮助大学新生进行自我心理调适，学习一些增进心理健康的方法来更好地应对他们面临的挑战与压力，以更快、更好地适应大学生活。这项教学任务同样秉承了教育部推进大学生心理健康教育的宗旨，体现了大学生心理健康教育的实践性。为了更加贴合大学新生的心理需要，在课程开始时就会对选课学生的大学适应困难和问题进行调研，并且根据调研结果来调整后续的教学内容安排，使教学内容更加切合大学新生的生活与心理适应需要。这样的安排可以使学生把理论学习与生活实践更好地联系起来，提高他们的课堂学习积极性，同时也促进他们对增进心理健康的方法的运用与实践。

第三项教学任务是引导学生学习心理学专业研究范式。这包括学习心理学专业术语、概念和理论模型，以及更重要的是，学习心理学专业的研究思路和研究方法，从而了解心理学如何对不同的心理健康问题开展研究、干预与预防。这项教学任务体现了大学生心理健康教育的专业性，对于培养心理健康领域的专业人才具有重要的意义。这项教学任务是一般的心理健康通识教育课程较少关注的内容，因为非心理学专业的学生主要关注与应用心理学知识即可。但是，心理学专业的学生需要以大学适应和心理健康问题为切入点，学习心理学的研究范式，以培养其专业性。该课程设计和实践对于未来打造针对不同专业背景学生的不同层次的心理健康教育课程体系具有很好的借鉴性。

基于以上三项教学任务，大学生心理健康与适应课程进行了教学内容设计。在确定教学主题方面，参照现有的大学生心理健康教育的教材，常见的教学主题包括自我意识、消极情绪与积极情绪、挫折与压力、人格发展、恋爱情感、人际关系与社会适应、学习心理与生活管理、职业生涯规划、心理咨询与危机干预等。通过对选课学生进行问卷调查，最终选择五个主题作为课程内容。

第一个主题是大学适应，主要包括学习适应、心理适应与社会适应。在问卷调查中，很多学生对在大学中如何开展学习感到迷茫。具体来说，在学习方法上，他们不清楚应该如何处理课堂学习与课外自主学习的关系，不熟悉课程论文等非闭卷考试的考核形式；在时间管理上，失去高中时期的严格控制，他们感到很难自己安排和管理好学习时间，经常管不住自己，学习效率低；在活动安排上，他们不知道该如何平衡专业学习与社会活动；在人际关系和社会交往上也有一些困惑。国内外学者已经对这一类大学适应问题进行了广泛的研究。[1] 通过学习这一主题可以帮助学生更好地理解自己的问题，找到科学的改善途径，从而更快、更好地适应大学生活。

第二个主题是压力与挫折应对。从广义上来说，对大学这一新环境的适应也属于压力管理领域。压力与应对是影响个体心理健康的重要因素，因而也是心理健康教育的重要内容。[2] 该主题将介绍压力的生理机制、压力源、压力反应以及常见的应对策略，帮助学生科学有效地管理自己的心理压力，进行更好的情绪调节。

第三个主题是孤独情绪。认识与处理消极情绪体验是心理健康教育的重要内容。由于大多数学生是人生第一次远离家人、亲属和朋友，进入一个陌生的新环境学习和生活，所以在问卷调查中孤独情绪比较突出。以孤独作为切入点，学习情绪是如何产生的，如何影响个体的健康与生活，以

---

[1] 刘寅伯，倪晓莉，牛更枫，王瑜萍. 网络自我表露对大学新生适应的影响及其中介机制研究[J]. 中国临床心理学杂志，2020(1)：137-140.

[2] 石林. 健康心理学[M]. 北京：北京师范大学出版社，2013.

及有哪些心理干预措施可以有效地缓解孤独，可以有效地将理论学习与心理健康实践结合起来，切实改善学生的孤独情绪以及其他的消极情绪。

第四个主题是自我意识与人际交往。青少年期和成年早期是个体的自我概念和自尊发展的重要时期。[①] 在问卷调查中，很多学生谈到自己在原本的高中班级里很优秀，但是到了大学后发现大家都很优秀，而自己和别人相比很多方面不如别人，差距很大，并且有些差距在短期内是难以改变的，因而在和人交往时比较自卑。由于这类自我概念问题往往与人际交往联系在一起，所以这个主题综合学习自我意识、自尊、社会比较等理论知识，帮助学生更好地认识自己、评价自己和接纳自己，从而改善人际交往问题。

第五个主题是生命意义。在问卷调查中，有不少学生提出了自己对生命意义的困惑。经过进一步的仔细询问，不少学生表示自己对生命的意义还感觉不明确，还在探索之中。他们希望能了解心理学对生命意义的理解，并且期望学习怎样才能找到自己的生命意义。围绕学生的困难和需要，该主题介绍了心理学对生命意义的界定、理论模型，以及生命意义对于心理健康的功能和影响，并且通过小组讨论和报告分享，帮助学生更好地体验和探索生命的意义。

二、心理健康教育的文化反思

心理健康领域的研究者很早就开始探讨文化因素对个体的心理健康状态的影响，并形成了不同的观点。[②] 例如，绝对主义观点(absolutist views)认为文化不会影响个体的行为表达，因而无论在什么文化中，精神障碍的表现、表达和意义都是相同的；与此相反，相对主义观点(relativist views)

[①] [美]劳拉·E. 伯克. 伯克毕生发展心理学：从青年到老年[M]. 陈会昌，等译. 北京：中国人民大学出版社，2014.

[②] Eshun S, Gurung R A R. Introduction to culture and psychopathology [C]//S Eshun, R A R Gurung (Eds.), Culture and mental health: Sociocultural influences, theory, and practice. West Sussex, UK: Blackwell Publishing Ltd, 2009: 3-17.

认为所有的人类行为(包括精神障碍的表现)都应该在具体的文化背景下进行解释,强调了文化的独特性和重要影响;普遍主义观点(universalist views)则介于前面两种观点中间,认为特定的行为或精神障碍对所有人都是普遍的,但是健康状况的发展、表达和反应会受到文化的影响。① 总体上来说,大多数研究支持普遍主义观点。比如,由世界卫生组织发起的一项广泛研究发现,来自不同国家的抑郁症受访者报告了一些普遍的抑郁症症状,包括悲伤情绪、焦虑、紧张和缺乏精力,不过西方国家的受访者报告了更多的负罪感症状,而非西方国家的受访者报告了更多的躯体症状。② 基于这一类研究的结果可以得出结论,抑郁症的植物性症状在不同文化下具有一定普遍性,而内疚感可能与个体主义和宗教等文化因素有关。③ 这与普遍主义观点是一致的。

大量的实证研究已经证实,文化因素对个体的心理健康状态具有深切而广泛的影响。④ 这种影响不仅体现在文化可以对心理障碍的症状表现、诊断和治疗发生作用,⑤ 而且文化可以影响心理健康问题的临床症状表达、疾病模型,以及个体遇到心理健康问题时的寻求治疗行为。⑥ 在不同的社

---

① Berry J W. Culture and ethnic factors in health [C]//R West (Ed.). Cambridge Handbook of Psychology, Health and Medicine. New York: CambridgeUniversity Press, 1995: 84-96.

② Draguns J G. Applications of cross-cultural psychology in the field of mental health [C]//R W Brislin (Ed.). Applied cross-cultural psychology. Newbury Park, CA: Sage, 1990.

③ Draguns J G. Abnormal behavior patterns across culture: Implication forcounseling and psychotherapy [J]. International Journal of Intercultural Relations, 1997(21): 213-248.

④ Chandra R M, Arora L, Mehta U M, Asnaani A, Radhakrishnan R. Asian Indians in America: The influence of values and culture on mental health [J]. Asian journal of psychiatry, 2016(22): 202-209.

⑤ Chang E C, Kwon P. Special issue on psychopathology in Asians and theDSM-5: Culture matters [J]. Asian Journal of Psychiatry, 2014(7): 66-67.

⑥ Lewis-Fernandez R, Aggarwal N K, Baarnhielm S, Rohlof H, et al. Culture and psychiatric evaluation: Operationalizing cultural formulation forDSM-5 [J]. Psychiatry, 2014 (77): 130-154.

会里，一些精神障碍的病程、后果、治疗反应和预后通常存在差异，其原因往往与潜在的文化因素有关。① Castillo 曾总结了文化影响心理健康的四种方式，分别是：(1) 个体对疾病和相关症状的个人体验；(2) 个体在其文化规范的背景下如何表达自己的体验或症状；(3) 个体表达出的症状如何进行解释，并且如何据此进行诊断；(4) 精神障碍如何进行治疗以及最终的结果如何。②

以该课程的第二个主题压力与挫折应对为例，文化因素可以通过上述多种方式使人们体验到不同的压力过程，从而影响个体的心理健康水平。首先，文化可以影响个体与压力相关的认知评估，从而使不同文化下的个体倾向于体验到不同的压力来源和压力水平。③ 例如，在一项比较不同文化背景青少年的心理压力、社会压力和资源差异的美国研究中，西班牙裔和亚裔美国人比欧洲裔美国人报告了更高水平的社会压力，他们比欧洲裔美国人更容易体验到心理压力，并且在家庭、压力应对、自尊和社会经济地位方面的资源得分也比较低。④ 这一结果在一定程度上反映了少数族群在美国社会感受到的一些生活压力现状。参与该课程的大学生在对自己的压力体验进行分析时，也分享了文化对自己的压力体验的影响。在压力分析中，一个比较常见的压力来源是家庭的期望。家庭期望不仅反映在已经过去的中学时期和高考志愿方面，也反映在接下来的大学专业选择和未来就业计划方面。它的表现形式多种多样。有的学生报告了自己的兴趣与家庭期望之间存在的冲突，以及为了解决这一冲突而不断地与自己、与父母进行沟通和调整。还有一些学生高度认同家庭期望，虽然不会体验到太大的冲突，但是为了实现家庭期望而持续地体验到高水平的心理压力。重视

---

① Gangadhar B N, Thirthalli J. Differential outcome of schizophrenia: Doescultural explanation suffice? [J]. Asian Journal of Psychiatry, 2009(2): 53-54.

② Castillo R J. Culture and mental illness [M]. Pacific Grove, CA: ITP, 1997.

③ Gurung R A R. Health psychology: A cultural approach, Third Edition [M]. Belmont, USA: Wadsworth Cengage Learning, 2014.

④ Choi H, Meininger J C, Roberts R E. Ethnic differences in adolescents' mental distress, social stress, andresources [J]. Adolescence, 2006(41): 263-283.

家庭是我们社会中的一个重要传统,因而可以理解为什么与家庭相关的事件会成为我们文化下的一类重要压力来源和压力体验。

其次,文化会影响个体如何解释自己的压力体验,以及采取什么样的应对方式来降低压力水平。研究者认为在中国文化等集体主义文化中,人们在社会角色和功能上强调彼此之间的相互依存,通常会采用回避类型的压力应对方式,以追求人际和谐;而个体主义文化强调个体的独立性和依靠自己,经常采取趋向类型的应对方式。集体主义文化中的个体在面对压力时倾向于使用的具体应对方式包括:个体主义应对(通过参与单独活动来独自应对);向家庭、族群成员或经历过类似压力的个体寻求社会支持;忍让(基于情绪的应对);宗教信仰;传统的治疗方法。① 值得注意的是,在集体主义文化中,虽然家庭因素经常成为个体的压力来源,但是家庭同时也是个体应对压力的重要资源。以往研究显示,集体主义文化水平较高的非洲裔和拉丁裔美国人家庭通常与其他家庭单元紧密联系在一起,扩展家庭成为他们最重要的社会支持来源。② 我国开展的研究也发现,已婚子女在成年离家后会与原生家庭仍然保持着密切的联系。③原生家庭是夫妻获得社会支持的一个重要来源,包括大量的经济支持、工具性支持和情感支持,其中尤以情感支持的水平为最高。④ 与实证研究发现一致,参与该课程的大学生在进行压力体验分享时,也主要依赖家人和朋友进行压力应对,或者通过网络寻找有帮助的信息,而较少使用专业的心理咨询与治疗资源。

---

① Chun C, Moos R H, Cronkite R C. Culture: A fundamental context for the stress and coping paradigm [C]//P P Wong, L J Wong (Eds.), Handbook of multiculturalperspectives on stress and coping. Dallas: Spring Publications, 2006: 29-53.

② Campos B, Dunkel-Schetter C D, Abdou C M, Hobel C J, Glynn L M, Sandman C A. Familialism, social support, and stress: Positive implications forpregnant Latinas [J]. Cultural Diversityand Ethnic Minority Psychology, 2008(14): 155-162.

③ 马春华,石金群,李银河,等. 中国城市家庭变迁的趋势和最新发现[J]. 社会学研究,2011(2): 182-246.

④ 袁晓娇,方晓义. 中国夫妻的原生家庭支持及其与婚姻质量的关系[J]. 中国临床心理学杂志,2016(3): 495-498.

如上所述，文化因素的影响贯穿着个体的压力体验与应对的整个过程，其作用机制与方式多样，并且同样的因素对于个体的压力体验和心理健康可能同时存在积极的效果与消极的效果。例如，我国社会存在较高水平的集体主义文化，人们注重人际关系和谐，重视家庭，因而家庭预期、亲子关系等与家庭有关的因素可能给个体带来一定程度的心理压力和痛苦，但同时家庭也是人们应对压力、获得亲密感和社会支持的重要来源，对于保持个体的心理健康具有非常重要的意义。因此，在探讨文化与心理健康之间的关系时，学生可能会对某些因素(比如家庭因素)的作用存在片面的、模糊的或者自相矛盾的看法，需要谨慎对待，并且引导他们系统而细致地进行探索，从而更加全面地理解文化对心理健康的影响。

三、总结与展望

作为心理学专业本科生的专业课程，"大学生心理健康与适应"课程不仅需要普及心理健康知识，而且需要保证适当的专业性。为此该课程设置了三个教学任务，分别是普及心理健康知识、帮助大学新生更好地适应大学生活以及引导学生学习心理学专业研究范式。由于现代心理健康理论主要诞生于西方文化，所以在教学过程中需要注意其理论的文化适用性，并且引导学生进行文化反思。现有文献显示，心理健康与文化之间存在紧密的联系。文化对心理健康的影响不仅范围广泛，而且机制复杂。在心理健康研究领域，众多的研究者正致力于通过更加系统的实证研究去深化人们对于文化影响的理解。在心理健康教育领域，同样需要教学者通过系统的教学研究去探索，哪些教育方式能更有效地引导学生进行文化反思。

心理健康教育所承担的文化反思任务可以初步分为三个层次，分别对应于该课程的三个教学任务。第一个层次是在理论学习中对所讲授的心理健康知识进行文化反思。在学习基于西方个体主义文化所构建的心理健康理论时，需要对理论中蕴含的文化价值观进行反思，从而更准确地理解这些理论知识。第二个层次是在实践中对心理健康知识的文化适用性进行反思。在引导学生理论联系实际，使用所讲授的心理健康知识来理解自己的心理健康状态时，需要对自己的文化观念进行觉察，并且与所学的理论知识相对照，反思其中可能存在的文化价值观冲突及其意义，从而更好地帮助大学新生适应大学生活，提高心理健康水平。第三个层次是通过学习心理健康专业研究范式进行文化反思。借助学生在理论学习和实践中感受到的文化适用性问题，引导他们学习如何通过专业的研究设计去实证检验相关心理健康理论的文化适用性，以及如何基于实证研究发现进行理论改进，从而提高学生的专业水平。以上三个心理健康教育文化反思任务尚处于理论构思阶段，其具体的实现路线和完成效果有待于进一步的教学实践和实证研究进行检验。

国学学科建设与经典教育

任慧峰①

20世纪90年代，中国内地兴起了"国学热"，但同时也引来了激烈的争论，学者们围绕着国学是什么、国学的当代意义、国学研究的态度与方法等问题不断追问，提出了许多宝贵的建议与观点。总的来说，多数人倾向提倡国学，认为这对于增强民族凝聚力、重建人们的精神家园以及中国知识的生产与输出都有极大的帮助。随着这种声音的日渐增强，近些年来，一些重点大学提出要设立国学学科，这就引发了新一轮的讨论，焦点集中在于国学一名能否成立、国学的边界在哪里、国学与西学的关系、国学如何教授等方面，② 这些问题不说清，国学学科建设就无法推向深入。

一、国学的边界

国学的边界或者说范围，是困扰学者们的一大问题。国学是否应该划分出层次，国学是否要包容其他民族的学问，都必须在明确国学的含义与发展历程后才能解决。

正如学者们所指出的，"国学"原指18世纪日本的贺茂真渊、本居宣

---

① 任慧峰，武汉大学哲学学院、国学院副教授，主要从事三礼学与清代学术史研究。
② 梁涛、顾家宁. 国学问题争鸣集(1990—2010)[M]. 桂林：广西师范大学出版社，2010：5(代序).

长等学者,以日本古典为研究对象的学问。梁启超、章太炎等人在清末借用了这一概念,目的是在西方文化的挑战下保留中国固有的传统文化与民族精神,"令民葆爱旧贯,无忘故常,国虽苓落,必有与立"。① 这种语境下的"国学"是指国粹之学,其含义是正面的。之后由于章太炎的使用,"国故"一词又取代了"国粹"而在学者中流行。当时"国故"在不同学者眼里性质各不相同,有褒义,② 有贬义,③ 也有中性义。④ 但自从胡适、毛子水等人掀起"整理国故"论争之后,作为"国故学"简称的"国学"逐渐转向贬义。

"国学"一词所包含的不同价值倾向,原因在于学者们对"国粹""国故"的理解不同。作为"国粹之学"的"国学",从提倡者如章太炎等人的论著来看,主要指的是"四部"之学,被认为是蕴含着一个民族最宝贵精神与特性的传统。在他们看来,这种传统与当下中国的存亡息息相关,如果被抛弃遗忘,则不啻亡国。但对于旨在将国故"化神奇为腐朽"的全盘西化论者来说,国故就是中国过去历史的代称,只不过是"一座旧房子里的破烂家具",无论如何整理,也没有多大价值,最后还是要被西方的"新家具"所取代,"先被挤到一边去,再被挤到冷房子里去,末了换给打估的人了"。⑤ 这些人将"国故"当作过去的、与己毫不相干的已死之物,即使是整理,也是为了"杀最后的一刀",再去寻求新道德、新知识。

---

① 马勇. 章太炎书信集·与钟正楙[M]. 石家庄:河北人民出版社,2003:250.
② 如1919年1月26日由罗常培等人成立的《国故》月刊社,就是"以昌明中国固有之学术为宗旨"(见陈以爱. 中国现代学术研究机构的兴起[M]. 南昌:江西教育出版社,2002:132)。
③ 毛子水在《国故和科学精神》一文中认为国故是"过去的已死的东西","杂乱无章的零碎知识","所以国故在今日世界学术上,占不了什么重要位置"(见欧阳哲生. 容忍比自由更重要[M]. 北京:时事出版社,1999:118,120)。
④ 1910年,章太炎的《国故论衡》出版时不以"国粹"为名,而改用"国故",即表明章氏对传统文化的态度的转变(见陈以爱·中国现代学术研究机构的兴起[M]. 南昌:江西教育出版社,2002:40-41)。
⑤ 陈源. 西滢跋语[M]//欧阳哲生. 容忍比自由更重要. 北京:时事出版社,1999:201-202.

后一种观点其实是要以西方文化整体取代中国文化，最明显的表现就是1922年北大国学门开办。北大国学门模仿的正是美、德大学的办法，是要以现代的西方学术分科来划分国故，在学术上是要训练专门的研究人才，而放弃传统的培养通才的目的。① 到中华人民共和国成立后，此种思路依然延续，只不过分科的标准由美、德变成了苏联，国学的名称也消失了。时至今日，这种分科体系的弊端已暴露无遗，因此现在提倡国学，虽然在时代背景上已与20世纪初有很大的不同，但前人的经验还是值得我们今天借鉴。也就是说，在范围上，国学还是应当以传统的四部之学为主，而不必将整个中国传统文化都包括在内。在治学理念上，则应以钱穆提倡的"通儒"之学为旨归。值得注意的是，此种"通儒"之学与现代分科体系并不矛盾，只是强调在各专门之学上，要有整体眼光，要重视中国文化的独特系统。②

此外，有学者提出，今天弘扬国学，要超越汉族畛域，要56个民族个个有份。③ 这是对"国学"之"国"的误解。"国学"之"国"不论在日本还是在中国，都不是一个地理概念，而是一个文化概念。今天提倡国学，根本目的在于接续传统，重建精神家园，而不必将中国境内各民族的学术都包括在内。这不是大汉族主义，而是实事求是的历史的态度，既无损兄弟民族的感情，也可避免不必要的思想混乱。

二、国学与西学的关系

学者们常有一种忧虑，在今日提倡国学，会不会重返乾嘉考据或宋明

---

① 陈以爱. 中国现代学术研究机构的兴起[M]. 南昌：江西教育出版社，2002：81-85.

② 这一点，余英时先生在评价钱穆先生的学术时有详细的说明(见余英时. 一生为故国招魂[M]//钱穆与现代中国学术. 桂林：广西师范大学出版社，2006：28-31.

③ 黄朴民. 怎样界定和弘扬"国学"[C]//梁涛，顾家宁. 国学问题争鸣集(1990—2010). 桂林：广西师范大学出版社，2010：152-156.

理学的老路，陷于传统而不能自拔？会不会因此而排斥西方学术，走向封闭？从当下"国学热"的种种表现来看，这种忧虑不无道理，不过如果仔细考察国学在中国的发展历程，就会发现，国学与西学并非互相排斥而是相互促进的。

一百年前，王国维在为罗振玉创刊的《国学丛刊》作序时就说：

> 余谓中、西二学，盛则俱盛，衰则俱衰，风气既开，互相推助。且居今日之世，讲今日之学，未有西学不兴而中学能兴者，亦未有中学不兴而西学能兴者。①

王国维的观点并非向壁虚构，清末学人虽然是在西学兴盛的背景下提倡国学，但对西学并不排斥，正如余英时先生所说："以实质内涵而言，'国学'自是中国本土的学术系统，但它自始便要求与西方学术系统互相沟通，并且在概念化方面受到了西方的影响。所以'国学'不能简单地视为乾、嘉考证学的延续。"②况且今日学者所受西学影响之大远过前人，根本不可能完全回到乾嘉的老路。

近代以来中国学术的最大问题，在于完全接受西方自然科学的系统，而将自己的学问抛弃。如许倬云先生指出的，中西文化的交流属于"取代型"，即中国文化具有一套完整的传统，自成体系，深具排他性，不能容纳其他外来新的事物，如中国的医学、法学、历史学、哲学等都是如此。③如果中国的传统学问都以现在西方的学科体系来裁剪，则中国只能为西方学术提供一些东方的材料，而不能自己生发、创新。但国学是研究中国历

---

① 王国维.《国学丛刊》序[M]//观堂别集（卷四）.石家庄：河北教育出版社，2003：702. 而在1906年，王国维就在《奏定经学科大学文学科大学章程书后》中说："尊崇孔孟之道，莫若发明光大之；而发明光大之道，又莫若兼究外国之学说。"
② 余英时."国学"与中国人文研究[M]//人文·民主·思想.北京：海豚出版社，2011：11.
③ 许倬云.中国现代学术科目的发展[J]."中央研究院"近代史研究所集刊，2006(52)：2.

史文化的学术体系,而一种学术研究是必须借鉴多种理论与方法的。梁启超曾在1911年撰写的《学与术》中说:"学也者,观察事物而发明其真理者也;术也者,取所发明之真理而致诸用也者。"①我们今天提倡国学,要着眼于深入理解中国学术的自有特征,发现真理,并用于当下的文化建构。但这并不表示提倡国学就要排斥西学,西方社会科学的概念和方法,对于启发、丰富国学,是很有帮助的。从最初的章太炎、梁启超、王国维、刘师培开始,他们就在努力寻求中西学术间的融通。很难想象,如果没有西学的素养,他们及后来的胡适、陈寅恪、汤用彤、傅斯年等人能在学术上取得那么巨大的成就。因此,立足于中国学问本身,认真研究其特殊性、整体性,与借鉴西学,是一个硬币的两面,缺一不可。

三、国学教育中的经典阅读

国学在今日中国的一些大学才刚刚起步,在课程体系的设置、教育理念、教育方法上还存在许多争议,需要进一步讨论,这里主要谈一下国学教育中的"会读"制度。

清末民初的学人之所以能取得巨大成就,在于他们本身皆邃于旧学,故一接触西方学术,便会在立刻会在知识上碰撞出火花,触类旁通,开辟出许多新的领域;而今之学者从小接受的便是西方的学术分类,对中国文化及学术没有切实的体会,在用西方的理论与观点来解释中国学术时常感牵强,难以深入,因此提倡国学必须重视对文献的阅读。在这点上,日本学者的"会读"与美国学界的"经典导读"(Great Books)都值得借鉴。

日本的"会读"源于江户时代,是一种共同读书、集体研究的方法。石立善先生对此有详细的说明:

> 共同研究,在日本又称"会读"或"研究会",即不同领域的学者汇

---

① 梁启超. 清代学术概论[M]. 北京:中国人民大学出版社,2006:271.

聚一堂,定期地精读一本(一篇)有共同兴趣的原典。每人分担其中的一部分,先单独进行发表,其后是集体讨论。具体做法是:每一个发表者将搜集到的各种版本加以仔细的审核校勘,对原典一字一句精查出典,施以详尽的注释,翻译成日文(训读与现代语译)。发表者在研究会上分发这些资料,以供讨论与批评。这一研究传统持续至今。这种研究方法,围绕着某一原典或某一主题,集个人的才智与集体的力量于一身,超越学际的极限,互补相辅,往往可以制成可信的定本与译注,并从而形成精深而立体的研究成果群。这是一种提高汉语文献的阅读能力,鼓励埋头读书,培养年青学者的研究体制。①

美国大学里也有类似的课程,注重的是对悠久传统的继承与对学生人格的培养。李若虹提到在美国的高等教育中:

> 研究人文学的学者没有不注重文本的:他们以虔敬的心情对经典文本进行理解、诠释、研究。柏拉图生活的时代早已过时,但是在大学的研究院部开《理想国》的课时,无论是资深教授还是研究生,对此书总是战战兢兢地带着虔敬的心来拜读,唯恐有误。对柏拉图、亚里士多德、托马斯·阿奎那的著作是这样,对中国的四书五经也是如此。我们并不是站在现代人的高度,带着现代人的傲慢之态来解读经典著作,而是希望通过对这些蕴藏着丰富文化资源的原著的诠释,得到智慧性的启迪。研究希腊历史或是圣经,都是对经典作一字一句地解读。……这些基本功的训练初看似乎非常笨拙,进展缓慢,但是天长日久,会读能储聚人文学的资本,挖掘很多传统文化的内在智慧。②

这种摆脱功利性的集体阅读,有助于深入文本的内部,理解其内在逻

---

① 石立善. 胡适与入矢义高——写在书简上的一段中日学术交涉史[C]//唐启华,彭明辉. 东亚视角下的近代中国. 高雄:高雄复文图书出版社,2006:293.
② 李若虹. 在牛津和哈佛求学[M]. 上海:华东师范大学出版社,2009:181.

辑，培育学生的人文精神。尽管日本的"会读"有些特殊的要求，如参加者要有独立研究的能力，还需要有一两位重量级的学者坐镇，① 而这些要求在大学教育中不一定都能实现，但其理念是可以学习的。国学教育应当先从夯实根基入手，否则一切高远的目标都只能是镜中花、水中月。

综上所述，"一个社会每当发现自己处于危机之中，就会本能地转眼回顾它的起源并从那里寻找症结"，② 国学在当下所掀起的热潮，并不是学术发展的结果，而有着深刻的社会背景，表现形态也多种多样。有些弘扬民间文化与习俗的活动，严格说起来，属于民粹，③ 是传统文化的一部分，需要保留传承并加以研究，但不必划入国学的范围。"国学"之"国"非地域概念，而是文化观念，因此也不需要将凡是在中国范围内的各少数民族的学问纳入国学。从历史上看，国学这个名词从一开始就与西学密不可分，支持它的学者在西学的挑战下尽力发扬光大之，而反对它的学者则选择遵循西方的学科分类，用科学的方法整理批判之。由于时事的变迁，今日的国学学科建设更不能将西学排斥在外，而要在会通西学的基础上来揭示中国传统学术的特质。在实际的国学教授中，应多多借鉴日本的"会读"制度与美国大学的"经典导读"课程，从细读经典文本做起，培养学生认真阅读古书的习惯与发现问题的能力。总之，国学在今日之中国，并非"前既无承"，更不必担心"将来亦恐不立"，国学有其边界，与世界文明也不割裂，只要用适当的方式加以传授，其作用必将于未来显现。

---

① 石立善. 胡适与入矢义高——写在书简上的一段中日学术交涉史[C]//唐启军，彭明辉. 东亚视角下的近代中国. 高雄：高雄复文图书出版社，2006：296.

② [美]伯尔曼. 法律与革命(第一卷)，贺卫方，等译. 北京：法律出版社，2008：546.

③ 陈启云先生认为"民粹"大略相当于西方学界所说的"小传统"，其表现形式多样，比"国粹"更源远流长，更重要(见陈启云. 论争"国学"[C]//梁涛，顾家宁. 国学问题争鸣集(1990—2010). 桂林：广西师范大学出版社，2010：289.

职业健康心理学课程思政建设初探①

严 瑜②

一、课程思政的含义

课程是人才培养的基本单元,是国家意志的重要体现。一所学校课程体系科学与否,课程管理水平高低,是衡量学校人才培养效能的重要指标。究竟什么是课程思政呢？简单地说,课程思政就是通过高等学校课程建设和课堂教学来对大学生进行的思想政治教育。课程思政教育理念最早在上海试行,标志着高校实践教育的开始。在随后的几年时间里,先后于浙江、江苏等地区陆续开展。至此,专业课程与课程思政理念的融合得到了广泛应用,对于立德树人教育的渗透有着重要作用。课程思政作为构建立德树人长效机制和实现全员全程全方位育人(简称"三全育人")的战略举措,是对课程育人作用的理念回归。全面推进课程思政建设,促进专业课程与思想政治教育紧密融合,寓价值引导于知识传授与专业能力培养之中,为学校课程管理创新提供了新的理念指引。以课程思政引领学校课程管理创新,要求学校不断改进课程管理体制机制,提升课程管理水平,在课程规划上凸显育人中心地位,在课程实施上打造"全学科育人"教学体系,在课程评价上把立德树人成效作为根本标准。"课程思政"是当前高等

---

① 本文受到国家社会科学基金(18BGL119)的资助。
② 严瑜,武汉大学哲学学院教授,博士生导师,武汉大学心理学系主任。

教育课程改革重点方向，强调的是以立德树人为中心，结合高校思想政治教育实际情况在专业课程中不断探索和深入，寻找课程教学改革的新方法。

二、职业健康心理学课程建设的现状

职业健康心理学自从20世纪90年代末作为一门新兴学科诞生以后，20多来年得到迅猛发展，国内外的专家学者基于社会和组织实践中产生的一系列与职业健康心理学相关的现实问题，开展了广泛的与职业健康心理学有关问题的专业研究、理论构建以及相关机构和组织的发展工作。职业健康心理学的终极目标是"提升工作场所中劳动者身体（如安全、健康）、心理（如满意、幸福）、精神（如成长、归属）的平衡，去除工作场所中可能威胁到工作者身心的危险因素（如不安全的工作环境、不当的工作流程、不适的管理方式、模糊的角色设计等），从而达到工作者与企业的双赢"。

（一）国外职业健康心理学课程建设的现状

在西方发达国家，职业健康心理学的发展经历了几个里程碑式的阶段。早在1990年，美国心理学会（APA）与美国国家职业安全和健康研究所（NIOSH）就在职业健康心理学相关研究和应用领域建立合作关系，目的是保护和促进工作者的安全、健康和幸福；在1998年，美国心理学会和美国国家职业安全和健康研究所提供给11个美国的大学培训补助金，制定和实施职业健康心理学（OHP）的研究生课程；随后，又经过两次会议，分别是2001年在美国南佛罗里达大学和2003年在美国波特兰州立大学，讨论了职业健康心理学的未来，并在这些工作的基础上，于2004年成立了美国职业健康心理学学会（SOHP），到目前为止，该学会已分别在2006年、2008年、2009年、2011年、2013年、2015年、2017年和2019年举办了多次工作压力与职业健康主题的国际会议。

目前，世界各地，由美国国家职业安全和健康研究所（NIOSH）提供资金，包括美国明尼苏达大学、加州大学洛杉矶分校、休斯敦大学、南佛罗里达大学、得克萨斯大学奥古斯丁分校在内的18个大学提供职业健康心理学的研究生课程培训项目，重点培训范围包括提供相关课程，提供研究生证书，硕士学位和博士学位，目的是人们在实践中奉献自己的努力来建立更好的选择，培训和绩效考核制度，促进安全和健康的工作场所。与此同时，职业健康心理学领域20多年，发展了两个职业健康心理学会，一个是美国的职业健康心理学协会（Society for Occupational Health Psychology, SOHP），另一个是欧洲职业健康心理学学会（European Academy of Occupational Health Psychology, EA-OHP），形成了两种职业心理学专门研究的专业期刊，分别是《职业健康心理学杂志》（Journal of Occupational Health Psychology）和《工作与压力》杂志（Work and Stress）。另外，其他的心理学专业的一些顶级杂志也越来越多地发表与职业健康心理学有关主题的研究成果，如美国的《应用心理学杂志》（Journal of Applied Psychology）、《管理学报》（Academy of Management）、《人事心理学》（Personnel Psychology）、《组织行为学杂志》（Journal of Organizational Behavior）等。与此同时，理论与实践干预相结合的各种职业健康心理学的专题会议在西方发达国家也方兴未艾，如国际工作、压力与健康学会（International Society of Work, Stress and Health）、工业与组织心理学学会（Society of Industrial and Organizational Psychology）、管理学术年会（Annual Meeting of Academy of Management），以及美国南方管理学会（Southern Management Association）等学术团体和组织每年都会召开与职业健康心理学有关的专题会议，使学术界的专家和企业实践工作者都能够在这些会议上提出并讨论新发现的与职业健康心理学有关的大家感兴趣的话题。

(二)国内职业健康心理学课程建设的现状

目前，国内许多高校心理学院系的心理学工作者开展了职业心理学中相关主题的研究，并在此基础上进一步整合资源，开始了职业健康心理学的课程和出版了职业健康心理学的专业书籍。如北京大学心理学系的陆昌勤教授、北京师范大学心理学部的许燕教授和蒋奖教授、华东师范大学心理与认知科学学院段锦云教授、陕西师范大学心理学院的宋国萍教授、河南大学教育学院的李文鑫教授、华中师范大学的马宏宇教授等分别开展了职业健康心理学的系列研究和应用干预，但遗憾的是这些职业健康心理学的专题研究没有进行有效整合，表现在国内各个高校心理学院系的专家教授在给研究生开设与职业健康心理学相关的课程时，没有从系统的观点整合当前国内外在这个领域全面的研究成果，而是停留在只讲自己某个局部的研究，使得许多研究生对职业健康心理学的理解是以点带面，停留在"只见树木不见森林"。同时，职业健康心理学领域的教材建设也非常贫乏，到目前为止，全国还没有一本职业健康心理学的统编教材，涉及这方面内容的专著和译著目前也只有两本，一本是由陕西师范大学心理学院的宋国萍教授等合著的《职业健康心理学》，另一本是由北京师范大学心理学院的蒋奖及其导师许燕教授合译的由美国心理学教授 Quick 和 Tetrick 等人合译的《职业健康心理学手册》。

三、当前职业健康心理学课程建设中存在的问题

(一) 职业健康心理学课程培养方向和方法存在的问题

首先，职业健康心理学在当前人才培养方向上缺乏定位，具体表现就是没有解决好在专业学习中的"为人和为学"的关系问题。职业健康心理学课程的学习不是为了学习而学习，而是为了成才而学习。就成才而言，除了要提升自己做事的能力（专业技能的提升），更重要的是要修炼自身的道德品质，加强自我人生观、价值观和世界观的正确引导。其次，职业健康心理学在当前人才培养的方法上缺乏有效性，具体而言，就是目前职业健

康心理学课程在专业教学中没有解决好"理论与应用"的关系问题。职业健康心理学是一门新兴的交叉学科，它与社会的新形势、组织的新问题紧密联系，而我们所开展的职业健康心理学课程，内容体系无论是理论体系还是案例体系，知识都相对陈旧，教师所教的内容和现实出现的新情况新问题严重脱节。

(二) 职业健康心理学课程教学观念存在问题

首先，在职业健康心理学课程教学中，一些教师认为自己才是课堂教学的主体，忽略了学生的本体地位，这种错误的教学观直接影响了职业健康心理学教学的开展。其次，在职业健康心理学课程教学中，忽略了职业健康心理学是一门应用性极强的交叉性应用学科，过于执着于专业理论知识的讲授，忽略了课程教育中为人与为学关系的探讨、理论与应用之间关系的探讨、课程教学与科学研究之间关系的探讨，使得整个教学观念显得固步自封，缺乏开放性和前瞻意识。

(三) 职业健康心理学课程教学模式存在问题

多数教师习惯采用"满堂灌"式的教学方式，经常采取学生练习、教师指导，最后进行统一总结的方式。这种教学模式传统守旧，枯燥无趣，整个过程中学生在被动地接受知识，师生互动较少，课堂氛围十分沉闷，在很大程度上影响了学习体验，降低了学生对于知识的吸收效果，对于后面的教学十分不利。有些教师在开展职业健康心理学教学又走向另外一个极端，就是让学生自己阅读文献，自己做课堂汇报，教师完全是一种放养式的教学模式，这就使得职业健康心理学的教学缺乏知识的系统性，缺乏学做人和学知识之间关系的有效引导，缺乏理论知识向现实转化的途径方法的指导。

(四)职业健康心理学课程教材设置存在问题

从当前的情况来看,职业健康心理学课程还没有编制出全国统一的学科教材,大部分科研院参考使用的是前述两本国内学者编译的职业健康心理学教材——《职业健康心理学》与《职业健康心理学手册》。这两本编译教材也有其突出的缺点和不足,一方面,这两本教材出版的年份较早,不能反映最近十来年职业健康心理学发展的最新理论和实践问题。另一方面,这两本教材都表现了明显翻译的痕迹,更多地描述了西方国家职业健康心理学发展的历史、现状以及学科体系,缺乏中国本土问题的基本关切,更谈不上对心理学专业学生的正确三观的引领和道德品质修炼的人生追求。

四、职业健康心理学课程思政建设的途径和方法

如前所述,职业健康心理学主要是为了帮助学生掌握职业健康心理的特点和科学发展规律,引导学生在进入工作岗位之后如何利用自己的专业知识提升工作场所中劳动者身体(如安全、健康)、心理(如满意、幸福)、精神(如成长、归属)的平衡,去除工作场所中可能威胁到工作者身心的危险因素(如不安全的工作环境、不当的工作流程、不适的管理方式、模糊的角色设计等),从而达到帮助组织中的劳动者提升工作满意感、幸福感和创造性,帮助组织提升经济绩效和安全绩效。从本质上来说,职业健康心理学属于一门具有高度人文关怀特性的现代交叉学科,与思想政治学科有着密切联系,思想政治教育是帮助学生懂得如何树立正确的三观,健全的人格品质以及健康的心理状态。由此可见,职业健康心理学教育与思想政治教育的最终目标不谋而合。对于心理学专业的学生来说,职业健康心理学是一门专业必修课程,因此在实际教学过程中,教师应该有意识地探索职业健康心理学课程与课程思政的有机融合,这样才能在丰富学生知识积累的同时,培养其良好的思想价值观念,真正做到立德树人、内外兼

修、德才兼备。

（一）在课程规划上凸显"育人"的中心地位

从"育人"的中心地位出发，职业健康心理学专业课程规划就是按照国家要求，结合学校特点、学科特色、学生发展的需求，对职业健康心理学课程教学体系进行顶层设计。以课程思政引领职业健康心理学课程管理创新，需要在职业健康心理学课程规划上凸显"育人"的中心地位。具体而言，就是要以"育人成才"的大视野引领职业健康心理学学科的发展，把职业健康心理学课程规划出发点放在育人效果的达成上，坚持以"三全育人"指导职业健康心理学课程规划，设计好职业健康心理学课程管理的"起跑线"；创新职业健康心理学课程设计编排，把"以育人为本位"贯穿到职业健康心理学课程编排设计始终；彰显职业健康心理学课程内容体系的价值塑造功能，并以之统领职业健康心理学知识传授和能力培养。

（二）转变教学观念——以学生为主体、培养德才兼备人才

对于当前的职业健康心理学课堂教学来说，伴随着社会的变革、经济的发展、人才观念的进步，传统的教学观念已经不能满足职业健康心理学实际需求，逐渐被淘汰，对此教师必须意识到这个问题，结合教学内容及时创新自己的教学观念，摒弃传统守旧的错误的教学思想，坚持"以学生为主体、培养德才兼备人才"的新理念进行职业健康心理学课堂教学。让学生积极地参与到职业健康心理学课堂学习中来，在学习职业健康心理学知识的同时，开展大学生的思想政治教育和道德品质熏陶，将大学生培养成"德才兼备"的人才作为我们的教育的目标，"以学生为主体"作为我们的教育手段，将职业健康心理学课堂的主角逐步由教师让渡到大学生本人，使得大学生深刻感受到自己是课堂主人的体验。

(三)专业学习中注重渗透道德品质教育

课程思政不属于教学方式,也不属于任何一门课程,而是一种全新的课程观念,要求教师在职业健康心理学教学过程中深挖专业课程中包含的思政元素,并采用多样化的方法突出思政内涵,帮助学生在掌握专业知识的基础上受到思想政治理念的熏陶和感染,最终实现职业健康心理学专业水平和学生个人道德品质的双重提升。

在高校教育中,学生的道德品质教育一直都是重要内容,主要目的是教会学生如何为人处世。个人的道德品质涉及的内容较多,包括人格品质、职业素养、社会公德等。尤其是近些年来,大学生过分地强调专业知识的学习,缺乏三观——人生观、价值观和世界观的有效引导,使得他们在未来进入职业生涯时感到迷茫,缺乏人生方向,最终引发各种各样的职业心理健康问题。随着信息化时代的到来,市场经济与文化呈现多元化趋势,大学生的三观容易受到来自各方面因素的影响和干扰。因此,大学生正确三观的教育是课程思政的关键内容和核心部分,要想在职业健康心理学教育中落实课程思政,教师应该正确引导大学生形成符合我们有中国特色的爱国主流意识形态的科学人生观、价值观和世界观。与此同时,引导学生坚持新中国新时期社会制度、中华文化和风俗传统的理论自信、文化自信、制度自信。

(四)提升教师能力

"课程思政"需要建立在专业课程本身的基础之上,同时也需要符合时代要求,对此在职业健康心理学的课程教育中,教师应该在关注知识传授的同时,加强思政教育和大学生三观的正确引导,保证绝大多数大学生具有一定的专业技能和良好的道德品质。而要有效地实现这个目标,高校教师专业课"课程思政"教育能力的提升十分重要,必须予以高度重视。

首先，作为职业健康心理学的专业课教师，我们既要不断加强职业健康心理学专业知识的学习，提升自我科研创新能力。同时也要关注社会职业健康心理问题，关注时事热点，提高思政意识。对于职业健康心理学专业的教师而言，我们要养成终身学习的习惯，除了不断加强职业健康心理学专业理论技能和创新能力的提升，还要在平时的工作和生活中不断提升自身的政治修养，积极关注时事热点，强化思政意识，掌握基本的思政教育技能。党员专业教师更要积极参加党组织活动，主动接受政治理论的熏陶，保持自身的党性修为。非党员专业教师也要积极关注国家政治热点问题，了解思政教育最新动态，积极响应党的号召和安排，时刻保证自身的思想意识形态和国家保持一致，具备一定的思政敏感度，这样才能真正意义上将课程思政与专业知识的教学水乳交融，从而从根本上促进专业知识体系与课程思政的有效融合。

其次，优化教学方法，创新学习方式。将课程思政引入职业健康心理学专业课程的教学，让大学生深切地感受到"为人和为学相辅相成，共同促进自我成功和成才"的领悟。寓教于乐，摆脱传统大学生思想政治教育中"假、大、空"的陈腐方式，专业课程教师也要把持续的专业学习和终身的道德品质修炼结合起来，在不断丰富自身的专业课程知识体系和创新能力的同时还要进一步增强自我的爱国主义情操，完善和丰富自我的人生观、价值观和世界观，用丰富多样的教育案例和深切的自我感受引导和启发学生，积极组织各种专业知识学习和道德品质教育相结合的活动，让文化多元化趋势新时期的大学生从职业健康心理学课程思政的创新中体验到获得感和成长感。

五、结　语

2019年3月，习近平总书记在学校思想政治理论课教师座谈会上进一步强调，要坚持显性教育与隐性教育相统一，挖掘其他课程和教学方式中蕴含的思想政治教育资源，实现全员全程全方位育人。"三全育人"为深入推进课程思政建设、做好学校课程规划提供了根本遵循。因此，作为职业健康心理学课程的专业教师，我们在职业健康心理学课程规划中要积极响应国家教育的大政方针，同时也遵循职业健康心理学专业的科学规律，在职业健康心理学专业教学中积极主动地落实和体现课程思政，牢固确立"三全育人"观念。职业健康心理学课程规划不仅要把学科专业的知识体系以课程的方式呈现出来，更要彰显职业健康心理学课程内容所蕴含的人文和道德价值。要着眼职业健康心理学课程建设与国家战略需求及经济社会发展需要、学校和学科办学定位以及学生个体发展需求相契合，以优化职业健康心理学课程设置为重点，着力打造具有家国情怀、创新精神、实践能力和发展后劲的高层次人才，培养担当民族复兴大任的德才兼备的21世纪新人。

参 考 文 献

1. 胡华. 高职院校"课程思政"建设的价值意蕴与路径探索[J]. 当代职业教育，2019(6)：88-95.

2. 刘承功. 高校深入推进"课程思政"的若干思考[J]. 思想理论教育，2018(6)：62-67.

3. 宋国萍，汪默. 职业健康心理学[M]. 南京：东南大学出版社，2010.

4. 卫建国. 大学课堂教学改革的理念与策略[J]. 高等教育研究，2018(4)：66-70.

5. 魏凯. 新时代高校思政课中社会责任感教育探究[J]. 智库时代，2020(16)：231-233.

6. 杨晓慧. 高等学校课程思政建设[J]. 教育研究，2020(9)：16-19.

7. Quick, J. C., & Tetrick, L. E.. 职业健康心理学手册[M]. 许燕，蒋奖，译. 北京：高等教育出版社，2010.

8. Beier, M. E., Torres, W. J., Fisher, G. G., Wallace, L. E. Age

and job fit: The relationship between demands-ability fit and retirement and health[J]. Journal of Occupational Health Psychology, 2020, 25(4): 227-243.

9. DiStaso, Michael J.; Shoss, Mindy K. Looking forward: How anticipated workload change influences the present workload-emotional strain relationship[J]. Journal of Occupational Health Psychology, 2020, 25(6): 401-409.

10. Griffin, B. Multilevel relationships between organizational-level incivility, justice and intention to stay[J]. Work & Stress, 2010, 24(4): 309-323.

11. Hillebrandt, A., Barclay, L. J. How cheating undermines the perceived value of justice in the workplace: The mediating effect of shame[J]. Journal of Applied Psychology, 2020, 105(10): 1164-1180.

12. Hobfoll, S. E. (1989). Conservation of resources: A new attempt at conceptualizing stress[J]. American psychologist, 1989, 44(3): 513-524.

13. Kern, M., & Zapf, D. Ready for Change? A Longitudinal Examination of Challenge Stressors in the Context of Organizational Change[J]. Journal of Occupational Health Psychology. (Advanced Press Online).

14. Lazarus, R. S., & Folkman, S. Sress, appraisal and coping[M]. New York: Springer, 1984.

15. Maslach, C., Schaufeli, W. B., & Leiter, M. P. Job Bornout[J]. Annual Review of Psychology, 2001(52): 397-422.

16. Quick, J. C. Occupational health psychology: the convergence of health and clinical psychology with public health and preventive medicine in an organizational context[J]. Professional Psychology : Research and Practice, 1999(30): 123-128.

17. Quick, J. C. Occupational health psychology: historical roots and future directions[J]. Health Psychology, 1999(18): 82-88.

18. Schaufeli, W. B. The Future of Occupational Health Psychology[J]. Applied Psychology: An international review, 2004, 53(4): 502-517.

19. Umphress, E. E., Bingham, B. J., & Mitchell, C. M. Unethical behavior in the name of the company: The moderating effect of organizational identification and positive reciprocity beliefs on unethical pro-organizational behavior[J]. Journal of Applied Psychology, 2010, 95(4): 769-780.

20. Zohar, D. Thirty years of safety climate research: Reflections and future directions [J]. Accident Analysis and Prevention, 2010 (42): 1517-1522.

大学教学中的实践能力导向
——以"教育科学中的质性研究方法及训练"为例

陈 峥 胡军生[①]

研究生的创新能力是创造性地运用知识,以新的手段和方法探索未知世界,创建或发明新的理论和体系、发现新的现象和规律、解决前人尚未解决问题的过程中,表现出来的潜在的心理品质和行为特征,需要通过承担科研项目等综合性社会实践得以具体体现。[②] 因此,实践能力是创新能力最近端的能力,对于方法课而言更是如此。质性研究方法对社会科学研究具有重要价值,这类方法重视在自然情境中对社会现象进行整体的、关联式的考察与诠释,通过"深描"展现文化传统、价值观念、行为规范等,强调从当事人的角度看问题,有助于人们整体地、深入地、客观地理解社会与文化现象。[③] 然而,随着近年统计软件的普及,数据科学与大数据技术的兴起,量化研究方法在社会科学研究中成为主流,而质性研究方法却逐渐式微。以《婚姻与家庭杂志》为例,在1989—1994年的6年间发布了共527篇论文,只有10篇质性研究论文(占1.9%)。[④] 再以2013—2017年

[①] 陈峥,武汉大学教育科学研究院讲师;胡军生,武汉大学哲学学院心理学系副教授。

[②] 杨路. 创新型人才培养的协同机制及其实现途径[J]. 现代教育管理,2013(1):68-71.

[③] 陈向明. 质的研究方法与社会科学研究[M]. 北京:教育科学出版社,2000:7-9.

[④] 阿姆贝特,A. M. 阿德勒文,P. A. 对质性研究的理解和评估[J]. 社会学,2005(1):55-61.

的《图书情报工作》等5个图书情报期刊为对象进行调查,发现访谈和田野调查等质性研究的数量远小于问卷调查等量化研究的数量。① 在研究生中,用质性研究方法写毕业论文的学生也越来越少。究其原因,除了质性研究方法本身的问题,如耗时长,效率低、对研究者本身的理论素养要求高、样本小、外部效度较低等问题,还有质性方法课程的问题。当前的质性研究方法课大多把方法课当成学科知识来教,体现了传统教学的三中心:知识中心、教师中心与课堂中心,而非以研究生的实践能力为导向,围绕研究生的研究需要与研究活动为中心展开教学。传统的课程导致学生上了很多课还是不知道质性研究方法能不能解决自己的问题,是否能在毕业前发表论文,也就不愿意选择质性研究方法。笔者自2018年至今在武汉大学教育科学研究院教授"教育科学中的质性研究方法及训练"一课,为了让学生深入理解质性研究方法的作用,恰当地运用质性研究方法并提高效率,笔者以学生为中心,以实践能力为导向展开了对这门传统方法课程的改革。下面从课程结构的四个要素——目标、内容、过程与评价分述该课程的改革路径。

一、表现性学习目标

所谓表现性学习目标(Performance-based Learning Objective),是一个评价体系,因为目标是评价的标准。传统的课程与教学受结构主义的影响,把"双基"作为学习目标,通常使用笔纸测试来考查知识的掌握程度。表现性学习目标的基础是核心素养这一理念,这种21世纪的学习目标要体现核心素养所描绘的学习结果,尤其是那些高阶思维、复杂的认知能力以及在新的情境中解决问题的能力等关键学习结果。② 在表述时,表现性目标的

---

① 黄晓斌,张明鑫. 国外图书情报领域质性研究方法应用分析及启示[J]. 情报科学,2020(4):97-106.

② 邵朝友,周文叶,崔允漷. 基于核心素养的课程标准研制:国际经验与启示[J]. 全球教育展望,2015(8):16-24,32.

典型结构是内容标准+表现标准,从学生的角度以第一人称"我"来描述某一主题的不同水平,比如苏格兰科学课程中"地球科学-空间"的学习结果(见表1)。①

表1 "地球科学—空间"中的"经验与结果"描述

地球科学—空间				
初级	一级	二级	三级	四级
当我遥望辽阔的星空时会感到好奇,我能认出太阳、月亮和星星,并将它们与生活相联系	经过不同时间段观测太阳和月亮并记录数据,我能描述出它们的运行规律和变化。我能将这些结果联系到一天、一个月和一年的时长	通过观测和研究太阳系的特征,我能运用简单的模型来交流和展示我对太阳系的大小、范围和运动的理解	通过运用太阳系的知识和生物基本需要的知识,我能提供理由充分的论据,证明生命在宇宙各处存在的可能性	通过不断地研究来观测和探索太空,我能阐述我们有关宇宙知识的发展历程

由表1可见,表现性学习目标有两个显而易见的好处:(1)站在学生的角度预设学习结果,而非站在教师的角度预设教学目标,使学习目标更贴近学生的实际水平与需要;(2)侧重在真实情境中应用知识解释现象,解决问题的高阶能力(如观测、论证、综合等),而非单个知识点的记忆与掌握。有鉴于此,笔者按表现性学习目标的特征改造了"教育科学研究中的质性研究方法及训练"原有的、侧重"双基"的学习目标(见表2)。

---

① Scottish Government. Sciences:Experiences and outcomes[EB/OL].[2015-06-01]. http://www.ltscotland.org.uk/learningteachingandassessment/curriculumareas/.

表 2　质性研究方法课程的学习目标改革(部分)

侧重"双基"的学习目标	表现性学习结果
使学生了解质性研究方法的质性、用途和具体操作方法,如访谈法、田野观察法	当我面对一个选题时,我能准确地判断是否使用或者哪些问题该使用质性的研究方法,并且从常见的质性研究方法(族志学、现象学、叙事研究、扎根理论、个案研究、内容分析等)中选择出合适的方法
通过使用访谈法,使学生学会根据研究的概念框架设计访谈提纲,并掌握访谈过程中的技巧,如选址、礼仪、追问、互动、记录等	通过访谈,我能根据研究的概念框架以及受访者的特征设计并修改访谈提纲,与受访者建立良好的关系、保持良好的互动,深入了解"当事人"的看法,追问关键事件与关键人物对受访者的影响,并以恰当的方式记录访谈内容,与受访者保持联系
通过使用 NVIVO 软件,掌握扎根理论三级编码的流程,学会分析质性资料,建构理论	通过使用 NVIVO 软件分析一段访谈资料,我能熟练掌握该软件的基本功能,并按照三级编码的原则对访谈资料进行开放编码、主轴编码和选择性编码。在这个过程中,我理解了三级编码是用来建构理论而非描述现状,因此该方法只适用于分析影响因素或者建构过程模型

由于研究生只会学习一次质性研究方法课,不像中小学生会多年学习科学,因此笔者在撰写该课程的表现性目标时不分级。相比于传统的"双基目标",表现性目标更准确、更详细地描述了一个学习者将会获得的学习经验与结果,更有利于帮助学习者明确自己的学习目标,培养运用方法的能力。

二、实用主义导向的课程内容

受布鲁纳(Jerome S. Bruner, 1915—2016)结构主义课程论的影响,我国传统的教材编写或课程内容都是以知识结构为主体进行编排。所谓学科的基本结构，就是学科的基本概念、基本原理、基础公理和普遍性的主题。学科基本结构的教育价值是丰富的，主要表现在四个方面：懂得基本原理可以使学科更容易理解；有利于识记，特别有利于意义识记；能促进知识技能的迁移；可以沟通高级知识与初级知识。① 目前大多数的质性研究方法课程大纲是按结构主义的主张来设计，以北京大学于2018年3月12日在中国 MOOC 开设的慕课课程"质性研究方法"为例，其课程大纲如下：

第一讲　质性研究方法：研究信念与风格体验
第二讲　质性研究的基本特征
第三讲　确定研究主题与研究目的
第四讲　质性研究设计
第五讲　如何做访谈
第六讲　如何做观察
第七讲　质性资料分析(1)：接触摘要单与微分析
第八讲　质性资料分析(2)：从编码到结论

从这份课程大纲可以看到课程内容涉及质性研究方法的理论基础、基本特征、研究步骤、主要方法等，呈现出一个较为完整的知识结构。这种课程内容设计的优点是可以帮助学生掌握系统的知识结构，对质性研究方法有一个全方位的了解；缺点是让学生感到这个知识体系非常庞杂，有些理论很抽象、方法很难掌握。此外，由于结构主义是按知识结构而非实用价值来组织课程的，因此会脱离真实的社会情境与学生的需求，学生往往学完了全部课程还是不知道该在什么时候、如何使用这种方法。有鉴于

---

① 杨红萍，薛红霞. 结构主义课程理论与新课程改革[J]. 教育理论与实践，2009，29(9)：57-60.

此，笔者按实用主义的课程理念来重新设计该课程的内容。

实用主义的主要观点之一是"有用即真理"。在这种思想的影响下，实用主义教育家强调教给学生有用的东西并在"做中学"，而非大量的形式训练(如拉丁语)与脱离实际的间接经验。实用主义课程观的代表人物是19世纪的哲学家、心理学家和教育家约翰·杜威(John Dewy)。杜威是"儿童中心"论者，他主张儿童的需要和兴趣是课程设计的根本依据，凡是儿童不感兴趣的事情都不能列入课程计划，整个活动强调学生的个别差异，重视学生的个性选择与发展。[①] 他曾表明"学校科目互相联系的真正中心，不是科学，不是文学，不是历史，不是地理，而是儿童本身的社会活动"。[②] 实用主义活动课程的优点是吸引学生的兴趣，与学生的现实生活息息相关，丰富学生的体验与一手经验；打破学科壁垒，提高学生综合运用知识解决实际问题的能力，学生学习的主动性强。缺点是学生的知识不够系统深入，学科基础知识不够牢固。为了兼顾结构主义与实用主义的优缺点、取长补短，并且学以致用，笔者把该课程的12次课共36学时一分为三，设计成三个模块(Module)。第一个模块按结构主义的理念设计，旨在了解质性研究方法家族的概貌、特点和最基础的方法(访谈与观察)。这一部分大多需要讲授，但方法不是听讲能学会的，因此仅占1/6的课时，只上2次共6个学时。第二个模块按实用主义的理念来设计，主要学习质性研究方法的主要功能，目的在于知道质性研究方法能够解决什么问题，比如探究影响因素、了解过程机制、诠释文化/现象、辅助量化研究等。这一部分是课程的核心部分，最能体现方法课的价值，因此用1/2的课时，共6次18个学时。第三个模块是自我探索的过程，即形成并撰写一个质性研究，在做中学。该部分内容占1/3的课时，共4次12个学时(见图1、图2)。

---

① 郭亚丹. 实用主义课程观与要素主义课程观的比较及启示[J]. 教学与管理, 2014(7)：4-6.

② [美]杜威. 我的教育信条[M]//王承绪，赵祥麟，编译. 西方现代教育论著选. 北京：人民教育出版社，2001：10.

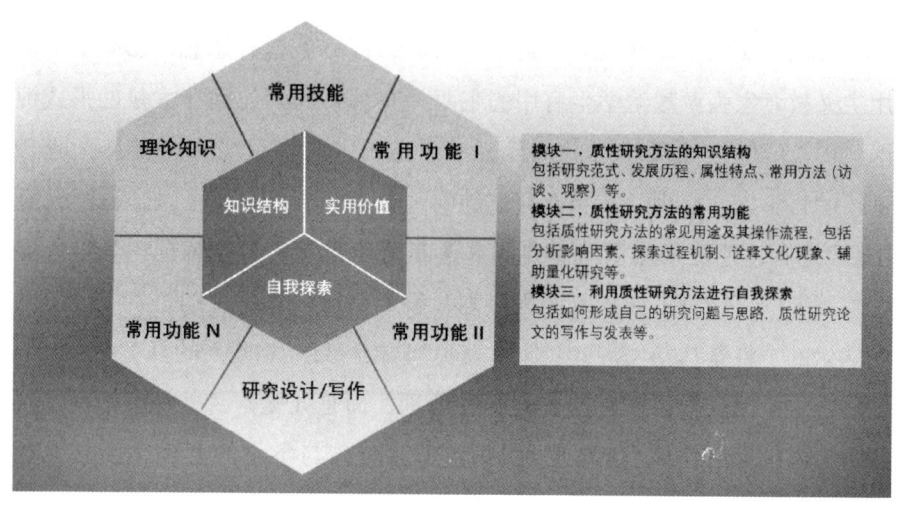

图 1　实用主义导向的质性研究方法课程内容

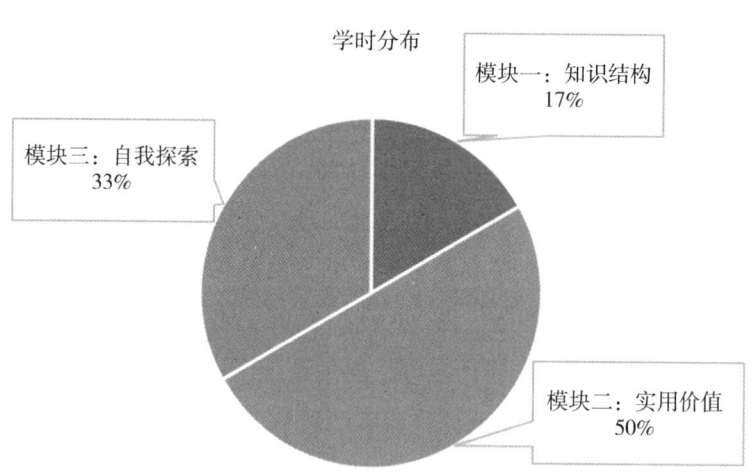

图 2　质性研究方法课时分布图

三、以自我导向学习为核心的课程组织

以学生为中心组织课程，抽象地说是要让学生成为学习的主人；具体来讲就是让学生从事"自我导向的学习"（Self-directed Learning）。所谓自我导向的学习，就是学生主动地确认自己的学习需要，形成学习目标，确定自己所需的人力与物质资源，选择与实施恰当地学习策略并评价自己的学习结果。[1] 自我导向的学习有四个关键阶段：计划与目标；监控学习过程；控制与调节自我或任务以及环境；反思与应对。[2] 在课程内容的三个模块中，尽管"自我探索"模块排在最后，但在课程组织中它并不是集中在最后几节课，而是间隔地贯穿在整个课程中（见表3）。

表3 课时安排

顺序	课　名	主　要　内　容	模块
1	导入：何为质性研究方法	质性研究方法的哲学基础、概念与特征	模块Ⅰ
2	从兴趣到选题	学习如何提出想法、找准概念、缩小范围、了解研究现状、确定研究空白与目标	模块Ⅲ
3	访谈与观察	访谈与观察的工具与技巧	模块Ⅰ
4	影响因素分析	通过访谈与三级编码分析事物的影响因素	模块Ⅱ
5	建构过程模型	通过多元个案揭示事物发展的机制与过程	模块Ⅱ
6	个人研究汇报	呈现自己的思考过程与简明的研究计划	模块Ⅲ
7	诠释文化	通过族志学方法分析某文化群体	模块Ⅱ
8	个案研究	学习如何"解剖一只麻雀"	模块Ⅱ

---

[1] Knowles, M. Self-directed learning: A guide for learners and teachers [J]. Journal of Nursing Education, 1975(24): 274-275.

[2] Pintrich, P. R. The role of goal orientation in self-regulated learning [D]. In M. Boekaerts, P. R. Pintrich, and M. Zeidner (Eds.), Handbook of self-regulation, San Diego, CA: Academic, 2005: 451-502.

续表

顺序	课　　名	主　要　内　容	模块
9	辅助量化研究	量表开发与修改中的质性研究方法	模块Ⅱ
10	个人研究汇报	完善自己的研究计划	模块Ⅲ
11	论文写作与发表	质性研究的论文规范与期刊选择	模块Ⅱ
12	个人研究汇报	模拟开题报告	模块Ⅲ

从表2可见，学生的自我探索与自我导向贯穿于课程始末。从第2次课初步提出一个研究构想，到第6次课形成初步的研究计划，再到第10次课完善自己的研究计划，最后到第12次形成一个正式的研究计划，学生一边学习质性研究方法一边不断反思、完善自己的研究。这个过程体现了自我导向学习的4个环节：计划、监控、调整与反思。在做中学，在学中做，不断循环反复，促进认知的深化。

四、结果为本的综合评价

结果为本的评价（Outcome-based Assessment/OBA）是学生中心（Student Centeredness）的体现，因为相比传统评价注重出勤率和教学输入，结果为本的评价以学生实际学到的东西为准，展现学生的成就并为此提供证据，以便更好地激发学生的学习动机，进行自我反思。[①] 在该课程的评价中，学习结果包括学习投入和学业成就两个方面，各占50%。学习投入主要看课堂的投入（互动、汇报、提问等），课堂上越积极活跃得分越高；学业成就主要是学生的研究计划，研究计划越合理、越具体得分越高。在评价学生的研究计划时，并不是教师一个人给学生打分，而是强调多次、反复的交流，包括：在课堂上师生、生生之间多次的探讨；学生提交研究计划后

---

① Ecclestone, K. Empowering or ensnaring? The implications of outcome-based assessment in higher education[J]. Higher Education Quarterly, 2010, 53(1): 29-48.

教师还会提出修改意见，如果学生按教师意见修改再提交就会得到更好的分数。

五、小　　结

为提升学生的实践能力，对质性研究方法课程的四个要素进行改革，涉及表现性学习目标、实用主义取向的课程内容、自我导向学习为核心的课程组织与结果为本的综合性评价。通过系统的课程改革，学生对质性研究方法的兴趣与信心明显较往届学生有所提升，实践能力也有增强。然而，学生是否使用该方法进行论文写作还受其导师的影响，该课程无法决定，所以效果很难在短期内体现。尽管如此，该课程系统地探讨了课程教学如何以学生为中心、以实践能力为导向，对提高方法课的实效，对其他课程的改革具有一定的启示。

育人于博雅：新文科教育的指归、路径和框架

余婉卉①

2020年11月，教育部发布了《新文科建设宣言》，新文科建设得到全面部署。《新文科建设宣言》指出，新时代新使命要求文科教育必须加快创新发展：一是提升综合国力需要新文科；二是坚定文化自信需要新文科；三是培养时代新人需要新文科；四是建设高等教育强国需要新文科；五是文科教育融合发展需要新文科。由此可见，新文科建设在现时代具有极其重要的战略意义。

何谓新文科？它是基于现有传统文科，进行学科中各专业课程重组，形成文理交叉，即把现代信息技术融入哲学、文学、语言等诸如此类的课程中，为学生提供综合性的跨学科学习，达到知识扩展和创新思维的培养。② 此套理念，由美国希拉姆学院(Hiram College)2017年修订培养方案而提出，其后便获得广泛关注乃至认同。2019年6月，武汉大学就将"武汉大学新文科建设的理论研究和实践框架"列为教学研究重点项目。

新文科有大致明确的界定，建设新文科的意义也毋庸置疑，但作为一场尚处于起步阶段的教育革新，其意涵和路径尚值得探索。由《新文科建设宣言》可见，新文科在多个层面上契合了新时代新使命，而立德树人这

---

① 余婉卉，博士，武汉大学哲学院国学院讲师。
② 麦可思，王慧. 一场新文科的尝试[N]. 北京日报, 2018-09-19.

个层面则是题中应有之义。作为新文科教育的核心,博雅教育(Liberal Arts Education)发挥着至关重要的作用。下文即试图论述"课程育人"如何与新文科教育的指归、路径和框架密切相联。

一、新文科教育的指归:"成人"教育统领"成才"教育

作为"三全育人"的关键渠道,"课程育人"将思想认同寓于知识传授之中,在思政课之外,亦注重在专业课教学中体现价值导向,提升心灵,完善心智。而武汉大学本科"新文科"教育改革规划,即脱胎于以"成人"教育统领"成才"教育的本科教育理念,课程育人的观念蕴藉其中。

在中国文化经典中,《论语·宪问》有"子路问成人",它是孔子所主张之"仁"的一种境界,关乎人的道德选择。在西方,英国维多利亚时代文化主将马修·阿诺德(Matthew Arnold)则揭示了"成人"所蕴含的道德诉求和知识诉求:

> 文化即对完美的追寻。它的动力并不只是或首先是追求纯知识的科学热情,而且也是行善的道德热情和社会热情。①

可见,道德热情和社会热情与纯知识的科学热情同样重要,都是人类文化发展的动力。武汉大学新文科建设主张以"成人"教育统领"成才"教育,正体现了一流大学的教育内涵——养成人文,培养学问,激发创造,诉诸人文传统和时代智慧,以珍视求学者的禀赋和捍卫人的价值为教育的责任。

新文科教育的这一指归,至少响应了两个方面的现实需求。一方面,立足高远,国家的发展既借重自然科学技术,也与哲学社会科学的实力密

---

① [英]马修·阿诺德. 文化与无政府状态[M]. 韩敏中,译. 北京:生活·读书·新知三联书店,2002:8.

不可分。要跻身世界强国之林，除却经济、军事等硬性指标，一个民族的思维能力、精神品格和文明素质等隐形实力也至关重要。而文科教育兼具知识性、学术性和价值性，全方位提高国民素质、锻造积极正面的民族精神、强化价值引领恰是文科教学的职分所在。

另一方面，面对当今高等教育出现的新问题、新趋势、新挑战，文科教育应有所反思，转"危"为"机"，借助历史智慧扩宽既有格局。纵观高等教育史，文科教育的功能和意义时有变迁。在第二次世界大战之前，欧美各国的高等院校多供贵族等特权阶层的子弟习染风雅、铺垫社交。而自20世纪60年代以来，高等教育机构越来越趋近于一种职业教育，以传授谋生技能为重要目标，人文教育成为这个"现实"世界里一个华而不实、怀旧性的(nostalgic)存在。如今，不论有没有清晰的未来职业规划，大多数学生以获取职业训练、执业资格为求学高等院校的公开目标。诚然，高等教育有责任让学生习得专业知识、为社会贡献一技之长，但一味迎合必然导致过度功利，难免丧失高等教育的初心。而文科教育尤其人文教育因其特性，危机更是凸显——原本就不以劳动技能和计算能力见长，并不明确对应具体职业和实务，学生由此产生学科歧视、知识无用论等思想，人文学科的学生甚至因而沮丧自卑。

唯有通过新文科建设，高扬科学精神和人文精神，将师生导向求知求真、尊重人性，才能使高等教育不再受制于功利性。须知，过于注重实用，忽略精神远大的人文义理，其危害绝不止于一时一地。1919年12月14日，陈寅恪先生在与吴宓先生谈话时一针见血地指出，中国近代的种种危机就肇端于国人自古惟尚"实用"，不肯究"虚理"：

> 中国之哲学、美术，远不如希腊，不特科学为逊泰西也。但中国古人，素擅长政治及实践伦理学，与罗马人最相似。其言道德，惟重实用，不究虚理，其长处短处均在此。长处，即修齐治平之旨。短处，即实事之利害得失，观察过明，而乏精深远大之思。故昔则士子群习八股，以得功名富贵；而学德之士，终属极少数。今则凡留学

生,皆学工程、实业,其希慕富贵、不肯用力学问之意则一。而不知实业以科学为根本。不揣其本,而治其末,充其极,只成下等之工匠。境遇学理,略有变迁,则其技不复能用,所谓最实用者,乃适成为最不实用。至若天理人事之学,精深博奥者,亘万古,横九垓,而不变。凡时凡地,均可用之。而救国经世,尤必以精神之学问(谓形而上之学)为根基。而吾国留学生不知研究,且鄙弃之,不自伤其愚陋,皆由偏重实用积习未改之故。此后若中国之实业发达,生计优裕,财源浚辟,则中国人经商营业之长技,可得其用;而中国人,当可为世界之富商。然若冀中国人以学问、美术等之造诣胜人,则决难必也。夫国家如个人然,苟其性专重实事,则处世一切必周备,而研究人群中关系之学必发达。故中国孔孟之教,悉人事之学。而佛教则未能大行于中国。尤有说者,专趋实用者,则乏远虑,利己营私,而难以团结,谋长久之公益。即人事一方,亦有不足。今人误谓中国过重虚理,专谋以功利机械之事输入,而不图精神之救药,势必至人欲横流、道义沦丧,即求其输诚爱国,且不能得。西国前史,陈迹昭著,可为比鉴也。①

陈先生揭示,国人这种根深蒂固的功利思维,以"实事之利害得失"为导向,看似务实明智,但欠缺精深远大的目标和淳朴本真的文化关怀。一旦"境遇学理,略有变迁",知识的对象发生改变,那么之前的技术、智巧会因针对性过强而不复能用。由此所谓最实用者,反而沦为最不实用。而"天理人事之学"精深博奥,能以不变应万变,"凡时凡地,均可用之"。故此,陈先生说"救国经世,尤必以精神之学问(谓形而上之学)为根基"。以往有人认为中国近代的衰微在于"过重虚理",于是只求"功利机械",陈先生却洞察到这是舍本逐末,虚理也好,实用也好,都是功利目的作祟,最

---

① 吴宓. 吴宓日记(第2册)[M]. 北京:生活·读书·新知三联书店,1998:100.

终的解决方案仍应是"精神救药"。

不独陈寅恪先生强调人文教育的重大价值。在此之前的1904年，王国维先生即比较中西文化，扼腕中国自古不重视文学导致国民精神不彰：

> 生百政治家，不如生一大文学家。何则？政治家与国民以物质上之利益，而文学家与以精神上之利益。夫精神之于物质，二者孰重？且物质上之利益，一时的也；精神上之利益，永久的也。前人政治上所经营者，后人得一旦而坏之；至古今之大著述，苟其著述一日存，则其遗泽且及于千百世而未沫。故希腊之有鄂谟尔也，意大利之有唐旦也，英吉利之有狭斯丕尔也，德意志之有格代也，皆其国人人之所尸而祝之、社而稷之者，而政治家无与焉。何则？彼等诚与国民以精神上之慰藉，而国民之所恃以为生命者；若政治家之遗泽，决不能如此广且远也。
>
> ……
>
> 试问我国之大文学家，有足以代表全国民之精神，如希腊之鄂谟尔、英之狭斯丕尔、德之格代尔者乎？吾人所不能答也。其所以不能答者，殆无其人欤？抑有之而吾人不能举其人以实之欤？二者必居一焉。由前之说，则我国之文学不如泰西；由后之说，则我国之重文学不如泰西。前说我所不知，至后说则事实较然，无可讳也。我国人对文学之趣味如此，则于何处得其精神之慰藉乎？求之于宗教欤？则我国无固有之宗教，印度之佛教亦久失其生气。求之于美术欤？美术之匮乏，亦未有如我中国者也。①

王先生这一论断或可商榷，中国传统文学未必如此萎靡，但其观点在当今日益浓厚的工具理性氛围中却显得尤为迫切。换言之，当下呼吁加强

---

① 王国维. 文学与教育[C]//王国维论学集. 北京：中国社会科学出版社，1997：371-372.

"软实力",塑造"中国精神",即是对这类现状的反思。就高等教育而言,注重专业化固然有助于解决社会建设的职业能力问题,但也导致人才培养的工具化,时下流行的"工具人"戏称可堪为例,这在某种程度上也是人的一种"异化"。部分大学生,或无精打采,或汲汲于刷分、考证或评奖,热衷于苦拼谋生技能,求取知识却不懂得思考,对智识生活缺乏敬畏之心。

人文学科研究人的处境和人的行为,追溯人文传统,观照人类社会的经济政治状貌,探究时代智慧。其中,人文价值和社会关怀,是人文社科领域知识应该具有的问题关怀。而新文科建设以"成人"教育统领"成才"教育,有利于平衡职业化、专业化教育对人的异化。正如《承担时代使命,重振文科教育——武汉大学"新文科"教育改革框架》一文所言,新文科以人文教育为内核,兼重知识和价值,使高等教育重拾梦想,而非简单的知识—技术教育。

二、新文科教育的路径:研读经典,增强文化自信

实现课程育人,新文科教育的路径是聚焦伟大之书(Great Books),开展博雅教育,在课程中落实文化经典的深读和研讨。

长期以来,我国高等教育尤其是文科教育,进行的是一种概论式的教学方式。在这种教学模式中,学生们远离经典文本,接触的是已被教师咀嚼、分割、归纳后的条条框框,既有结论陈陈相因。这种知识缺乏内在价值,学生既感到厌倦和不屑,也因而缺乏对人类精神遗产的"共情"能力,难以产生对智识成果的敬畏,由此精神涣散、无所用心。有些所谓的"优秀"学生,看似努力,实则只有知识,没有思考,成了毫无好奇心和原创思维的"刷分"机器。要唤醒学生潜在的卓越性,文科教育就应向他们展现文化经典的永恒魅力,从而使他们对人类的历史、现状和未来不再漠然而迟钝。美国著名学者艾伦·布卢姆(Allan Bloom)即曾指出经典的伟大思想能够从根本上塑造学生的精神:

> 学生表面上学的是要求他们学会的东西，但远大前程并不能完全抵消学习的枯燥。新的智力活动和对成就的渴望尚未完全找准目标。我观察到，许多优秀学生献身科学的精神很脆弱。……需要一种通识教育，以便为这些学生提供检验其生活、考察其潜能的手段。……人的求知欲是恒久不变的，真正需要的是适当的养分，而教育不过是把美味佳肴摆上桌子……
>
> 对比一下法国的教育吧……不妨稍微夸张一点儿说，有两位作家塑造并约束着有教养的法国人的头脑。每个法国人生来或至少早年就已成为笛卡儿派或帕斯卡派。……笛卡儿和帕斯卡是民族作家，他们告诉法兰西人民有哪些选择，为人生永恒的问题提供独特而强大的观点……①

在此，布卢姆提到通识教育的重要性。而"通识教育"（General Education）与新文科教育的核心——博雅教育既有交集，又有分野。通识教育侧重培养学生的整体人文素质和道德品格，与专家式的培养方式相对，为适应各个专业的学生，对经典多采取"泛读"的策略。而博雅教育是立足于专业教育，融合博雅精神，强调经典研读，不避精深，以求全面提升文科教育品质。

所以，新文科教育要发挥文科之长，重要的路径就是让学生回归经典。通过研读经典，学生能更真切地理解古典与现代、遗产与变革，生发出对个人生活、人类命运的深厚理解，摆脱工具、功利的价值观，生发出对人格的尊重，对知识的热情，对使命的担当，对远大理想的追求。20世纪最杰出的思想家之一——以赛亚·伯林（Isaiah Berlin）便指出教育者有责任鼓励学生跨越一己小天地，透过经典去认知各种看似异己的观点，唯此才能理解整个世界和时代：

---

① ［美］艾伦·布卢姆. 美国精神的封闭[M]. 战旭英，译. 南京：译林出版社，2011：6-7.

教育即使不能消除人与人之间的隔阂，也不应扩大这种分歧。无论教育以什么为目的，它绝不能限制学生的思维与想象力，绝不能使他们的这些能力随着时间的推移而变得越来越弱。……除非人们有机会认识他们生活于其中的这个世界，有机会认识他们过去、现在和将来的世界观——只有当他们了解别人的观念、感情与所作所为，了解其之所以如此的方式与原因，才能获得这些认识——否则，他们仍将在黑暗中摸索……

教育应该和我们的时代密切相关。我们的时代具有哪些特征？我还要补充几句老生常谈。教育的需求起源于人类一些永恒的（或者说非常普遍的）需求，人们所生活的社会面临的一些困难会改变这些需求。一个人要想真正理解自己的需求，就必须对他生活于其中的那个时代有所认识。①

可见，不局限于管窥锥指，以开明的眼光看待世界，以理性的态度对待不同的文化现象，方可成为"完全之人"。

以研读经典作为"课程育人"的路径，新文科教育既能让学生获得知识上、人格上的滋养，亦能令学生油然而生民族自豪感。作为实现中华民族伟大复兴的精神力量，文化自信在根本上取决于核心价值观的生命力、凝聚力、引领力。核心价值观能大力推动中华优秀传统文化创造性转化、创新性发展，为中华民族伟大复兴注入强大的精神动力。核心价值观是文化最深层次的要素，而经典具有原创性、开放性、超越性和多元性，是人类文化传统的重要构成。中国古代经典尤能凸显深厚的文化积淀，是思想史的知识库，是民族语言和思想的象征符号。

以经典研读为中心，与"课程育人"的理念气脉相通，又冲淡了说教色彩，促成知识和价值之间的平衡。长期以来，武汉大学国学院正是以"根

---

① ［英］以赛亚·伯林. 观念的力量［M］. 胡自信，魏钊凌，译. 南京：译林出版社，2019：316-319.

基经典，回归传统，面向现代"为培养思路，为赓续中华优秀传统文化积累了可贵的经验。

国学班的培养方案就体现了"新文科"的教育理念。国学班以锻造心智为宗旨，强调经典文本的细读，强调中学和西学的融通，强调传统考据和思想关怀并重，强调知识传统的学习向知识诠释、知识创新，进而向价值关怀、人格自律的次序递进，融人文博雅教育和现代学术教育于一体。国学班的课程设置摆脱了大学本科的"概论式"教育模式，打通文、史、哲等现代学科专业的藩篱，以中国古代文化经典的精读为核心，加之以文献考据、传统文字音韵训诂之学的训练，同时通过理论课程、学术文化史课程加强研究意识和方法意识，以实现多学科交叉整合的培养形态。教师和学生一起，从"四书"、《老子》《庄子》《诗经》《左传》等经典文本出发，"入门正，立意高"，沉潜考掘，体会古典注疏传统，同时注重思辨，系统整理，比较研究，细致入微地把握中国传统文化的演变脉络。这种培养模式，突出古代经典精读课程，让学生从文本出发，学有根基；产生文化语感，培养出对中国文化精神的体认能力，学生因此逐步树立起博学、慎思、笃行、明辨的知行观。

由此可见，以研读经典为路径，可使新文科教育"课程育人"的宗旨得到多个层面的发扬。首先，学生能具备相当的经典文本的阅读能力，文科专业的学生甚至能培养出考据能力和阐释能力，可以熟练地搜集、利用和处理文献资料从事独立的研究和写作。其次，学生能具备强烈的自我教育意识，具备很强的知识适应力，在"博学于文"的基础上，形成个体的知识兴趣和知识关怀。最重要的是，通过古典文本和古典学的教育，学生能学会面对古典贤哲的智慧，陶冶性情，锻炼志魄，产生自我期许、有所担当的文化责任感和以"士操"自律的人生品质。

三、新文科教育的框架：学科交融，整合视域

《新文科建设宣言》提出，要构建世界水平、中国特色的文科人才培养

体系。它明确了新文科建设的总体目标：推动文科教育创新发展，构建以育人、育才为中心的哲学社会科学发展新格局，建立健全学生、学术、学科一体的综合发展体系，推动形成哲学社会科学中国学派，创造光耀时代、光耀世界的中华文化，不断增强自信心、自豪感、自主性，提升影响力、感召力、塑造力。

而要建立健全学生、学术、学科一体的综合发展体系，新文科的培养框架就应从多学科（Multidisciplinary）模式转化为学科交融（Interdisciplinary）模式，兼顾专业训练和整体视域。

一方面，学科交融在世界教育史上渊源深厚。柏拉图的《理想国》即指出，算术、几何、天文、音乐，以及文法、修辞、逻辑，都是能将灵魂引向终极真善美的学问，能够使人超越眼前具体的事物，学习并探究一种普遍性的法则。[①] 后世将这些学科并称为"自由七艺"，它们是自由民的知识基础，其教育传统迄今仍未完全断绝。用现代学术分科的眼光来看，"自由七艺"广涉文、理、艺术等多种学科，但它恰恰体现了教育的崇高理念——通过知识的学习、思考的训练和道德的教化，人得以成为健全、理性而自由的人。

另一方面，学科交融的整体视域是未来大势所趋。在政治经济全球化浪潮下，科技革新和产业革命迅猛发展，人类的认知方式正在发生巨大转变。教育者和学生身处其中，既要力图赓续和利用伟大的精神遗产，更要尝试用新办法解决新问题，这就需要进一步打破学科壁垒。

新文科的建设可分为两个层面：作为大学本科人才培养的人文通识基础的新文科建设；人文学科专业教学层面的新文科建设。

对于非人文学科专业的学生而言，突破专业限制，有意识地培养人文通识观念，能更深刻理解新时代变革的动因及其趋势。譬如，曾有美国学者提出，商科教育也需要博雅：

---

① [古希腊]柏拉图.理想国[M].郭斌和，张竹明，译.北京：商务印书馆，2015：251.

为了令学生能宏大而敏锐地理解这个全球化的世界,高等教育需要确保学生能理解商业与广阔世界的联系,使他们既是商业专才,也能成为现代公民。①

非人文专业的学生,需要大幅提升人文教育的比重,辅之以语言和思维写作训练。而人文学科的学生,毕竟也身处数字化生活、大数据、虚拟社群、人工智能的新时代,更加需要加强科技、经济、政治和社会理论的训练。新文科教育的框架,势必推动文科专业之间深度融通、文科与理工农医交叉融合。

学科交融,整合视域,最能体现新文科之"新"。这几乎是当今高等教育界的共识:

人文教育是一个古老的理念,甚至看似一种过时的理念。……但经过调研和反思,我们发现它在未来所发挥的价值将绝不亚于往昔。面对未来的挑战,我们要用新眼光看待人文教育。新的时代未必会更加包容,但它的复杂性无疑与日俱增,异种文化和文化势力之间的互动将更加频繁,知识的转型和迭代将更加迅疾,新的、难以预知的挑战和机会也将持续出现。……我们生活在一个复杂、多元和快速变化的社会中——微妙的伦理和社会问题需要更细致的剖析和更有创意的解决方式。……我们相信,要迎接挑战,要完成职业目标,要引领一种富足而正面的生活,要当服务于社会的负责公民,那么最妥当的途径是人文学科和自然科学的交融要广泛、深厚而灵活。②

---

① Colby A, Ehrlich T. Rethinking Undergraduate Business Education: Liberal Learning for the Profession[M]. San Francisco: Jossey-Bass, 2011.

② Wren J T. Reinventing the Liberal Arts through Leadership [C]// Leadership and the Liberal Arts: Achieving the Promise of a Liberal Education, New York: Palgrave Macmillan, 2009: 16-20.

因此，新文科的课程设计，旨在提供一种综合教育（Comprehensive Education），它摒弃以往的专业教育加"通识教育"或"素质教育"的模式，亦摒弃以往各类人文社科试验班所采取的拼盘式的"跨学科"教学模式。据此，"武汉大学新文科建设的理论研究和实践框架"项目将新文科的课程框架设计为5个模块，分别是：(1)整合的哲学思维和判断力；(2)审美体验和文学；(3)古典文明和现代世界；(4)人类行为和社会理论；(5)科学精神和技术趋势。这一框架，代替了面面俱到、无所用心的浮泛概论知识，以学问和思辨教育为基本内涵，旨在从思辨能力、历史认知和价值判断、美学感知、科学精神、对技术力量的理解和想象力五个方面，对学生展开系统的训练。

这种富有挑战性的大学文科教育如果能够付诸实施，那么将会培育出全面发展、适应时代的人，学生有机会获得这些能力：(1)对世界充满活跃而持续的好奇心，善于发问；(2)能从海量信息中提取出有用的事实，从各类资源中沉淀相关知识，能悉心辨别；(3)能分门别类地剖析事物，并根据需要采用多种模式的分析；(4)善于联系，善于整合框架，能突破旧有维度而创造新概念；(5)能准确而有说服力地表达自己的思想；(6)能自我激励，自主发挥才智，不依赖他，从而催生创造力和深思熟虑的见解。[1] 这样的学生，能紧跟新兴科技革命和产业变革的趋势，将具有国际视野和国际竞争力。

综上所述，新文科教育阐扬人文精神，育人于博雅，以"成人"教育统领"成才"教育为指归，以研读经典、捍卫伟大精神遗产为路径，以人文、社科、科学意识的融通为框架。新文科教育的课程将全面提升学生的读写能力和想象力，并发展出建设性的批判思维；以现代信息技术赋能文科教育，推动原有文科专业改造升级，积极发展文科类新兴专业；实现文科与理工农医的深度交叉融合，培养学生的整体思维、跨领域知识融通能力和实践能力。

---

[1] Wren J T. Reinventing the Liberal Arts through Leadership [C]// Leadership and the Liberal Arts：Achieving the Promise of a Liberal Education，New York：Palgrave Macmillan，2009：16-20.

参考文献

1. 麦可思,王慧. 一场新文科的尝试[N]. 北京日报,2018-09-19.

2. [英]阿诺德. 文化与无政府状态[M]. 韩敏中,译. 北京:生活·读书·新知三联书店,2002.

3. Leitch T. Wikipedia U:Knowledge,Authority,and Liberal Education in the Digital Age[M]. Baltimore:Johns Hopkins University Press,2014.

4. 吴宓. 吴宓日记(第2册)[M]. 北京:生活·读书·新知三联书店,1998.

5. 王国维. 文学与教育[C]//王国维. 王国维论学集. 北京:中国社会科学出版社,1997.

6. [美]艾伦·布卢姆. 美国精神的封闭[M]. 战旭英,译. 南京:译林出版社,2011.

7. [英]以赛亚·伯林. 观念的力量[M]. 胡自信,魏钊凌,译. 南京:译林出版社,2019.

8. [古希腊]柏拉图. 理想国[M]. 郭斌和,张竹明,译. 北京:商务印书馆,2015.

9. Colby A,Ehrlich T,Rethinking Undergraduate Business Education:Liberal Learning for the Profession[M]. San Francisco:Jossey-Bass,2011.

10. Wren J T. Reinventing the Liberal Arts through Leadership [C]//Leadership and the Liberal Arts:Achieving the Promise of a Liberal Education,New York:Palgrave Macmillan,2009:16-20.

通过个性化反馈落实课程育人
——以"决策与谈判心理学"课程论文为例

谢天,吴凡,梁燕芳①

人本主义教学提倡以学生为中心的教育理念,但在大学课堂中如何将课程育人的教学理念落实呢?给予练习反馈一直是以学生为中心的教育理念的一个重要环节。本文以"决策与谈判心理学"这一典型人文社科类课程的论文为切入点,引入互联网技术手段,实现学生在五个维度(选题、摘要与引言、写作技巧、客观呈现、主观评价)的评价指标上的自评,并通过反馈系统给出教师在相应维度上的评价,以及班级所有学生在相应维度上的平均分。获得反馈后,学生再以小组为单位与教师进行四对一交流,教师评析每篇论文并给出在该主题上深入探索的指导意见。通过自评、教师评价、班级平均分的三方对比以及师生面对面交流,学生能获得准确、细致、及时的练习反馈,进而激发学生的学习动机和科研热情。该课程的教学改革通过个性化反馈的方式落实了课程育人观念,顺应"新文科建设"的思路,对于其他人文社科课程的课程评价反馈也有参考价值。

一、引 言

人本主义的教学理念认为,教育目标应是促进"整体的人"的学习与变

---

① 谢天,武汉大学哲学学院副教授;吴凡,武汉大学哲学学院2019级硕士研究生;梁燕芳,武汉大学2018级硕士研究生。

化,其价值追求是"完整人格",即培养独特而完整的人格,使之能充分发挥作用。罗杰斯坚决反对教学中只注重智育而不重视整体发展的教育观,反对学生只能被动接受和服从的学习形式;鼓励学生的好奇心和勇于尝试的精神,尊重每个学生的内心世界,以支持性和建设性的批评指导促进学生主动学习并享受创造性学习的过程。学习评价主要由学生自己来做,而不是由教师来做。①

人本主义教学观念与传统教育观念对教师的作用也持有不同观点。传统教学中教师是知识与权力的拥有者,单纯灌输知识,学生只能接受和服从,并在必要时表达出来,权威人物制定的规则是教学中不可改变的政策。人本主义的教育观则强调以学生为中心的教学理念。即提倡学生从被动的学习转换到自主的学习模式,成为教学中的主体,而教师作为学生学习的"促进者",其主要任务是鼓励学生自主学习,培养学生的好奇心和求知欲。②

虽然以学生为中心的教学理念鼓励发挥学生的主体作用,然而这种教学理念似乎并不容易实践。以课程论文为例,课程论文是人文社科课程领域中一种经常采用的考核方式,可以帮助学生系统地梳理所学知识、了解并熟悉学术规范、确立研究兴趣与方向。然而现有的课程论文评价方式,一般是教师根据评分标准给出一个分数。学生得到的,也只有一个分数。这样一来,评价就成为教学之后进行的一种鼓励的、终结性的活动,其作用仅是对学习结果做出了判断,而很难激励学习者进一步学习。

以学生为中心的学习理念主张,评价应具有激发学习者动机、指导学习方向的作用。正是由于有了评价的参与,学生才有可能达到预期的学习结果,实现课程育人的教学目的。这是因为传统意义上的"评价""分数",

---

① [美]卡尔·罗杰斯,杰罗姆·弗赖伯格. 自由学习[M]. 王烨晖,译. 北京:人民邮电出版社,2015:1-9.

② Rubie-Davies C. M., Flint A., McDonald L. G. Teacher beliefs, teacher characteristics, and school context factors: What are the relationships? British Journal of Educational Psychology, 2012, 82: 270-288.

对于学习者来说可以是最好的练习反馈。

反馈的形式可能会影响其有效性。与简略反馈相比,准确翔实的反馈对学习行为和动机产生更大的影响,可以更有效地促进学习。总体理论(Overarching Theory)认为学习者对行为的修正是通过对比自己的实际行为与标准或目标实现的。当某行为不符合标准或目标时,学习者可以根据实际行为与目标或标准之间的差距来调整行为。因此,当预期目标和实际行为之间的差距被明确地显示出来时,学习者更有可能调整行为达到目标。当目标与实际行为相符时,即为正面反馈。正面反馈可以激励学习者设定更高的目标,从而提高绩效。因此,无论是负面的还是正面的反馈,准确、细致的反馈比粗糙、简单的反馈更能促进学习者调整自己的行为,设立更高的目标,激发学习动机;如果反馈能够及时,则能提升学习者对反馈的控制感,增强反馈有效性。[1]

此外,相关文献还区分了三种不同的反馈类型:描述性反馈,即根据参与者自己的表述或基于观察性信息的反馈(例如"你花费了5分钟完成任务一");比较性反馈,通过与其他人的表现进行比较提供反馈(例如"你的任务一完成得比大部分人快");评价性反馈,提供了对接收反馈者个人表现的判断(例如"你的任务一完成得很好")。

认知评价理论(Cognitive Evaluation Theory,CET)认为评价性反馈是最有效的反馈类型。描述性反馈缺乏对接收反馈者行为的评价,接收者无从判断自己的表现是否足够优秀,故而缺乏对其行为的胜任感。由于采用了比较措施,比较性反馈则无法满足评价需求的自主性,接收者缺乏对反馈的控制感。评价性反馈在满足自主性和胜任感的需求方面是最有效的,因为它可以直接指出任务是否完成得令人满意。同时,明确说明了评价("你完成得很好")和所评价的行为("你完成了任务一")的评价性反馈,相比

---

[1] Burgers C., Eden A., van Engelenburg M. D., Buningh S. How feedback boosts motivation and play in a brain-training game[J]. Computers in Human Behavior, 2015, 48: 94-103.

仅仅包含其中一项的评价性反馈更有效地改善了任务表现。① 为了激发学生的学习动机,该课程认为教师应该给予学生准确详尽的评价性反馈,既要包括对学生具体行为的评价,也要提供其能力范围内的努力标准。②

为了发挥练习反馈的作用,让学生及时且深入了解自己的长处和不足,在这次教改中,该课程给学生提供了客观评价,以及评分后的师生问答与互动。在客观评价部分虽然仍是教师给出最终评分,但学生需要按照教师提供的评价标准(共10个维度)先自评,然后再对照教师评分、班级同学平均分。依托技术手段,学生可以即时准确地知道哪些方面是自己的强项,哪些方面是自己的弱项。在获得评分反馈后,学生与教师再次回到课堂,教师一对四,向每个学生讲解课程论文的问题,进行答疑和讨论。如果学生想知道如果想在自己选定的问题上继续做进一步研究,教师指导应阅读哪些文献,掌握哪些方法,如何深入开展。限于篇幅,本文将着重论述客观评价反馈部分。反馈结果包含学生自评、教师评价和班级平均分三个部分,既提供了教师对学生的精准评价,也提供了其在班级中客观的相对位置,同时鼓励学生的自我评价。反馈结果兼顾了准确、细致、及时三个方面,充分发挥反馈对学习的激励作用,落实了课程育人的教学观念。

二、课程介绍和教改方案

"决策与谈判心理学"是面向心理学系本科生开设的2学分的专业选修课,共42课时。这门课旨在帮助学生了解决策及谈判(即群体决策)中的显学,与国际心理学前沿接轨;并利用课上所学知识做出更好的决策,在

---

① Burgers C., Eden A., van Engelenburg M. D., Buningh S. How feedback boosts motivation and play in a brain-training game[J]. Computers in Human Behavior, 2015, 48: 94-103.

② 赖丹凤,伍新春. 基于自我决定理论的教师激励风格研究述评[J]. 心理科学进展, 2011(19): 580-588.

谈判中获得更好地客观与主观结果。由于授课内容贴近现实,吸引了众多非心理学专业的本科生,该课程要求学生掌握主要研究发现和经典理论的同时,了解并能应用研究方法(如情境实验),兼顾理论性和实践性。不仅在课上进行模拟谈判,还鼓励学生将知识应用到实际生活中,优化自己的日常决策。

该课程响应了武汉大学"新文科"教育改革。新文科教育倡导理论学习和实践指导并重,旨在从思辨能力、历史认知和价值判断、美学感知、科学精神、对技术力量的理解和想象力五个方面,对学生展开系统的训练;最根本的目标是要回归"人"本身,强调人文教育、人文情怀、人文精神,进而提升个人的社会责任感和使命感。"决策与谈判心理学"的课程改革坚持人文教育的核心地位,致力于寻求人文、社科、科学意识的融通和综合,不仅传授了心理学理论,更加注重对学生的自主学习意识和科研能力的培养。

具体到授课方式,该课程分教师理论讲授、决策与谈判模拟练习、分组汇报、课程论文四个组成部分。其中,课程论文是评价学生成绩的重要依据,占总评成绩的60%,模拟练习、分组汇报和教师理论讲授各占10%。四个部分的内容与作用分述如下:(1)理论讲授(24学时)。教师讲解决策与谈判心理学的基础框架、理论、方法,包含了启发式、框架效应、整合式谈判等专业理论,旨在帮助学生搭建决策以及谈判(群体决策)心理学的知识框架。(2)模拟练习(6学时)。包括一组群体决策(8~12人/组)和一组双人谈判(2人/组),其目的是帮助学生了解群体决策的研究范式,并将所学的专业理论置于实践中检验,以提升学习趣味性。(3)知识点小视频与小组展示(6学时)。学生以组为单位(4人/组),每组选择一个近5~10年出现的决策与谈判心理学领域的热点主题,以及该主题中4篇相关文献。每人精读1篇,泛读其他3篇。然后制作一个1分钟的小视频呈现该主题(比如,一个新的决策现象,要求是普通人能看懂),再做一个20分钟的小组展示(要求掌握该主题的理论、方法,对象是班级中其他同学)。小视频与小组展示为同学互评。该部分促进了小组同学之间的互动和交流，有助于形成研究团队。(4)课程论文及反馈(6学时)。小组展示后，参考同学互评和教师点评的意见，小组成员每人撰写一篇课程论文，对自己精读的论文做总结，并结合该主题其他3篇文献做出评价。论文包含对文献的客观总结和主观评价两个主要部分，要求有述有评，兼顾专业性与可读性，既要结合生活现象，也要面向未来研究。

该课程的教学改革是一项系统性工程，但本文仅关注课程论文反馈这一环节，故对该环节详述如下。为了让课程论文评价最大限度地发挥作用，首先要将评价指标细分。因此，该课程制定了涵盖论文的选题角度、写作技巧、摘要与引言、客观呈现、主观评价5个方面(维度)的10项指标(题目)，采用10点评分(0分指完全不符合，1分指完全符合)，满分100分。评价指标如下：

(1)选题角度：

①创新性(视角独特，具有创新性)；

②研究意义(研究具有理论价值和现实意义)。

(2)写作技巧：

①论文结构严谨，内容完整；

②文章语句表达通顺，流畅，无语病、错别字、标点符号误用、字体错误等。

(3)摘要与引言：

①摘要概括了文章主旨和意义；

②引言结构清晰，内容全面(从介绍大的理论或现象背景到本研究的聚焦，再到本研究的具体展开)。

(4)客观呈现：

①逻辑清晰(比如用简短的语言或图表形式，介绍了不同子研究之间的逻辑递进关系)；

②内容准确(能够准确地呈现目标文章的研究设计和研究发现)。

(5)主观评价：

①评价具有批判性(认识到目标文章的贡献与不足，而不是盲目接受

目标文章中作者的观点);

②见解独到(能结合相关理论进展与社会现实中的现象,提出自己的独到见解)。

学生提交论文后,首先由教师根据上述题目对每篇课程论文评分,并将每位同学的得分整理到 excel 表格中,按照公式生成整个班级的平均分。然后,小程序后台使用代码调取上述表格作为数据库,从而使教师评分和班级平均分的数据存储在程序中。然后,学生在小程序页面以问卷的形式对 10 项题目做自评打分。学生自评后,后台随之将得到的自评分数与教师评分,以及教师评价的班级平均分对比分析,并以雷达图和简要说明的形式在程序页面上向每位学生给出针对性的反馈信息(见图 1)。

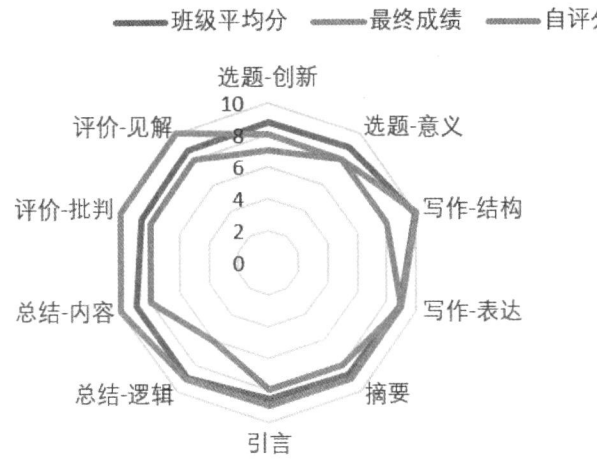

图 1　蔡××同学的个性化反馈图

学生在获得评分反馈后,与同组四名同学一起跟教师进行四对一交流。教师鼓励小组成员反思自己的论文,剖析小组作为一个整体,以及每个单篇论文的优劣,存在的问题和不足。对于有研究前景的选题,教师针对后续文献、理论和方法进行更深层次的指导,为学生指明下一步研究的方向。

三、课程育人的教学效果

该课程的教学改革改善了课堂教学的形式与氛围，极大地激发了学生的学习热情。在课程进行中，学生们不仅踊跃参与课上活动，还积极完成课后的作业和任务。比如学生们组队时给自己的小组起的名字都十分别出心裁："天儿不错队""学习使我快乐组""天儿说什么都队""街道口专业决策队"（"天儿老师"是学生们对任课老师的爱称）。小组展示时大家做的小视频也是花样繁多，大大超出研究者甚至是他们自己的预期。简而言之，学生们开始主动参与到课程学习中。

课程结束后，许多学生认为这门课程的学习体验十分特别，第一次在提交论文后收到如此详尽的反馈。学生们纷纷在评教系统中表达了对课程和教师的喜爱之情，以下摘自某学生对本课程的评价：

> 老师真的太棒了！从寒假和老师简单地聊过一次后就刷新了我对大学老师的认知，原来老师可以这么活泼清新。老师也为我提供了一些学习的建议，尽管我的兴趣可能不在老师所研究的方向，但老师对我个人的影响真的非常大，新的学期我觉得我的各方面都进步了，真的感谢老师。这学期的课也是很考验人的课，每个组做两次展示，老师还会给反馈，真的很好。建议老师以后可以提供一些选题以及相关的期刊，我们就能更高效地选择合适的最优的文献，这样我也许就可以把文献报告写得更好了，这次没能在作业得到高分非常遗憾。

虽然课程已经告一段落，但对学生们的影响依然深远。许多学生通过逐个指导长期受益，获得了继续在相关主题上探索和前进的动力，选择继续深入研究。2017年至今，学生们在国家大创项目中频频邀请任课教师作为指导教师，一共获得了三项国家级大学生创新创业训练计划立项，师生之间也建立了深厚的情谊。许多学生从该课程开始找到自己的兴趣方向，并投身科研工作。

除了学生们获得的实际收益，教学改革的初步成果还获得了诸多心理学专家的理念认可。研究者在"中国社会心理学年会"的教学专题论坛上作口头报告，获得论坛组织者——中国社会心理学会·理论与教学专业委员会主任，北京师范大学心理学部寇彧教授的肯定和好评。此外，理论与教学专业委员会副主任张庆鹏副教授，北京师范大学心理学部副教授、"决策心理学"任课教师孙晓敏等业内同仁也认可、称赞该课程的教学改革方案和效果。利用互联网技术手段的课程反馈促进了教学改革的高效开展。

四、总结和展望

长期以来，人本主义教学观念一直存在着落实的难点，但在信息技术日新月异的今天，教师有越来越多的新兴技术可以应用到教学中。微信小程序作为一个起点，充分发挥了信息技术的高效准确的优势，使每个学生都可以即时看到自评与他评的细则与对比情况。学生自评充分发挥了学生的自主意识，教师的真实反馈又可以激发学生的自主学习动机，促使学生通过反馈查缺补漏，改进学习过程的方方面面。微信小程序的个性化反馈充分发挥了反馈的作用，把课程育人的教学观念落到了实处。

本文中的研究项目对激发本科生学习动机，提高本科生的主观能动性和创造性，促进本科生科研具有重要意义。视频展示、实践模拟及分组汇报的形式，一方面体现了老师授课的新颖及灵活性，增强了学生对教师的好感，进而过渡到对课程的喜爱和认真；另一方面也调动了学生的积极性和参与度，使学生愿意且带着兴趣主动学习和展示。课程育人的教学改革不仅增强了学生对本课程的学习意愿，而且改善了学生的学习思维，若是以此推广应用到其他学科或将来从事的工作或科研中，对学生也是极好的学习或工作体验。

但本文仍然存在一些不足，值得在今后的改革中继续探索。

首先，个性化反馈的便捷性仍需提高。虽然通过微信小程序可以对学生进行及时反馈,但是修改过程对非专业人员来讲实属不易。评分维度不能被方便地改变,因此还很难迁移到其他课程中去。该课程现在正在计划的是依托现有的云服务网站,依托 Web 应用架构,采用互联网技术,实现手机、平板、PC 端使用网址登录,从而让教师能够根据课程要求方便地修改后台评价指标,有助于个性化反馈在不同课程领域的进一步推广。

其次,相关内容可进一步丰富。目前课程包含的视频展示、知识点汇报、谈判模拟练习等的确调动了学生的积极性、参与度,也受到了学生的喜爱和认可。由于学生积极性提高了,不少学生反映希望在学习现有内容的基础上,能够获得更多主动获取知识,开展进一步研究的参考途径,比如国外顶尖期刊的特点介绍,数据分析软件入门,写作技能培训等。对于这些扩展问题,该课程计划仍借助互联网技术手段,采用微信公众号或博客的方式将这些相关知识汇总起来,方便学生学习。

总体而言,"决策与谈判心理学"课程的试行效果为整个人文社科类课程的教学改革提供了新的思路。典型的人文社科类的专业选修课往往以某二级或三级学科的基础知识为起点,而落点则通常是这个二级或三级学科中的前沿问题。这类课程既要求学生能掌握基础知识,又能为学生的科研和创新打下基础。人文社科类的课程今后或许都可以参考这类项目的成果,通过改善学习结果的反馈,促进学生自我评价和反思,充分发挥学生自主性。而关于反馈的评价细则,不同科目和课程可以指定落实到不同教学方法和技术细节上,根据课程要求的实际情况进行制定和修正。云服务网站使得教师可便捷操作、学生界面清晰明确、反馈及时且精准的功能和形式成为可能,为练习反馈在人文社科领域的同类课程的推广提供了技术支持。

致谢:感谢武汉理工大学计算机学院 2017 级本科生朱子悦为该课程提供的技术支持。

参 考 文 献

1. Mc Combs B. L., Miller. L. Learner-centered classroom practices and Assessments[M]. Thousand Oaks, CA: Corwin Press, 2007.

2. Reeve J., Jang. H., Harde. P., et al. Providing a rationale in an autonomy-supportive way as a strategy tomotivate others during an uninteresting task[J]. Motivation and Emotion, 2002(26): 183-207.

3. Ryan R. M., Deci E. D. Self-determination theory and the facilitation of intrinsic motivation, social development, and well-being [J]. American Psychologist, 2000, 55(1): 68-78.

论哲学"嵌入"实践教育的可行性与独特性

李 志[①]

众所周知,哲学是人文社会科学中最为基础的理论学科,其基本特质似乎就表现为远离现实生活。从这个角度来看,要培养哲学人才的实践能力,或者说,要实现哲学自身所强调的"知行合一",似乎只能从哲学之外寻求其他的力量来开展实践教育。在传统哲学人才培养模式中,这是一种非常典型的做法,其所强调的是利用哲学所不具备的实践因素加以补足的育人形式。与之相对应的是,哲学在实践教育中的意义更多地体现在理论方面,即在分析探讨实践育人的理念及其哲学基础、理论意义与价值等方面发挥哲学的功效。本文却认为,尽管哲学受限于自身的学科性质而更多地呈现为纯粹的理论学科,但通过关于哲学学科及其具体领域的更为全面的理解,哲学内部同样蕴含着丰富的实践育人的因素,或者说,哲学与实践教育完全可以呈现为一种内在的而非外在的关系。在什么意义上以及通过何种方式,能够将哲学"嵌入"实践教育并使一些哲学元素成为实践育人体系中的有机组成部分,正是本文试图回应的问题。

一、哲学的实践面向

当前,我们处在世界百年未有之大变局中,为了应对挑战与把握机遇,高等教育的重要性将提升到一个前所未有的战略高度,如何培养出一

[①] 李志,武汉大学哲学学院教授,博士生导师。

批适应并在未来推动世界性变革的卓越人才,是中国高等教育改革所必须面对的问题。从另一个方面来看,在今天的中国高等教育中,当我们把哲学看作一个包含诸多专业领域(如马克思主义哲学、中国哲学、外国哲学、逻辑学、美学、伦理学等)的综合学科时,当这些专业借助于哲学与实践教育的关系被重新审视时,我们或许可以发现哲学所具有的各个实践面向。

让我们以马克思主义哲学专业为例。或许,在诸多哲学专业之中,马克思主义哲学所具有的实践性是最为明显、也是最无可辩驳的,依托历史与现实的马克思主义哲学从来都不是纯然的理论。这一点在《关于费尔巴哈的提纲》所宣称的"哲学家们只是用不同的方式解释世界,问题在于改变世界"①中早已表露无遗。如何理解社会主义与资本主义在制度、道路与意识形态等方面的根本差异,如何为中国特色社会主义的制度优势与道路优势作理论辩护,如何理解现代化的不同方式与中国现代化的特殊性,如何理解乡村振兴的意义以及社会主义新农村建设的目标,如何理解权利、市场与社会主义现代化的关系,等等,都是马克思主义哲学研究及教学的题中之义。通过教材、课堂、课外讨论等多种育人形式,马克思主义哲学的专业教师不仅应讲好马克思主义哲学的基本理论,还应讲好中国的故事、社会主义的故事,帮助学生树立正确的世界观与人生观。在这一意义上,马克思主义哲学专业所开设的全部课程"天然地"担负着思想政治教育功能,直接就是全国范围内如火如荼开展的思政课程中最具代表性的类型。

美学专业也是这方面的典范。如果说马克思主义哲学专业直接就带有实践的特征并发挥着"德育"的功能,那么,美学专业则以"美"为特色,呈现出别具一格的"美育"功能。传统的美学教育主要是以课堂作为主阵地,一方面通过设置美学的专业课程,如美学原理、中国美学史、西方美学史等,培养学生的审美情趣、审美观点、审美能力;另一方面将美育的因素融入其他学科专业的教学活动之中,在文学、历史、地理、数学、物理学

---

① 马克思恩格斯文集(第1卷)[M].北京:人民出版社,2009:502.

等诸多课程中发掘不同形式的美,从而陶冶情操、提高素质、启迪智慧。尽管美学的理论教育的重要性是毋庸置疑的,但事实上,美学作为贴近生活的一种理论,同样蕴含着丰富的现实与实践因素。事实上,美学教育中的审美对象大多来自现实生活,无论是壮丽河山的自然美还是精致高雅的艺术美,无论是科学家严谨坚韧的人格美还是道德楷模舍己为人的行为美,莫不如此。在这一意义上,美学教育唯有跳出纯粹理论的范围并走进现实生活,不断开拓各种审美实践的形式,才能潜移默化地实现美学与德育、智育、体育的全面发展。

事实上,除了马克思主义哲学和美学之外,伦理学、政治哲学、科学技术哲学等同样具有十分明显的实践向度。挖掘这些专业内在所具有的实践元素,并不断思考将这些元素应用于实践教育的具体途径与形式,才能使哲学突破自身的理论界限并在真正的意义上使哲学实践成为实践教育中的独特一环。

二、哲学"嵌入"实践教育的方式

一般而言,开展实践教育的方式是多种多样的,在高等教育中通常是借助于实践育人基地的建设而得以开展的。实践育人基地包括四种类型:第一,以地方政府为牵头单位,根据当地行业、企业、基层社区、高校的发展目标及需求,因地制宜地推动高校实践育人工作;第二,以行业企业为牵头单位,构建校企深度合作、产教深度融合的实践育人创新模式;第三,以高等学校为牵头单位,依托学校、学科、专业的支撑优势,为国家和地方经济社会发展提供人才支撑、技术支撑、文化支撑、思想支撑;第四,以基层社区为牵头单位,为学生提供实习见习、挂职锻炼、社会调查、生产劳动、公益活动、志愿服务等实习岗位和服务项目。近年来,高校开展实践育人的方式从课堂外向课堂内不断延伸,强调课堂教学与实践教学的交叉融合,其具体表现为某些课程增加了课外调研、研讨、实验等实践教学的比例。

根据哲学诸专业的特点，哲学"嵌入"实践教育的方式，既包括上述实践育人基地的建设和课堂实践教学的补充，又包括依托不同哲学专业的特点所开展的科研实践活动，是一种联动高校、实践育人基地、哲学专业的师生等在内的综合性实践育人形式。或更准确地说，无论哲学实践教育采取何种方式，都应当以哲学专业自身所具有的特点为本，旨在实现哲学专业知识提升为理解现实并解决实际问题的哲学思维能力的最终目的。以此为标准，本文仍将以一些哲学专业为例，考察一下哲学"嵌入"实践教育的方式可能有哪些。

第一，依托专业课程开展的实践教学，依然是哲学学科开展实践教育的一种重要形式。比如，马克思主义哲学依托"毛泽东邓小平哲学"等课程，由专业教师组织学生实地参观一些革命史及党史博物馆，或组织学生访问中国现代化进程中具有标杆意义的知名企业或社会主义新农村建设的典型，将极大地激发学生的爱国、爱党与爱人民的情怀，有效地发挥马克思主义哲学专业所特有的意识形态功能；美学专业依托"美学原理"等课程，由专业教师带领学生参观各种艺术场馆、风景名胜等，并在参观访问中进行理论上的讲解与引导，从而使美学理论与艺术理论以更为生动和形象的方式被学生所接受；逻辑学专业依托"逻辑学导论"这门课程，引入一些调研活动等实践形式，锻炼学生将逻辑思维训练应用于现实问题解决的能力；宗教学专业依托"宗教学原理"等课程，由专业教师带队到一些目标地区及部分宗教场所进行短时间的调研活动，就能够形成对课堂教学的有益补充。

第二，依托育人基地开展的一系列活动，曾经是哲学学科开展实践教育的主导形式。如前所述，近年来高等学校纷纷与企事业单位签署了多层次的实践育人基地，每年都有大量学生在基地从事较长时段的实习实践（包括毕业实习），少则2周，多则几个月甚至半年。这种实践方式包含两种不同的主导类型，一种是基地主导型，即学生的实习实践以满足企事业单位的需求为主要导向；另一种是高校及相关学科的主导型，即实践育人基地的建设以满足学生"成才"的要求为主要导向。以往，由于哲学人才培养通常局限于高校内部的教育领域，而实践教育只具有附带的意义，所以，哲学实践教育通常采取基地主导型的方式。但正如前文所指出的，哲学自身就蕴含着丰富的实践因素，开展以哲学学科为主导的实践教育是完全可能的。

在这里，让我们以目前备受推崇的劳动教育为例。常见的劳动教育形式是组织大批学生赴某个劳动教育基地，将教育与生产劳动加以结合，通过出力流汗，培养学生独立自主、勤劳朴素、艰苦奋斗的道德品质。一旦将哲学因素尤其是马克思主义哲学的因素"嵌入"劳动教育，就能生发出更深层次的实践教育方式。正如马克思主义哲学所指出的，劳动是人的基本生存方式，劳动是人实现自我、实现自由的根本方式。由此，通过对象化的劳动，学生不仅能够体验到能动地改造对象、实现自身潜能的成就感与自由感，还能够通过"陶冶对象"来陶冶情操，培养自立自强、团队合作等重要的道德品质，甚至还能够形成"人应该在一定的限度内改造自然、自然是人类的家园"等生态文明理念。总之，将哲学理念贯穿于实际的劳动实践，与单纯地开展劳动实践，在实践的内涵、目标以及效果方面必定是有差异的。

第三，依托不同哲学专业及其教师开展的科研实践，将是哲学"嵌入"实践教育的崭新方式。科研实践在以往的哲学实践教育中几乎是空白的，这与传统上对哲学的偏见有关，即无论是教师还是学生都认为哲学是理论学科，不太可能也没有必要开展实质性的实践活动，即使开展了，也多是与哲学专业没有内在关联的实践活动。从这个角度来看，科研实践对于哲学实践教育而言是一种全新的形式，有待深入开发。从另一种角度来看，有些实践形式尽管未被称作科研实践，但却具有一定的科研实践特征，比如，哲学教师通过担任学生创新创业项目的指导教师而开展个别的、零散的实践教育。这类实践教育形式虽然有时也体现为科研实践，但是，由于主导权掌握在科研视野与能力明显弱于专业教师的学生手中，所以教师在这类科研实践中所发生的作用是极其有限度的。总之，科研实践在以往的哲学人才培养中扮演的角色是微乎其微的。

与创新创业的实践类型相比，教师自主设置具有专业特色的科研实践项目，集中遴选、组织学生参与项目的全过程，并对学生在实践中的具体表现进行全面的考核，最终师生共同完成反映实践成效的结项报告，则是一种兼顾专业特点与学生兴趣的新型科研实践形式。事实上，全部哲学专业都具有开展科研实践的潜力与可行性，不仅那些与现实密切相关的哲学专业（如马克思主义哲学、美学、伦理学等）可以组织开展科研实践，而且，即使是那些表面上与现实相距较远的哲学专业（如逻辑学），也同样可以组织别具一格的科研实践。

此外，科研实践一方面比依托课程的实践教学更具长效性，因为任何科研实践项目的开展都需要一个较长的周期，另一方面比依托基地的实践教育更具针对性，更能促进学术研究与实践活动的相互融合。在此基础上，下文将进一步表明，科研实践所独有的特色与优势，使其极有可能发展成为未来哲学实践教育的主导方式。

三、哲学实践教育的特色与优势：以科研实践为例

如前所述，科研实践既是最有可能在全部哲学专业中开展的一种实践教育形式，也是最容易将哲学专业的内在特点与实践育人的总体要求相协调一致的哲学实践教育形式。换言之，科研实践是一种内在于哲学人才培养的实践教育形式，具有突出的优势以及不可替代的重要性。

概括地说，与以往的实践教育方式相比，科研实践具有一些与众不同的特色。第一，科研实践的主导方不再是宏观意义上的高等学校或实践育人基地，而是微观意义上的专业教师。就哲学科研实践而言，其主导方就是某个具体的哲学专业的教师，他们负责制订实践活动的整套方案并带队执行方案，帮助学生理解、参与并完成科研实践的目标与任务。第二，科研实践充分尊重并守护学生的科研兴趣，允许学生根据各自不同的兴趣选择不同专业的实践形式。以哲学科研实践为例，学生既可以参与美学实践，在审美实践中提升自身对于自然美、艺术美的审美能力；也可以参与

逻辑学实践，在社会调查与分析中发现逻辑论证的广泛应用；还可以参与马克思主义哲学的系列实践，通过深入企业、社区、乡村等进行考察，理解社会主义现代化的进程、多元化形式以及面临的问题，等等。第三，科研实践的具体形式既是多元化的也是灵活可变的，对于时间和地点没有固定的要求。以哲学专业为例，科研实践既可以与课堂教学相结合，呈现为某些授课内容的延伸与补充，也可以与学术研究、田野调查相结合，使学生通过参与科研项目而具备一定的独立从事科学研究的能力，还可以与社会服务相结合，由专任教师根据专业特点设计不同的科研实践项目，带领学生到企事业单位深入基层实际并完成科研实践报告。因此，科研实践并不局限于某一个实践基地，也不局限于某一个时段，而是充分利用现有的全部实践基地，在学生的整个大学阶段中不断推进实践教育，使之也能够如理论教育一般呈现出进阶式的、模块化的、整体性的教育体系。

正是由于科研实践具有一些其他实践形式所无法比拟的独特性，所以，科研实践体现出一些特殊的优势。从学生的角度来看，科研实践与理论学习不是"两张皮"，而且，实践也不再是教育中附带的、次要的部分。如前所述，在以往的哲学实践教育中，"两张皮"的情况非常突出，实践活动很难帮助学生将所学的哲学专业知识转化为应用于实践的哲学思维与能力。与之相比，哲学专业的科研实践由于其针对性强，由于其目标与任务更为具体并切合专业要求，所以直接就体现为理论与实践的统一、知行合一。不仅如此，正是因为科研实践与理论学习的一致性与统一性，所以，实践在整个人才培养中的地位也将逐步提升，从而彻底改变重理论轻实践的教育传统。事实上，相比于理论教育，科研实践更有利于培养独特的个体，因为理论教育所依据的课程体系是某一专业全体学生的，而且迄今为止这类体系仍然是以必修课为主的，由此理论教育更多地体现为均一性的、平均化的模式，但是科研实践却在很大程度上反映了学生的个体兴趣与需求，并且实践自身的灵活性与多样性也将促进个性的发展。

从教师的角度来看，科研实践与教师的教学科研工作也不是"两张皮"，科研实践能够成为教师自身发展的助力。在传统实践教育中，只有极少数教师参与学生的实践教育,而且参与的形式主要是实践活动的带队教师,其承担的任务主要是高校与实践基地之间的交接与沟通以及对学生实践的管理与监督。不可否认,由于这类实践活动与教师所从事的专业并无直接的关联,所以,教师在其中所扮演的角色是"外在的",教师很难从实践中体会到对自身发展的增益。与之不同,科研实践与教师的教学及科研工作的契合度很高,科研实践不仅有助于学生掌握某一领域的重要知识点、培养与激发学生的能力,而且有助于深化与拓展教师自身在某一科研领域的研究——或直接取得更为丰富与全面的第一手调研资料,或在与学生的交流合作中找到科研工作的灵感与新的支点,从而反哺理论上的学术创造活动及课堂教学活动。总之,科研实践内在于教师的个人发展,因而能够吸引更多的教师参与进来,反过来将为科研实践提供源源不断的创意与活力。

从"教与学"的角度来看,科研实践将促成一种平等参与、互动协商、教学相长的合作型师生关系。尽管科研实践的主题与方案最初是由专业教师完成的,但由于实践不同于理论,教师不必在实践的真正开展中作为主导的一方。在一种理想的状态下,当科研实践的初步方案确定之后,教师与学生就可以作为实践的共同参与者进行协商,包括日程表制定与经费预算、每个人在方案中应执行的任务、方案执行的具体方式(是否需要在实践基地完成、是否需要到某一实地进行考察)、实践报告的撰写等。换言之,在整个科研实践中,实践所要达成的目标是灵魂与主线,师生都只是平等的参与者;通过反复地讨论与协商,大家共同制订行动的步骤与方式,并共同参与实践。一次成功的科研实践,不仅将极大地提高学生的主体性与自主性,培养其扮演一个组织者与参与者的双重身份,而且将自然地塑造师生之间的合作关系,从而培养学生的团队意识与合作精神。显然,科研实践所促成的上述师生关系,既不是传统意义上的以教师为主的师生关系,也不是课堂教学改革所倡导的以学生为主体的师生关系,而是一种在实践活动中自然生成的合作型关系。

综上所述,哲学开展实质性的、富有成效的实践教育是完全可能的,而且在现有的各种实践教育方式中，立足于哲学专业的科研实践有望成为一种融合课程实践、实习实训、毕业实习、创新创业等为一体的新型实践方式。不仅如此，哲学实践教育的探索还具有更为普遍的意义：如果哲学人才培养可以在实践层面上有所突破，实现理论育人与实践育人的统一，那么可以设想的是，那些与哲学一样都归属于基础理论的学科，同样可以开展实质性的、与自身专业紧密结合的特色实践。未来，没有什么学科（哪怕看似极其抽象与纯粹的理论学科）将被隔绝在实践教育之外。

道德教育的困境与解答

喻 丰①

一、道德教育的现实困境

思想政治教育或者广义的道德教育模式实际上为道德规范的学习为主，现存思想政治教育与道德教育均按照这种逻辑在运行。而这种道德教育最大的误解便是向其直接输送道德规范，这正确吗？一系列证据表明，受过良好和长期道德教育、从事道德相关的研究、探讨道德问题的伦理学家并不比普通人更加道德，甚至他们有时候显得更加不道德。实验哲学家斯维茨贝尔发现，在美国顶尖的学术图书馆中，当代伦理学图书的丢失率要比非伦理学图书的丢失率高50%，而经典伦理学著作的丢失率则要高出2倍。② 这些伦理学专业图书的阅读者和借阅者通常为伦理学教授或者研究生，这一数据颠覆直觉。同时，伦理学教授也没有像人们的直觉那样履行更多的道德责任，他们在美国选举时的投票率并不比其他专业的教授要高。伦理学家也并不会表现出更高的道德行为水准，在美国伦理学年会时，伦理学家不会比其他哲学教授更多地在别人演讲时保持沉默而不去窃窃私语，不会更多地在别人演讲时悄悄出门而不是摔门而出，不会更多地

---

① 喻丰，武汉大学哲学学院心理学系教授、博士生导师。

② Schwitzgebel, E., and Rust, J. The moral behaviour of ethicists: Peer opinion [J]. Mind, 2009(118): 1043-59.

保持座位清洁而不是遗弃垃圾,他们也不比其他哲学家更少地逃避交会费。虽然绝大多数伦理学家认为不回复他人邮件是不道德的,但是当真的收到邮件时,他们这样的信念却并不能预测他们的行为,其不回复邮件的行为也与其他领域的教授无异,伦理学家的信念也无法很好预测其慈善行为。对于哲学家来说,这些结果并不意外。① 因为伦理学家自己也完全不相信自己在普遍意义上的道德水准高于其他如研究形而上学或者认识论的哲学家,而其他哲学家也并不认为伦理学家就比自己会更多地做出道德行为。

那么可以试想,即使最熟知道德规条的伦理学家都无法做出好的行为,以这种方式去进行思想政治教育或者教育,是否合适?会不会造成知行分离的更恶后果?伦理学家比其他人拥有更多的道德知识、受过更多的道德教育,但是他们却并不会比他人更多地表现出道德行为。这至少也有两种可能,第一,道德知识与道德行为之间的关系并非线性的,它们可能是呈现出一种边际效用递减的关系,伦理学家比常人多学习的那些道德知识和多受的那些道德教育实际上并未能给予其道德行为多少加分项。第二,道德教育可能和道德行为毫无关系。无论如何,我们都可以很显然地发现,至少在道德问题上,教育、知识和实际行为之间是有鸿沟的。美国数项研究发现,对比那些没有经过伦理学学习的人,经过了伦理学课程学习的学生也不会表现得更诚实,在做完任务自我报告成绩并获得奖赏时,他们也和那些并未学习伦理学课程的学生一样会虚报以骗取奖励。② 斯维茨贝尔在综述了大量伦理学课程的实证研究后,认为很难给出一个道德学习有助于提高道德行为的结论。相反,道德学习对道德行为的正向提升效应,即使有,那也是微不足道的。因此,应该如何进行道德教育,似乎值

---

① Schwitzgebel, E., and Rust, J. The moral behavior of ethics professors: Relationships among self-reported behavior, expressed normative attitude, and directly observed behavior[J]. Philosophical Psychology, 2013: 1-35.

② Bazerman, M. H., Tenbrunsel, A. E. Blind spots: Why we fail to do what's right and what to do about it[J]. Princeton University Press, 2011.

得更深层次的讨论。①

二、道德教育的知行分离

我国的学生从小学到大学开始都强调思想政治教育，职业商人要学习商业伦理、政府官员要强调道德准则、科研人员要学习科研道德、罪犯也要进行思想改造。基于伦理学的这些研究至少给我们警醒，改造思想和改造行为也许并不等价。每个熟拙道德规则的人，不一定在每种情况下都会按照道德规则去行事。我们教育学生的目标是让人知道道德规范？还是想让人做出道德行为？二者皆有，更多的时候道德行为还会显得更加重要，如减少违法犯罪行为等。

传统的道德教育至少基于两个学科的基本信念，一是经济学的理性人假设，二是伦理学的义务论和功利主义传统。在理性人假设的前提下，道德知识、信念和道德行为几乎是等价的，因为人们会按照理性来行事，会按照自己的信念去行为。因此，教给人们道德知识便可以预测他们能够做出道德行为。但是，现代心理学已经否定了人在行为时的完全理性，至少我们在行为时的理性是有限的。因此，理性人的假设值得怀疑。既然理性人的假设告诉我们人们会按照其道德知识和信念做出道德行为，那么教给他们道德知识，使他们形成特定的道德信念即可。教什么？一般来说，现行道德教育会教给一些行为的规范、准则或规条，使人了解一些道德行为背后的规范，如根据道德责任或根据最大化的幸福来做出行为。但是，以义务论和功利主义为代表的现代道德哲学从 20 世纪开始也受到的较大的冲击。美德伦理学逐渐重新登上舞台。简而言之，基于经济学理性人假设和以功利主义、义务论为代表的现代道德哲学的道德教育会使得道德信念、

---

① Schwitzgebel, E., and Rust, J. The moral behavior of ethicists and the power of reason[M]// H. Sarkissian and J. C. Wright (Eds.). Advances in Experimental Moral Psychology, Bloomsbury, 2014.

道德知识和道德行为之间产生鸿沟。而道德教育应当转向非理性以及重视美德的训练与培养,但是这容易吗?并不容易。因为人格的塑造在于情境和角色的长期效应,没有长期处于一个道德角色中而感受其角色的认知和情感,美德塑造难以达成。

这就存在另一个问题,对于学生而言,其道德判断模式已然形成。但影响其道德判断的究竟是情绪还是认知?皮亚杰和科尔伯格的道德认知发展观认为道德判断建立于道德推理之上,他们并不关心情绪在道德判断中所起的作用,只承认道德判断中认知的贡献。在科尔伯格之后,发展心理学家们对道德的研究仍然是承袭着道德判断的认知和推理观。但心理系家海特提出了道德判断的社会直觉模型,他同样承认做出道德判断时依赖的是道德直觉而不是道德推理,但是海特认为虽然道德直觉和道德推理是两种认知过程,但是道德直觉这一认知过程中含有大量的情感成分,正是这些情感成分使我们做出道德判断。具体来说,海特认为:第一,道德信念和道德动机来源于道德直觉,而道德直觉是进化而来;第二,道德判断是快速且自动化的道德直觉过程的产物,而缓慢且有意识的道德推理过程发生于在道德判断之后;第三,在决定道德判断的直觉过程中其主要作用的是情绪而不是认知;第四,道德推理的作用在于事后解释,当我们做出了道德判断后,我们用道德推理来为自己的判断寻找理由;第五,虽然有意识的道德推理能够发生,但它很难改变由情绪所产生的道德判断的结果;第六,若要改变某人的道德判断便需要改变其道德直觉过程而不是改变其道德推理过程,因此说服等社会影响过程便是改变另一个人道德直觉的过程。[1] 在海特看来,情绪是做出道德判断的决定性因素,而认知和推理在道德判断中所起的作用仅仅是为道德判断的结果寻找理由,这正应验了休谟的话:"理性是情感的奴隶。"海特发现,在对一些无礼的活动做道德判断时,情绪反应比对伤害的评价更能预测道德判断的结果。如用国旗擦洗

---

[1] Haidt, J. and Kesebir, S. "Morality." [M]// S. T. Fiske, D. T. Gilbert and G. Lindzey (Eds.), Handbook of Social Psychology, 5th Edition, Hoboken, NJ: Wiley, 2010: 797-832.

厕所、吃掉自己养的但被车撞死的狗、不遵守亲人临终时的承诺等情境下，人们说这些行为是"错误的"，这更多的是基于他们的情绪反应。甚至人们在听到这些故事时，会很快地做出判断，说这些行为是"错误的"，但当研究者们询问他们为何错误时，大部分人会沉默良久但做不出任何解释，只能说"我就是知道这是错误的"。[①] 正是因为道德判断与行为受到直觉情绪影响，所以造成现行教育的知行不合一，造成道德教育效应很低。

三、道德教育的科学原则

既然传统道德教育存在知行不一的问题，那么科学的道德教育究竟应该遵循何种原则？从道德心理学的实证角度，我们认为以下三种原则可以避免道德教育的知行分离，并可以贯彻道德心理学的科学原理于思想政治教育和道德教育中。

(一) 强调联结但需基于建构

第一个原则是，强调联结但需基于建构。从心理学理论上来说，直觉思维更多的是构建于人类的进化过程之上且很难改变的。审慎思维则更多的是构建在教化和培养之上的，更多地为后天的社会和文化因素所影响。由于形成的困难，因此美德教育并非是容易的，且有美德的人也经常被伦理学家认为是不多的。但是虽然困难，直觉思维也并非不可改变。这种直觉、快速、无意识和无须努力的行为很多时候是习惯性的。直觉思维与审慎思维的训练是基于不同的学习模型的。学习理论大致可以分为两类，即强调行为和联结的理论，以及强调认知和建构的理论。行为联结论如桑代克、斯金纳等强调两个概念或者两件事物（即刺激与反应）之间的直接联

[①] Haidt, J. and Kesebir, S. "Morality." [M]// S. T. Fiske, D. T. Gilbert and G. Lindzey (Eds.), Handbook of Social Psychology, 5th Edition, Hoboken, NJ: Wiley, 2010: 797-832.

结,这种联结一旦建立,在刺激出现的时候,反应自然发生。这种刺激与反应之间的联结是快速的,无须仔细思考就会出现。因此,这适合直觉思维。而认知建构学习论如班杜拉、托尔曼等,莫不强调刺激与反应之间的心理过程,或曰认知。即刺激不直接导致反应,刺激导致心理如何认知这一刺激,而认知再产生对应于认知的反应。这一中间的认知过程,实际上即人们的心理加工过程,它可能是无意识的,但通常情况下是有意识的。如建构理论所说的将新学习的事物有意识地和原有知识结构联系在一起,找到所谓上位或者下位知识。这种找寻的过程本身就是一种逻辑的、理智的加工过程。因此直觉思维的学习是基于联结主义理论,而审慎思维的学习则是介于建构主义的。伦理美德的培养在于联结。①

(二)强调情境但非抛弃人格

第二个原则是,强调情境但非抛弃人格。情境与直觉思维交互作用,但同时影响审慎思维。要培养直觉思维必须依靠联结,但谈何容易。那么在产生行为倾向之前,为何不考虑交互作用产生行为倾向的情境呢?大的文化可以产生影响道德行为的强大的情境压力,并改变人们的道德行为。斯坦利·米尔格拉姆早已发现,当人们在权威强大的压力面前,其意志行为会显得苍白无力。微小的情境改变也会影响道德行为,如身着黑色队服的橄榄球队或冰球队队员的攻击行为更多,犯规也更多,而且同一支球队在身着黑色球衣时比身着其他颜色的球衣时,其攻击行为也更多;又如当人们置身于一个光线昏暗的屋子里时,他们更有可能虚报自己的成绩以换取并不应该属于自己的报酬,这一不道德行为在人们戴上一副黑色墨镜时而不是一副普通眼镜时也会发生;喝了瑞典苦茶的人比喝了甜的水果混合饮料或白开水的人表现出更浓的厌恶情绪,他们也会作出更严苛的道德判

---

① 喻丰,彭凯平,韩婷婷,柏阳,柴方圆.伦理美德的社会及人格心理学分析:道德特质的意义、困惑及解析[J].清华大学学报(哲学社会科学版),2012,27(4):128-139.

断，认为身处一些道德情境中的人所犯的错误会更加严重；当人们处于洒了橘子香味空气清新剂的房间内，他们会更相信他人，会在有风险的情况下更多地将钱分给他人以换取回报；相比于什么气味都没有的房间，置身于橘子香味的房间中的人也会对志愿行为表现出更多的兴趣，并更多地捐款。等等。[①] 这些研究表明，在训练美德的同时，是否道德教育也应当教育民众如何时刻去创设良好的情境？创设情境是一个完全可以实践的内容。如我们是否也应塑造一种适合人做出道德行为良好的氛围？我们是否应该让城市变得更加明亮？我们是否有更充足的理由让城市保持干净、整洁？公务人员的日常办公环境需要如何布置，他们的着装又应以什么颜色为主？这些问题是很容易实现的。但是问题在于，情境并不系统，如何去教导人们系统地学习情境的创设，这是严肃的问题。好在近来心理学家开始使用人格分类的方式来分类情境，虽然研究刚刚处于起步阶段，但是我们相信依据良好的情境结构和分类，我们有理由创设出良好的情境道德教育体系，以期更好地结合美德教育来改善道德行为。

(三) 强调认同但不过分认同

第三个原则是，强调认同但不过分认同。审慎思维的实质，即自我验证。自我验证的动机是一种强大的人类动机，它强大到当一个人面对有提高自尊的机会时，如果这个人是低自尊，他/她依然会首先选择自我验证以验证自己的低自尊，而不是去寻求自尊的提高。那么自我验证究竟验证的是自我的什么？答案是认同。研究发现，强化道德认同是有用的道德教育途径。在商业伦理学课堂上，同时进行传统道德原则教育并强化认同的研究生，比只进行传统方式教育的学生有更好的道德决策能力。强化道德认同的程序很简单，让学生在九周的课程时间内，每周花一分钟思考自己

[①] 彭凯平，喻丰. 道德的心理物理学：现象、机制与意义[J]. 中国社会科学，2012(12)：31-48.

与某一美德的关系,然后花至少五分钟写一篇自己如何体现这种美德的文章,九周写九种美德,以便让学生获得美德认同。① 这一道理如镜子前的人会比不照镜子的人更加道德,即使看到一双哪怕是假的眼睛看着自己,我们也会更加有道德。道德认同的教育就像让人不断照镜子一样,让人心中有镜。综合来说,最容易使人格改变的是环境和身份的塑造,要让一个沉默寡言者变为一个外向活泼的人,最好的办法不是教他学着说话,而是将其置于一个需要外向活泼的环境。比如让他去做记者这样需要外向的职业,这时候环境和身份使得这个沉默寡言者不得不以外向的方式来行事。但是,这里面存在一个中介变量,即认同。只有当这个人真正认同了记者的身份时,他才会变得外向。因此,认同实际非常符合现今人格改变研究所得出的原则,或者说是最有效的人格改变途径。

但是必须要注意的是,是否道德认同一旦获得就是一件越认同越好的事情?通常情况下也不是。认同也存在一个度的问题。它涉及道德的自我调节,即当一个人做了道德的事情,拥有了我是一个好人的认同之后,他/她会如何调节自己的行为。在通常情况下,他/她会放宽一些对自己的要求,觉得自己做一些坏事也无妨,这叫做道德许可。② 即每人心中有一杆道德之秤,做了好事的人会允许自己做坏事,而做了坏事的人需要做好事来弥补以使得秤达到平衡。这可以解释为什么许多道貌岸然者能够满口仁义道德,而私下里却能干出"吃人"的事情。只不过是因为满口仁义道德使他们获得了道德许可,让他们能够心安理得地干坏事。所以,在对学生或者民众进行教育的时候,力求少给他们以道德许可,而要多警醒他们以道德认同。即要让他们有道德认同,但是认为自己还没有达到道德认同,

---

① Gu, J., and Neesham, C. Moral Identity as Leverage Point in Teaching Business Ethics[J]. Journal of Business Ethics, 2014(121): 1-10.

② Zhong, C. B., Liljenquist, K. A., and Cain, D. M. Moral self-regulation: Licensing and compensation [M]// D. De Cremer (Ed.), Psychological Perspectives on Ethical Behavior and Decision Making. Charlotte, NC: Information Age Publishing, 2009: 75-89.

让他们时刻与自己的理想化道德自我进行比较;同时又不对他们进行道德上的奖励,给予他们道德许可,比如不应告诉他们"你是个道德的人"这样的话。① 总体而言,科学研究告诉我们现有的道德教育模式是需要改进的,而改进则应遵循联结、情境与认同的原则。

四、道德教育的内容

面对全球战疫的背景,虽然我们了解了联结、情境与认同的原则,我们具体教什么呢?或者说,我们将道德教育的关注点放在什么上面最为合适?根据实证心理学的原理,② 也许这样三点最为合适:

第一是直觉。道德教育应该训练人的直觉而不是教授给人知识,因为直觉才是决定道德判断与行为的主导因素。但我们必须说明,不能矫枉过正,道德行为不同于习惯行为。习惯行为是缺乏自主性的,但是美德行为一定是行为主体了解、知道何谓善、恶,在这样的具有自主性的基础之上,通过反复实践才习得的类似习惯的行为。这提示我们,美德教育应该采取的方法,即通过实践理性的反复联结,使得直觉思维的行为倾向建构于审慎思维之上。也就是说,如果没有伦理规范的教育,单纯的联结并不会有很好的效果,联结必须建立在一套对学生讲授与理解完好的伦理规范之上。

第二是情感。道德教育还应该是情感教育,特别是积极情感教育。没有积极情绪,何以驱动道德行为?如果都是消极情绪,那么做出的道德判断与道德行为可能事与愿违。什么积极情绪值得我们去训练?敬畏、好奇、自豪、钦佩、共情等与道德相关的积极情绪也许是更好的范例。

---

① Monin, B., and Jordan, A. H. The dynamic moral self: A social psychological perspective[M]// D. Narvaez and D. Lapsley (Eds.). Personality, identity, and character: Explorations in moral psychology. New York: Cambridge University Press, 2009: 341-354.
② 彭凯平,喻丰,柏阳. 实验伦理学:研究、贡献与挑战[J]. 中国社会科学, 2011(6): 15-25.

第三是心力。理性不是完全没有作业，它毕竟在人资源充盈的时候能够提供一些控制。而自我调节心力就算训练理性的一种办法。自我调节心力是指一种心理肌肉，自我调节就像我们用手提水一样，会消耗我们的体力，让我们感到肌肉疲劳，我们的体力是有限的，而且无论是提水还是搬运东西，都要消耗体力。鲍迈斯特等人构建了自我调节心力的模型，[1] 认为：第一，自我调节是自我执行功能的一部分，自我调节和意志活动需要心力；第二，自我调节心力是有限的，即个体自我调节的能力有限，个体在同一时间内只能抑制数量有限的冲动；第三，所有的自我调节都使用相同的资源，朝向某一目标的自我调节会使其他自我调节活动的资源减少；第四，自我调节的成功与否取决于个体自我调节心力的水平，拥有更多心力的人更有可能达到自我调节的目标；第五，自我调节过程中自我调节心力会消耗，自我调节活动不仅需要使用心力，也会造成下一活动可用心力的减少。如何训练？回答很简单，那就是进行有规律的自我调节锻炼。肌肉越锻炼，力量越大，同理，自我调节心力的增加也要依靠有规律的锻炼。如，经过有规律的自我调节锻炼者（如用其非利手进行各种任务）在两周后进行需要自我调节心力的任务，其表现得要比没有经过锻炼的人好。

---

[1] Baumeister, R. F., Vohs, K. D., Tice, D. M. The strength model of self-control[J]. Current Directions In Psychological Science, 2007, 16(6): 351-355.

当代社会文化背景下"发展心理学"课程思政的定位与路径

张春妹　刘雨蔚[①]

习近平总书记在 2016 年全国高校思想政治工作会议上对高等学校教育提出了"培养什么样的人、如何培养人、为谁培养人"的根本任务,要求将立德树人作为中心环节。不仅明确了高校的育人目标,指明了高校专业课程改革的方向,也对高校教师提出要求,即不仅要为学生传授专业知识,同时还应挖掘所授课程中的德育元素,将中国优秀传统文化和社会主义核心价值观融入其中对学生进行价值引领,从而引导学生形成正确的人生观、价值观,使其成长为积极投身国家建设的人才。本文首先分析了课程思政的内涵,明确了从内生德育功能的角度进行融入式课程思政教育的课程定位,然后从当代社会文化背景入手分析了文化认同、价值观引领在知识教育中的必要性和发展心理学课程的契合性,并从"发展心理学"课程核心理念与马克思主义核心观念的一致性阐述了课程本身内蕴的德育功能,最后分析了具体课程内容、教学过程、评价过程等环节实现课程思政的路径。

一、"发展心理学"课程思政的定位

"立德树人"作为高等学校教育的中心环节,体现了德育在新时代背景

[①] 张春妹,武汉大学心理学系副教授、硕士研究生导师;刘雨蔚,武汉大学哲学学院心理学系硕士研究生。

下高等教育中的重要意义,除思想政治教育课程在学生德育中起作用之外,其他教学课程也应融入德育内容,把思想政治工作贯穿教育教学全过程,从"思政课程"逐渐向"课程思政"转变,以发挥课堂育人的主渠道作用,实现思政课与其他课程协同育人,进而达到全程育人、全方位育人的高等学校教育目标。①

自高校"课程思政"建设提出以来,不同学者看待其内涵有不同的视角。概括起来主要有两种不同的观点,一种认为课程思政就是将思想政治教育贯穿于所有的课程之中,在向学生传授知识的同时,强调价值引领,立德树人,提高学生的思想品德和人格修养;② 另一种认为高校"课程思政"实质上来说是一种课程观,是将高校思想政治教育融入课程教学和改革的各环节、各方面,实现立德树人润物无声,③ 并且把思想政治教育融入各类课程,充分挖掘出各类课程中的思想政治教育资源,以课堂为载体,以育人为主要功能,将知识传授和价值引领都贯穿于课堂之中。④ 有人提出外铄和内生的育人观的区别,⑤ 而以上贯穿式和融入式的两种课程思政在形式上可以说正是分别对应了两种不同的育人观。

从本质上来说,两种课程思政观在教育目标上是一致的,都是强调价值引领与知识传授相结合,以立德树人为根本教育目标,但是在具体实现过程的途径和形式上,背后的细微差异可能导致思政元素的前置、主导,形成最后的牵强之感。因此,本文认为课程思政是一种课程观,高等教育的不同专业不同课程均可以原有课程内容为基础,实现培养什么样的人和

---

① 高德毅,宗爱东.课程思政:有效发挥课堂育人主渠道作用的必然选择[J].思想理论教育导刊,2017(1):31-34.

② 梁暹.关于课程思政的几点思考[J].教育教学论坛,2018(30):42-43.

③ 高德毅,宗爱东.课程思政:有效发挥课堂育人主渠道作用的必然选择[J].思想理论教育导刊,2017(1):31-34.

④ 刘洋,谢梦凡,惠文."课程思政"的价值意蕴与构建路径探析[J].思想政治课研究,2019(3):35-39.

⑤ 李辉,王丹.内生德育:课程思政建设的基本遵循[J].新疆师范大学学报(哲学社会科学版),2021,42(5):241-249.

如何培养人的德育功能,在教学过程中实现对学生的价值引领与思想道德培养。但是在实现课程思政过程中,需要解决的核心问题是明确该课程的核心理念和素养,并有意识地在课程教学过程中,以核心理念引导知识教学,让知识不单单是工具性的知识本身,而是成为有精神、有灵魂的系统,从而在教学过程中自然地进行价值传递、品格塑造。

这种课程思政自然对教师也有一定的要求,即需要对知识有较深的把握,对课程核心内涵有自己的领悟。更重要的是,对内生的课程德育功能和价值具有很好的体认。如此,才能实现内生的德育课程观,进行准确的课程思政定位。

二、从课程思政的价值理性来看发展心理学课程的德育价值

大学的功能在于培养对国家、对社会有用的高级人才,但是大学教育的知识传授是否一定要进行价值引领呢?是否所有课程都蕴含价值意义或具有德育功能呢?这就是要回答课程思政的价值理性,并明确教师所教课程(本文为发展心理学)的内生的德育价值。

第一,当代社会政治经济的发展,文化特殊性彰显,文化价值凸显,使得现代教育具有回归价值理性的迫切需要,传播文化价值成为必要。

现代社会的发展,一度让人们感受到地球村的便利,"全球化意识形态"几乎成为主流。但是随着中国经济的崛起,在2020年新冠疫情的冲击下,"去全球化"和"全球化"的冲突摆在了历史的前台,国家主权形态、文化内在的政治性等问题摆在了人们面前。世界性与地方性认同既有同一性,又有冲突性。对于中国知识界、思想界来说,需要系统清理和反思过去所持有的假设、观念和价值;[①] 而对于教育界来说,则需要意识到教育

---

① 张旭东. 当代普遍性论述的知识谱系、文化政治与历史决定——《全球化时代的文化认同》(第三版)笔谈[J]. 东方学刊,2021(3):1-19.

是为了谁,以及知识背后的文化和价值。

在社会化大生产时代,科学技术的加速发展、交通的便利、信息的爆炸和瞬间的传播,人们作为一个"世界人"行事与如何作为"自己"活着,很多时候是同一枚硬币的两面;但是在一些决定性时刻,人们被逼进行非此即彼的抉择,在一种生活形式和价值认同的意义上确定我们潜在的、却是难以逃避的文化归属和存在的政治性。而文化在终极意义上是生活世界和生活形式的自我表达,它本身具有一种固有的、却隐而不彰的政治强度。所有貌似非功利的、专业化的概念和意义生产活动,都可以在具体的权力关系和马克思主义结构分析中显出它的特定的意识形态立场、倾向性和战术策略。① 而今天的中国随着经济的发展,在社会发展的各个领域与其他发达国家的历史距离正在缩小,因此,特别需要我们以前所未有的自信、眼界,继续进行自身制度、价值、文化和生活形式建设方方面面的理性化、合理化探索。并通过将自身文化"特殊性"中潜在的普遍性因素发扬光大,同其他"特殊的普遍"互动、交流、竞争,实现对自己的肯定和超越,去参与界定并丰富这种普遍性概念的斗争。因此,当代社会,教育需要具有政治意识和民族意识,从根本上来说是要具有文化意识。

而发展心理学在过去的二三十年里,已经从强调普遍的、全球一致的个体心理发展规律的学科,发展为一个具有文化视角、关注到普遍性和文化社会历史特殊性并存的学科。但是由于我国心理学整体发展的相对滞后,文化心理学近五年在国内才开始获得广泛关注,因此发展心理学还缺少我国文化视角的研究,"发展心理学"课程更是普遍采用西方心理学理论。中国传统文化对于人的发展规律的理念,传统文化关于家庭关系、育儿等方面的态度和理念对于个体发展的影响,必然在中国人现实生活中存在着,并具有积极的价值,因此,在强调文化自觉的现代社会环境下,特别需要发展心理学课程将中国传统文化引入,梳理和反思中国文化与个体心理发展规律的关系,以教学传播文化发展心理学思想、促进进一步的文化发

---

① 张旭东. 当代普遍性论述的知识谱系、文化政治与历史决定——《全球化时代的文化认同》(第三版)笔谈[J]. 东方学刊,2021(3):1-19.

展心理学研究,从而促进当代大学生的文化认同、国家认同和文化自信。

第二,在个体层面,从育人效果的教育心理规律来看,价值引领才能更好地促进个体发展。

首先,积极的价值观会促进学生的学习行为。心理学的研究发现,价值观与学生的学习动机息息相关。品格自律能够正向预测内生学习动机,金钱权利和守法从众则显著负向预测内生学习动机。① 赵帅针对中职护理学生的调查中发现,学生的学习动机得分随着价值观与职业认同得分的增加而增加。② 从另一角度看,积极的知识价值观,即对知识重要性的积极看法,能够显著负向预测学生的学业倦怠情况。③ 而学习动机与学业成绩存在正相关,④ 过高的学业倦怠水平会导致学业成绩的下降。⑤ 因此,为了使学生能在知识学习中获得更好的效果,价值观的引导非常重要。

其次,价值观会进一步驱动不同的社会行为。Rokeach 在对价值观的定义中指出,价值观具有动机的功能,是行为和态度的指导。⑥ 青少年群体中具有亲社会价值取向的被试表现出了更多现实生活中的亲社会行为⑦和网络环境下的亲社会行为。⑧ 亲自我价值取向的人在代他人决策时更加

---

① 王亚娴,谷传华,崔承珠. 免费师范生的学习动机与尽责性人格的关系:价值观的中介作用[C]//中国心理学会发展心理专业委员会第十三届学术年会摘要集,2015:149.

② 赵帅. 中职护理专业生价值观、职业认同与学习动机的关系研究[D]. 牡丹江师范学院硕士学位论文,2019:29.

③ 杜娟. 自我调节学习对学业倦怠的影响——基于知识的个体价值观和社会价值观的双重中介作用. 山西高等学校社会科学学报,2020(05):50-54.

④ 梁兴丽,何津,周佶俊,刘萍萍. 认知能力对学业成绩的影响:有中介的调节模型. 心理发展与教育,2020(4):449-461.

⑤ 张洪峰,刘旭璐. 大学生学习压力和学业倦怠与成绩关系的实证研究. 北京教育(德育),2014(4):4-7.

⑥ Rokeach, M. The nature of human values. NY:Free Press,1973:1-10.

⑦ 周珮. 同伴接纳、社会价值取向对青少年亲社会行为的影响[D]. 华中师范大学硕士学位论文,2019.

⑧ 范依婷. 个人定向类价值观与网络亲社会行为:自我决定视角下有调节的中介模型[D]. 华东师范大学硕士学位论文,2020.

感受不到他人利益的损失,从而做出更加冒险的决策行为。① 在职场中,当工人感到心理契约被破坏时,其与企业之间劳动关系的基本价值受到损害,影响着工人的价值取向,进而会让员工出现职场偏差行为。② 在消费领域,个体所持有的生态价值观能够影响其可持续消费行为。③ 因此,在课程中对学生进行积极、正确的价值观引导有利于学生做出更多有利于国家社会发展、人际关系友好、个体健康成长的行为;反之,不良的价值观则会教育出具有偏差行为、危害社会的学生。也就是说,具有价值理性的现代课程,需要明确培养什么样的人,即具有怎样价值观的人。

发展心理学课程内容就包括个体价值观和社会行为的发展,但是已有的课程体系比较侧重社会行为的发展,未突出价值观的地位。因此,在课程建设中,也需要系统梳理我国优秀传统文化的价值观、社会主义核心价值观的个体发展规律、个体价值观发展的影响因素,以及价值观对于个体发展的具体影响和培育机制,从而在引导学生发展的育人过程中,指引学生建立积极的、具有中国文化特色和社会主义价值观。

三、"发展心理学"课程内容本身蕴含的德育价值

前已述及,每一门课程自身都有其核心理念和核心素养,而该核心理念必然具有价值定位,课程思政的灵魂和精髓也正是用课程核心理念来实现内生的价值导引。而发展心理学作为一门专门研究人的身心发展规律的学科,与马克思主义核心观点具有一致之处,很好地解读了马克思主义的核心观点,因此课程理念和内容本身蕴含着丰富的德育价值。具体来说,

---

① 张银玲,虞祯,买晓琴. 社会价值取向对自我-他人风险决策的影响及其机制. 心理学报,2020(7):895-908.

② 张力邀. 心理契约破坏、工作价值观与职场偏差行为之间的关系[J]. 心理月刊,2020(21):28-29.

③ 贺爱忠,刘梦琳. 生态价值观对可持续消费行为的链式中介影响[J]. 西安交通大学学报(社会科学版),2021(1):61-68.

主要表现在马克思主义的唯物史观、人的社会性本质、科学方法论三个方面。

第一,发展心理学注重人的发展有助于解读马克思主义的唯物历史观、重视人自身的价值。

唯物历史观与唯心历史观相对,它认为社会存在决定社会意识,强调人民群众的历史伟力,而不像唯心历史观所认为的英雄决定历史,人民只是历史的工具。马克思指出,具体的、在一定历史条件下的人的生产、劳动、实践创造了历史。因此,我国党的路线也是依靠群众、发动群众,从群众中来、到群众中去。发展心理学课程的核心目标是促进所有人的潜能最优化发展,以个人的发展促进社会的整体发展,因此,课程具有重视所有人民的平等价值,很好地解读了马克思主义的唯物历史观。而发展心理学研究个体从出生到死亡各个阶段的发展规律,帮助个体了解自己各个阶段的任务目标、每个阶段特有的优势,有助于确立处于生命不同年龄阶段的每个人的价值,即在全民中普遍重视每个人的价值,又于每个人来说,珍视、发挥每个生命阶段的价值。

第二,发展心理学强调人的社会性发展符合马克思主义关于人的社会性本质的观点。

马克思主义认为人的本质是社会性,这与社会性发展、遗传与环境对人发展的影响等发展心理学讨论的问题是有机互动的。首先,马克思关于人的本质论述中指出"人的类特性是自由的有意识的活动",心理学本身就是关于人的科学,研究的是个体心理现象的发生、发展和活动规律,发展心理学中个体认知发展就包括感觉、知觉、记忆、想象、思维等个体认识客观世界的信息加工活动;"人是有意识的活动"也意味着人具有主观能动性并通过实践来对自然界进行改造,[①] 发展心理学不仅强调专业理论的学习,同样重视理论对实践的指导。例如在学生掌握了个体成长各个阶段的

---

① 于洋. 浅谈马克思人的本质思想的形成及其对当代高校思想政治教育的启示[J]. 湖北开放职业学院学报,2021(3):67-68.

规律之后，通过组织教育实习将所学理论应用到实践中，根据教育对象所处年龄阶段的个性心理特点进行教学设计。其次，马克思还提出了"人的本质是一切社会关系的总和"的经典论述，在发展心理学学科中，人具有生理、认知和社会性三个方面的属性，而社会性发展是人在各种社会关系中进行社会化的结果，并对人的生理、认知发展具有重要影响，是人心理健康与否的决定因素；同时，人际关系与社会支持也是重要的议题，发展心理学家通过科学研究验证了亲子关系、同伴关系、师生关系在个体发展中的重要作用；人所具有的社会性，也意味着人能够意识到个体和集体、主体和客体之间的区别，能够意识到个体的价值，以及个体为他人、集体付出和牺牲的意义，① 发展心理学研究也在致力于寻找促进个体亲社会行为的各方面因素。

第三，发展心理学为揭示发展规律的方法的确立了科学的方法论。人的发展不是无序的、随机的，而是有其固有规律的。发展心理学的研究不仅揭示了人的发展规律，还在解释规律的过程中展示了如何运用科学方法进行规律的发现，做到逻辑与历史相统一、归纳演绎相结合、抽象具体相统一。在传授知识的同时，让学生知其然，更知其所以然，做知识的接受者、批判者，更做知识的发现者、探索者；也让其留心生活中的现象，归纳潜在的规律，作出自己的理论解释，提出可能的假设，并在现实中收集数据、检验假设。在引导学生进行科学研究的过程中，发展心理学让学生自然而然地习得自觉运用科学方法论发现问题、解决问题的科学思维。

四、"发展心理学"课程思政的实施路径

在确立了课程思政的价值意义和定位，从课程核心理念和素养内生课程的德育功能之后，则需明确具体的教学过程中，如何在具体的教学内容

---

① 张建云. 早期著作时期马克思"人的本质"思想发展的内在逻辑[J]. 思想政治教育研究，2017(3)：14-18.

上落实德育功能、在教学过程和评价各环节上实践德育功能。

（一）在专业课教学内容上融入和补充课程思政的内容

"发展心理学"教学内容本身蕴含着丰富的思政元素，例如价值观的成长、理想信念的明确、人格的发展完善都属于发展心理学中个体毕生成长发展的部分；发展心理学倡导的合作、宽容、诚信等个体积极心理品质也与社会主义核心价值观契合。在具体的课程讲授中，一方面，需要有意识地挖掘这些课程内容的德育价值，另一方面，需要特别有意识地补充我国传统文化思想。例如讲授"人的发展阶段"知识点时可以补充我国古代先贤关于发展阶段的思想，以增强学生对中国传统文化的了解；讲授"同伴的影响"这一知识点时可以通过主题讨论引导学生形成同伴相处时的自由、平等观念；介绍"环境与胎儿发育中"时引入生命教育，使学生通过学习认识到生命的宝贵与独特之处；讲授"母亲的作用"时引入感恩教育，使学生懂得对父母以及其他重要他人的感恩；在讲授"婴儿感知觉发展"时补充客观规律与主观能动性之间的关系，以巩固马克思主义辩证唯物论的观点；在讲授"自我发展"时强调理想信念的重要性，帮助学生思考自己的职业道路与人生目标。

（二）在专业课教学过程中反映和体现课程思政的思想

在教学过程中利用各式各样的教学活动逐步实现对学生潜移默化的价值引导。以学生全面发展为目标，在教学过程中通过小组合作学习、研究性学习等教学形式，帮助同学们培养合作、互助、沟通、宽容等积极心理品质，进而使学生更好地融入集体，在集体任务中获得团队责任感与集体荣誉感；还可以通过对社会热点问题，例如亲子关系问题的研究，提升学生对他人、社会的关注，进而提高学生的社会责任感；通过对幼儿园的观察和具体的研究实践，培养学生提出问题、研究问题的科学素养和实践方法论。

(三) 在专业课教学评价环节融入课程思政的内涵

要想达到课程思政的预期效果,还应逐步建立适用于课程思政的多层次、多角度的教学评价体系。例如在课程评价中既有教师对学生的考评,体现学生在该课程中的知识掌握状况与课堂表现,但在考评时要注意将考试内容与思政元素融合,形成发散的考题,激发学生思考的主动性,鼓励学生用积极的态度追求知识的真谛;[①] 还可以增加学生对教师及教学过程的评价,体现自由、平等的价值理念,同时促进教师反思、改进教学设计,帮助教师提升职业道德素养,实现师生共同发展。

总的来说,"发展心理学"课程思政改革,重在树立课程的价值理性,挖掘课程本身核心理念的育人功能;在加强中国优秀传统文化教育,增强学生对我国悠久历史、先进思想与优秀文化的了解与认同,从而增强民族自尊心,坚定文化自信;在对自由、平等、爱国、友善等社会主义核心价值观的引领中,提高学生的思想道德修养;在具体的个人毕生发展的教育中,引导学生形成合作、互助、宽容、奋斗等积极心理品质,全面发展,从而培养其成为中国特色社会主义事业的合格建设者和可靠接班人。在进一步的改革中,还需探索更具体的发展心理学课程思政方案,逐步调整和完善。

---

① 韦仕英."课程思政"融入高校教育学的教学方法探究[J].佳木斯职业学院学报,2021(3):25-27.

新文科视野下的中国哲学史文献学课程改革及其教材建设

连 凡①

为深入贯彻习近平新时代中国特色社会主义思想和党的十九大精神,落实人才培养与学科建设,2020年11月3日,由教育部新文科建设工作组主办的新文科建设工作会议在山东大学(威海)召开。会议研究了新时代中国高等文科教育创新发展举措,发布了《新文科建设宣言》,对新文科建设作出了全面部署。《新文科建设宣言》提出:"文科教育融合发展需要新文科。新科技和产业革命浪潮奔腾而至,社会问题日益综合化复杂化,应对新变化、解决复杂问题亟需跨学科专业的知识整合,推动融合发展是新文科建设的必然选择。进一步打破学科专业壁垒,推动文科专业之间深度融通、文科与理工农医交叉融合,融入现代信息技术赋能文科教育,实现自我的革故鼎新,新文科建设势在必行。""夯实课程体系。紧紧抓住课程这一最基础最关键的要素,持续推动教育教学内容更新,将中国特色社会主义建设的最新理论成果和实践经验引入课堂、写入教材,转化为优质教学资源。鼓励支持高校开设跨学科跨专业新兴交叉课程、实践教学课程,培养学生的跨领域知识融通能力和实践能力。"②新文科建设中"学科交叉"

---

① 连凡,日本九州大学文学博士(中国哲学史专业),武汉大学哲学学院副教授,主要从事中国哲学及比较哲学的研究。

② 新文科建设工作在山东大学召开[EB/OL]. [2020-11-03]. http://www.moe.gov.cn/jyb_xwfb/gzdt_gzdt/s5987/202011/t20201103_498067.html.

"融入现代信息技术""夯实课程体系"的指导思想为推进中国哲学史文献学的教学革新指明了路径。中国哲学史文献学本身就具有跨学科的性质,并且可与现代信息技术的应用结合起来。因此,中国哲学史文献学要进一步明确其学科定位,发挥其基础性、工具性、信息化的功能,并且贯穿到课程教育及学习研究的全过程之中。这既是历史发展的必然,也是解决现实问题的需要。

一、中国哲学史文献学的历史发展与学科定位

从历史上看,中国古代文科教育坚持文史哲不分家的原则,在教育过程中把人格修养(尊德性)与知识传授(道问学)结合起来,从整体上来看是经典文献及其诠释的教育。100多年前,西学东渐,中国开始了由传统的经史之学到现代学科体制的转型。1904年,中国近代由国家制定的第一个在全国范围内推行的系统学制——"癸卯学制"正式颁布,在吸收近代西方学制及其科技教育的同时,也强调了传统经史道德教育不可废弃,体现了人文道德与科技知识相结合的理念。虽然由张之洞主持制定的这一学制带有明显的"中体西用"色彩,但还是促进了中西学术思想的交流与融合。随着科举制的终结,中国引进了分科教学的新学制,取代了以经学为核心的古典文献教育。1913年,民国政府颁布《大学令》及《大学规程》,规定大学学科分为文、理、法、商、医、农、工七科。学术界称之为从"四部之学"向"七科之学"的转变。[①] "四部"是指"经史子集",不是严格意义上的学科分类,而是对传统书籍的分类。"七科"中的"文"是指文科,又分为哲学、文学、历史学、地理学四门,哲学门的课程主要分为中国哲学与西洋哲学两大类,中国哲学类课程中即有"中国哲学史"课程的设置。"中国哲

---

① 见肖朗. 中国近代大学学科体系的形成——从"四部之学"到"七科之学"的转型[J]. 高等教育研究, 2001(6): 99-103.

学史"学科通常也称为"中国哲学",指的是哲学一级学科下面的一个二级学科。1914年北京大学成立哲学系,并设立"中国哲学门",这标志着作为现代人文学科的"中国哲学史"学科的正式确立。在国际上,西欧与日本的中国学(包括中国哲学)研究都早于中国。在国内,现代意义上的中国哲学史学科在20世纪初期自胡适、冯友兰等人创立以来,一方面继承清代考据学(以传统文献学及小学为根基的经典诠释,又称"汉学")及宋明理学(以阐发哲学义理与构建思想体系为目的的经典诠释,又称"宋学")的传统,另一方面吸收西方哲学的理论体系和问题意识,并加以融会贯通,从而在学科建设与专业研究上都取得了巨大成就。20世纪60年代初期冯友兰在北京大学哲学系率先开设"中国哲学史史料学"课程(即"中国哲学史文献学"课程的前身)并出版了《中国哲学史史料学初编》,朱谦之①和张岱年也编著有《中国哲学史史料学》,其后中国人民大学(石峻)、武汉大学(萧萐父)、吉林大学(刘建国)、南开大学(刘文英)、河北大学(商聚德、韩进军)、上海师范大学(李申)等高校的中国哲学专业开设了此类课程并出版了相关教材。这也为我们今天学习中国哲学史专业文献提供了便利。

"文献"一词最早见于《论语·八佾》篇,原本分别指文章("文")和贤才("献"),也就是我们今天所说的书面记载和口头言论。宋元之后,"文献"一般泛指所有典籍。今天人们对"文献"的理解更加宽泛,国家标准(GB)中定义"文献是记录有知识的一切载体"。因此从形式上来看,不仅传统意义上的纸本载体,纸本产生以前的甲骨文、金文石刻、竹木简牍、

---

① 曹树明指出朱谦之的史料学讲义于1957年曾以油印本刊行,较冯友兰为早{参见曹树明.朱谦之先生的中国哲学史史料学研究[J].陕西师范大学学报(哲学社会科学版),2012(5):169-176},但朱著正式公开出版则很晚,在影响上自然不能与冯著相比,而且其专题讲座的体例也不同于冯著。事实上,冯著《中国哲学史史料学》可以说是后来各种中国哲学史史料学著作的蓝本和范式。因此,笔者仍然将冯著视作中国哲学史史料学的开创之作。

帛书，近代工业社会产生的胶卷、磁带，乃至当今互联网信息时代产生的磁盘、光盘、网络云盘等知识载体均属于文献。在今天的学科分类体系下，各学科都有自己的专业文献与文献学。我们这里要处理的是与中国哲学史这一特定学科相关的文献资料。从内容上来说，中国哲学史原典文献主要包括儒、释、道三教的文献。对于学习和研究中国哲学来说，文献的梳理可以说是最首要的功夫。不论是研究具体哲学家及其著作，还是研究哲学问题，首先必须全面搜集并占有原始文献，并在此基础上进行细致的研读和分析，否则就只能是人云亦云而无法独立地进行思考。同时还必须了解全世界范围内前人时贤已取得的研究成果及学术动态，否则就有可能做无用功或重复劳动。从历史上来看，中国哲学史这一学科根植于中国传统的四部之学，自古以来就有重视文献的优良传统。先秦时期，儒、墨、道、名、法、阴阳等诸子百家学派百家争鸣，各学派主要继承了上古三代以来的"六经"（《易》《书》《诗》《礼》《乐》《春秋》）文献，并重点吸取了其中的天人智慧与礼乐制度，进而以此为思想根基回应当时治国安邦和安身立命的现实问题。汉武帝"罢黜百家，独尊儒术"，确立儒家为统治思想之后，历代儒家学者基本上是通过诠释先秦经典来发挥自己的哲学思想。这种经典诠释的传统始终贯穿着中国哲学的发展始终，并一直延续至近现代。由此可见先秦以来哲学文献的整理、分析和诠释对于中国哲学史的学习、研究乃至创造性转化来说具有至关重要的作用。

　　从上述中国哲学史及文献学的历史发展来看，中国哲学史文献学作为学习和研究中国哲学的基础，其本身就是中国哲学史与文献学相融合的交叉学科。而中国哲学史文献在形式与内容上的复杂多样性尤其引人注目。一般来说，中国古代基本没有我们今天这样专门在书斋或科研院所里面从事专业研究或职业教育的哲学家或学者，历代学者大抵以官吏、学者的多重身份游走于政治与学术之间。再加上西学东渐以前，中国学者很少创作像西方哲学那样形式体系严整的哲学专著。这就决定了古代学者的著述一方面内容驳杂，哲学与非哲学的内容往往混杂在一起，① 体裁形式多样，如经解、专著、语录、笔记、书信、文章、诗歌、戏曲、小说等均可用来表达和阐发哲学思想，所以使用前往往需要下一番甄别和梳理的功夫。如上所述，中国古代学术是不分文史哲的，所有的文献典籍都被纳入经史子集的四部分类体系。四部分类与今天文史哲一类源于近代西方的学科分类体系有很大的区别。简单来说，四部分类体系是建立在以儒家作为统治思想，并在"辨章学术，考镜源流"的指导思想之下，对古籍进行的一种基于古代学术体系与书籍内容的复杂分类体系。以今天通行的学科体系来对照的话，"经史子集"四部书籍中都有大量与中国哲学史相关的专业文献。我们今天学习中国哲学史就必须熟悉和了解中国古代的学术流变与思想体系。因此在具体搜集文献之前，我们有必要了解中国哲学史与中国传统四部文献的关系，并从整体上把握中国古代学术体系及其与中国哲学史学科的关系，从而便于我们更好地查找和利用相关文献。

以古籍四部目录的集大成者《四库全书总目》为例。其经部分为易、书、诗、礼(周礼、仪礼、礼记、三礼总义)、春秋、孝经、五经总义、四书、乐类、小学(训诂、字书、韵书)共十大类。前五大类源于上古三代流

---

① 这里涉及中国哲学史研究中的"纯化"与"泛化"的区分，如萧萐父一方面指出哲学史应当与思想史、学说史的研究区分开来，将伦理、道德、宗教、政法等非哲学思想的资料筛选出去，使哲学学"纯化"为哲学认识史，以便揭示哲学矛盾运动的特殊规律；一方面又指出由于哲学与文化存在密不可分的依存关系，文化是哲学的土壤，哲学是文化的灵魂，因此主张哲学史研究又可以"泛化"为哲学文化史，这样更能反映人的智慧创造和自我解放的历程。总之在哲学史的研究，博与约、纯化与泛化、微观与宏观、纵向与横向都可以结合起来，相互补充{参见萧萐父. 哲学史研究中的纯化和泛化[J]. 社会科学家，1989(6)：3}。美国学者 Th. H. 康指出西方儒学研究的一个突出特征就是比较研究，即就各种主题把儒学同西方其他哲学进行比较；另一突出特征是从儒家哲学和宗教的范围出发，扩展到社会心理学、社会学、政治学、经济学、艺术、妇女、现代性问题等方面的研究{参见[美]Th. H. 康著、衣俊卿译. 西方儒学研究文献的回顾与展望[J]. 国外社会科学，1990(10)：53-57}。由国内外中国哲学史研究最新发展趋势可知，中国哲学史的研究中的"纯化"倾向主要是受西方哲学的影响，关注哲学的核心领域，而"泛化"倾向则有中国传统学问的文史哲不分家的特征一脉相承。

传下来并经过孔子及其后学整理与传授的儒家核心经典"五经",发展至汉代兴起了专门诠释这些儒家经典的专门学问——经学。此后,中国古代的主流学术大体上经历了汉唐经学、魏晋玄学、宋明理学、清代朴学等发展阶段,但每一阶段无一不是根植于对儒家(及道家、佛教)经典的诠释。四部分类的经部文献中,《周易》《孝经》大体可归入今天的哲学类书籍,而《尚书》《礼记》《春秋》(包括经文及《公羊传》《穀梁传》《左传》三传)等经书中与中国哲学相关的内容也很多,甚至《诗经》这部今天一般被视为文学作品的中国首部诗歌总集中也保留了不少反映三代天道观念、鬼神信仰与原始崇拜的内容,并对中国古代哲学的发展产生了深远影响。中国传统思想发展到宋代,在经济文化发展与佛道异端思想的刺激之下,从先秦儒家经典中阐发了为儒家的伦理纲常作论证的形上道德之学,即所谓的宋明理学(或称"道学")。与此相应,以阐发心性义理和内圣外王之道见长的"传记"——"四书"(《大学》《中庸》《论语》《孟子》)在宋代以后取代了"五经"的地位,被增列入经部,并成为科举考试的标准和学者的必读经典。程朱理学也成为宋元以降直到清代的官方统治思想。从哲学思想体系的广度与深度来看,宋明理学是继先秦诸子之后中国哲学史发展上的又一个高峰。总之,经学是中国古代学术思想的正统和主流。中国哲学史从一定意义上来说就是一部经学史或者说经典诠释史。经部文献可说是中国古代哲学思想的根基,其中如"四书""五经"更可说是学习中国哲学史的核心"元典"。

其次,《四库全书总目》的史部分为正史、编年、纪事本末、别史、杂史、诏令奏议、传记(圣贤、名人、总录、杂录、别录)、史钞、载记、时令、地理(总志、都会郡县等)、职官、政书、目录、史评共计15类。史部书籍按今天的学术分类来看,基本属于历史学的范围,与中国哲学史的学习研究似乎关系不大,实则不然。因为我们学习研究学者的哲学思想时有必要"知人论世",对其生平背景(尤其是求学经历与学术交往)、当时的社会状况和思想传统等影响该哲学家思想形成与发展的重要外部因素有全面而深入的了解。这就要求我们除了哲学家本人的著作之外,还得从正史、地理(尤其是地方志)、传记(尤其是年谱及学术史)等史书中发掘该学者的相关史料。不少史部书籍中保留了中国哲学的很多重要文献或者本身就是中国哲学的研究对象。如目录类书籍中有大小序或解题的《艺文志》《经籍志》等史志目录或私家目录实际上起到了学术思想史的作用,① 是我们考辨学术源流和考察书籍内容及流传的必备参考资料。史传类中除年谱、言行录之外,还收录有朱熹《伊洛渊源录》、黄宗羲《明儒学案》等一大批古代学术思想史著作,这些著作其实是中国最早的哲学史、思想史、学术史著作,虽然其主要内容基本是辑录自其他史料尤其是学者原典,但其中保留有不少后世已经亡佚的内容,且编纂者本人多为著名哲学家、思想家,其选录文献和按语中体现出来的学术观点与立场等尤其值得我们重视。

再次,《四库全书总目》的子部分为儒家、兵家、法家、农家、医家、天文算法(推步、算书)、术数(数学、占候、占卜、命书相书、阴阳五行、杂技术)、艺术、谱录、杂家(杂学、杂考、杂说、杂品、杂纂、杂编)、类书、小说家(杂事、异闻、琐语)、释家、道家共14大类。子部的内容在四部分类体系中最为驳杂,而其与中国哲学史文献的关系则可说最为密切。不仅中国哲学思想史上最主要的儒、释、道三家在子部中各占一大类,其他的九流十家也各占有一席之地。由于古代四库书目以体现官方意识形态的儒家经典为主体,将释道二教斥为异端,再加上释、道二教经籍另有《大藏经》与《道藏》的结集,所以四库中只收录了为数不多的释家史传与道家经典,对数量庞大的释道二教经书一概不予收录。因此《四库全书》又被人称为"儒藏",② 释道二教只能算作附录。所以我们研究释道二教时主要得依靠《大藏经》与《道藏》。儒家类中如《论语》《孟子》已上升到经部,历代注释也与之归在一起,因此研究儒家必须经、子兼顾。宋代以后儒家类收录的主要是儒家后学阐发儒学理论学说的著作,如《朱子语类》等,是

---

① 白寿彝. 中国史学史论集[M]. 北京:中华书局,1999:500.
② 黄爱平. "儒藏说"与《四库全书》的编纂[J]. 文史知识,1988(11):101-104.

我们学习和研究中国哲学尤其是宋明以降哲学思想的必备资料。其他兵家、法家、医家、杂家等各家中收录的著作同样也是我们研习中国哲学时的必备文献资料。

最后,《四库全书》的集部分为楚辞、别集、总集、诗文评、词曲共五大类。"集"本有集合、汇集、聚集之义,集部书大多有汇集综合的性质,个人作品集为别集,多人作品集为总集,本来就是诗文集,后来又出现其他体裁的作品集,如词曲集。需要注意的是,集部虽是继承《汉志》的诗赋略而来,但历代的作品集不限于文学性的诗文,各类体裁和内容的作品,如表章奏议、公私文书、应酬文字、学术及思想见解文章等,皆可收入集部书籍中,就是说集部中还有相当一部分是其他三部的内容。对于中国哲学史的学习和研究来说,集部中的别集和总集尤其值得重视。一般来说,自编别集始于六朝,现有汉人别集均为后人编集,唐代已形成风气,宋代以来几乎无人不有别集。《四库全书》的四部中集部分量最大,约相当于经史子三部之总和,其中别集又占集部的绝大部分,有960余部,按照作者时代先后排列,最早的西汉扬雄《扬子云集》是宋人重编之本,下限到清乾隆时期。从作者来看,自扬雄以下的中国历代学者的诗文大体已经结集。其中唐宋以下的著名哲学家基本上有别集传世。除著录于经史子三部中的专著、语录之外,这些哲学家的单篇论学书信、文章基本上收录在别集或总集之中,是值得深入挖掘的思想宝库。今人整理点校出版的如《二程集》《黄宗羲全集》《朱子全书》等全集则为学者四部著作的结集,使用起来更加便利。

二、中国哲学史文献学的教学改革与课程体系

以上以《四库全书》为中心介绍了传统四部经史子集之学与现代学科体制下的中国哲学史学科之间的关系,可知中国传统学术与现代意义上的学科分类存在本质不同的同时又有着错综复杂的继承关系,由此也决定了"新文科"的建设不可能完全否定或舍弃"旧文科",也不可能回归到文史哲

不分的传统教育，而是要在总结学科建设经验的基础上，站在更高层次上实现学科融合。因此，打破学科壁垒，促进学科交叉融合是新文科建设的必然要求。当前，推进新文科建设面临着特殊的历史机遇。一方面，新文科深深植根于人文社会科学的发展脉络中，是人文社会科学发展到一定阶段后的自我更新和调整；另一方面，新文科也深深植根于外部世界的变化之中，这是人文社会科学适应时代发展的必然结果。在新一轮科技革命和产业改革下，各种高新技术迅猛发展，人工智能、生物基因工程、虚拟数字技术、大数据和云计算已经与文科专业深度融合。因此，新文科建设的"学科交叉"必将促进原有文科专业的转型升级，实现文科与理、工、农、医的深度交叉融合，在新一轮的跨学科发展中发挥引领作用。[①]

对于中国哲学史文献学课程的新文科建设来说，处理好课程内容、结构及现代化的关系显得尤为迫切。因为长期以来，"中国哲学史史料学"的课程教学及其教材存在以下一些落后于时代的问题。

首先，课程内容比较陈旧。由于相关教材往往出版年代较早，再加上出版之后没有进行修订更新，导致没有吸收最新的学术动态和研究成果，对海外汉学相关研究的关注尤其不够。这一问题在学术繁荣、经费充足、知识积累日益加速的当今显得尤为突出（目前海内外学界一年出版及发表的专业论著数量都是20世纪所不能比的，尽管这些论著质量参差不齐，但仍不乏精品力作）。具体来说，传统的"中国哲学史史料学"教材一般沿着中国哲学史的发展脉络，并以介绍中国哲学史上的主要流派、学者及其原典文献（包括作者介绍及考辨、内容概要、目录记载、版本优劣以及辨伪等相关文献考证）为主。通过这些内容虽然能使读者对传统的中国哲学史经典文献有一个大致的了解，但是对于最新的学术成果，包括近年来层出不穷的出土文献、古籍整理以及相关研究成果，尤其对海外汉学（中国学）的研究关注不够。教材中的一些内容和结论有可能已经落后或被最新的成

---

① 参见何二元.新文科建设视野下的大学语文教学革新[J].中国高等教育，2021(19).

果证明存在失误，同时难以引导学生全面了解海内外学界已有的研究成果并进入学术研究的前沿。

其次，课程结构存在缺陷。传统的中国哲学史史料学教材虽然也涉及传统经史之学，尤其是文献学的一些成果，包括版本、目录、校勘、考据以及语言文字、历史等相关学科的基本内容，但往往重视理论知识的介绍而缺乏实践的环节，更加缺乏理论与研究实例相结合的指导。这一问题在今天新文科建设强调学科交叉的背景下，显得尤为突出。所谓学科交叉是从理论到实践层面的深度融合，而不是满足于一般的概要介绍，因为单纯名词解释式的知识性介绍，对于提高学生的学习和研究能力并没有太大的作用，所以笔者认为应该结合中国哲学史研究（包括相关课题及论著）中的一些实例来讲解如何整理和分析文献史料，引导学生将跨学科的理论与实践结合起来，从而达到学科融合的目的。

最后，传统中国哲学史史料学教材往往使用传统人工或简单文字处理的治学手段，而没有跟最新的文献管理、知识组织、笔记软件以及数据库检索等现代信息技术广泛结合起来。如果说之前的教材由于当时科技发展及著者（大多是活跃于20世纪的老一辈学者）知识结构的限制而未能结合现代信息技术，那么在社会各行业尤其教育全面进入信息时代的当今，课程和教材的更新就势在必行了。这种更新不仅来自外在环境的推动，更是源自学科内部发展的需要。在现代信息技术条件下，我们对文献的检索、分类管理、阅读笔记乃至写作投稿的研究全过程都可以通过相关电脑软件并结合网络资源加以开展。这些信息技术手段不仅能够提高我们的学习和研究效率，实现传统人工难以达到的功能和目标，而且也是学术规范的需要。当今从写作到投稿都已经建立起相应的学术规范（尤其是以参考文献的标注为核心），国家也出台了参考文献标注国家标准（如最新的中华人民共和国国家标准 GB/T7714—2015《信息与文献参考文献著录规则》是目前中文论著中参考文献标注的共同标准，但各期刊、出版社规定的具体格式一般会对其进行细微调整），而这些都必须使用现代的信息技术才能完全准确地实现。这一点恰好是各种文献管理软件的核心功能（尤其不同参考文献格式之间的转换如果通过传统人工或 word 软件注释一条条做极其费时且易出错，而用专门的文献管理软件则可极其快速并准确无误地完成。当我们积累了成千上万种文献并在 word 中引用了成百上千条文献时这一问题尤其突出)，并且可以跟我们的课程学习结合起来。

在新文科建设提供的新的历史机遇下，笔者认为中国哲学史文献学要进一步明确学科定位，推进课程体系及教材革新。长期以来，由于缺乏学科交叉的宏观视野，中国哲学史文献学的课程教学及其教材往往成为单纯的经典概要，没有体现出其介于传统学术与现代学科之间的交叉学科（跨学科），以及学术性与工具性相统一的学科特征。这一点反映在课程体系及其教材建设上就是一方面因袭传统的同时又没有结合相关人文学科以实现文科内部的融合，另一方面又没有结合现代信息技术以实现文理之间的融合。因此笔者认为有必要对课程体系及其教材进行革新，具体包括以下五个板块的内容：

板块一，中国哲学史专业文献。中国作为世界上唯一延续至今的文明古国，目前已知有文字和文献记载的历史已有 3000 年，虽历经各种劫难，但文献与文化的传承一直不曾断绝，留下了浩如烟海的各种传世和出土文献资料（据称传世古籍当有 10 万~20 万种）。其中与中国哲学相关的原典文献可以说汗牛充栋。同时，近代以来伴随西方中国文化热及中国国内传统文化的复兴，中国哲学史的研究也日益兴盛，海内外相关的研究成果更是难以计数。面对今天这个"知识爆炸"的信息时代，如果不知道哪些文献是重要且必读的，哪些文献是次要甚至不必读的，只是漫无目的地乱读一气，势必泛滥无归而学无所成。因此有必要按照中国哲学史的发展脉络，对学习与研究中国哲学史所必读的原始文献及其相关研究论著做一简明扼要的梳理与提要，以引导青年学子们尽快学习和掌握研究中国哲学史所必读的一手文献资料及海内外相关专业资讯，为其进一步地学习和研究打下坚实的基础。这一部分也是课程教学及其教材的核心内容。除了包括以往同类教材的主要内容之外，笔者尤其注意吸收海内外最新的出土文献、古籍整理以及相关研究成果，同时注意同一文献的学术源流以及不同文献之间的关系，力图使学习者能够打下扎实的专业文献基础并建立起学科理论框架体系，使学习者对相关研究的整体状况和学术前沿问题有一个清晰的认识，从而指导和引领其学习和研究中国哲学史。这也是本课程要达到的首要目标。

板块二，古典文献学理论与方法。主要包括作为古典文献学(当然也包括中国哲学史文献学)基础的目录、校勘、版本、辑佚、考据等传统学问。关于这部分内容，之前的教材一般是放在一章中作一简短的介绍。"中国哲学史文献学"课程教材则将其独立出来分若干章节集中论述，并且将文献学的一般理论与专题的文献整理、研究实践(课题项目及其专题研究)结合起来，引导学习者学以致用。这也是本课程及其教材的特色之一。

板块三，文献管理与知识组织——Citavi[①]软件使用教程。这部分内容一般是专门讲解文献管理软件的计算机书籍才会涉及。笔者将其整合到"中国哲学史文献学"课程之中，这是因为Citavi软件是目前文献管理与知识组织软件中的佼佼者，尤其适用于人文社会科学的研究。无论是搜索数据库及引用文献，还是做笔记以及协助Word写作等各项功能都非常强大。Citavi的使用可以贯穿搜集文献，整理文献，分析文献乃至写作投稿的全过程，从而实现学习和研究的全程信息化，并且有利于形成良好的学术规范，避免知识管理的碎片化和注释格式上的失误。这是传统手工以及普通的Word文字处理所难以实现的。

板块四，文科数字资源与服务(武汉大学图书馆)。这一部分以武汉大学图书馆所提供的数字资源及其相关服务为主要对象，重点介绍与人文社会科学研究相关的海内外数据库。武汉大学图书馆作为全国知名的图书

---

① Citavi(西塔维)是瑞士学术软件公司制作的参考文献管理软件。该软件没有中文版，只有英文、德文等西方语言版本。详细使用指南可参见Citavi英文官网：https://www.citavi.com/en；Citavi 6 中文官网：https://www.softhead-citavi.com；Citavi 6 中文论坛：http://forum.softhead-citavi.com。

馆，收藏的纸本及电子数据库资源非常丰富。以武汉大学图书馆资源作为典型案例，可以使我们从总体上了解海内外主要文献数据库的检索及其使用方法，以及相关的馆际互借、文献传递等服务。这些对于我们的学习研究都是必不可少的基础物质条件。

板块五，学术规范与阅读写作。这一部分内容是关于学术规范与阅读写作的方法论介绍，及其具体操作的指南，主要是围绕着 Citavi 与 Word 的协作，从理论上介绍如何搜集整理和分析文献，以及撰写论文的格式与内容上的要求。尤其关注如何使用 Citavi 软件来阅读做笔记以及写作。这不仅能提高我们的学习和研究效率，而且能使我们养成良好的学习和科研习惯，达到理论与实践的统一，并最终完成我们的研究工作。

需要指出的是，笔者一直以来讲授的课程虽然是武大哲学学院中国哲学专业的必修课程"中国哲学史史料源流举要"，但将其教材改名为"中国哲学史文献学教程"，而不是史料学教程（或史料源流举要）。虽然此前李申于2012年已经出版有《中国哲学史文献学》，分为中国哲学文献资料、文献的理解和整理两部分（相当于上述板块一和板块二），但其内容和结构在今天看来都还有不够完备的地方，同时也没有结合现代信息技术（这一点是之前教材共同存在的问题）。笔者将中国哲学史文献学视作中国古典文献学下的一个子学科，因而古典文献学的一般理论和方法也适用于中国哲学史文献学。同时笔者认为文献学的内容大于且包括史料学的内容，史料学一般仅限于史料（文献资料）的平面介绍，而文献学除此之外还包括与史料相关的所有学科（包括版本、目录、校勘、语言、宗教、历史、社会学、心理学等），也就是不仅包括死的文献史料，还包括如何运用文献史料并使之服务于我们的研究。文献学的理论方法也贯穿文献管理以及知识组织的全过程——搜集文献、整理文献，到分析文献一直到写作出版的整个过程。总之，笔者认为文献学的内容较之史料学要更加丰富和立体化，也更加契合学习和研究的需要。

三、课程教学及学术研究的五阶段与现代信息技术的融合

接下来以学术研究的五个阶段为线索,结合文献管理与知识组织工具软件 Citavi 的使用,介绍如何将现代信息技术应用到中国哲学史文献学的课程教学及学术研究中。

第一步是在线检索数据库资源。今天各类图书馆,包括武汉大学图书馆在内的科研机构图书馆,都购买有大量中外文数据库资源。这些数据库资源主要包括综合性和专题性两大类。综合性的数据库不局限于某一学科领域,而专题性的数据库则对应于某一领域(如历史、地理、法律等)。其中专门的哲学数据库并不多。因为如上所述,传统中国哲学与四部之学的经史子集各个分支都有密切的关系,所以中国哲学史文献的类型和体裁多种多样,这就决定了我们基本上不可能通过某一个数据库来检索到我们所需要的所有资料。从文献的格式种类来看,最常见的类型包括书籍、期刊论文、会议论文、报告、报纸新闻、学位论文等,这些类型的文献往往都有专门的数据库,比如中国大陆期刊一般收录在中国知网、维普、万方这三大期刊数据库中,中国台湾地区的期刊收录在台湾学术文献数据库中,要注意的是这些数据库收录期刊是有年限的,一般仅收录近百年来的期刊论文,再往上的文章就只能在图书馆目录甚至纸本中查找。英文期刊数据库如 Proquest、JSTOR 等有大量中国哲学研究相关的期刊论文。搜索中文书籍的数据库有读秀、CADAL(高等学校中英文图书数字化国际合作计划)等。而搜索中国哲学史的文献原典则一般要利用古籍全文数据库,这些种类就更多了,如中国基本古籍库、鼎秀古籍库等,此外国学大师网、中国哲学书电子化计划、国学导航等免费网络数据库也包括各种古籍的全文文本,检索利用非常方便。但是网络古籍数据库的文本质量参差不齐,很多网络上的古籍文本未经标点断句,文字上也没有经过严格的校勘整理,因此引用时必须与权威的纸质出版古籍(包括点校整理本及影印本)相对照。

上面这些检索得来的研究文献或原典文献都可以导入 Citavi 中成为参考文献条目。一般正规的文献数据库中可以使用多种引文格式（Endnote、BibTeX、RIS 等）导出参考文献，然后将其导入 Citavi 中，从而得到参考文献的完整题录信息，方便后续的管理和引用。如果网络数据库（如国学大师网）上没有导出格式功能，那么可以通过 Citavi Picker 浏览器插件将整个网页作为参考文献一键导入 Citavi，方便后续的查找和完善，也可以在有导出功能的数据库中重新进行检索。目前海内外网络数据库很多，不少是可以免费下载 PDF 全文的，这些网页或 PDF 文档都可以通过 Citavi Picker 导入。如果找到书籍的 ISBN 号或论文的 DOI 号等文献识别码，就可以通过 Citavi 内置的检索系统检索该识别码添加参考文献，即使只知道文献标题或作者等片断信息，也可以通过 Citavi 内置的成千上万种图书馆和数据库检索参考文献并导入。当然我们也可以到相关的图书馆中搜索馆藏文献并将其题录信息导入 Citavi 中。总之，检索并导入文献到 Citavi 中是我们从事研究工作的第一步。

第二步是文献管理及任务规划的阶段。搜索文献并导入 Citavi 后，接下来需要按任务（如课题项目或写作任务）对文献进行整理（管理）；否则文献仍然杂乱无章，不能为研究所利用。可以通过 Citavi 里面的目录大纲功能对文献进行分类整理。文献导入 Citavi 时的格式（书、论文、报纸……）当然也是一种分类，但是这里所说的分类整理是基于学科专业领域的分类，比如我们可以按照课题项目的研究层次创建大纲目录，还可以按照哲学问题的逻辑层次创建大纲目录，也可以按文献来源的性质分成原典文献和二次文献等，甚至可以直接在 Citavi 中创建我们的写作章节目录（即研究大纲），然后将搜集到的相关文献链接到大纲目录下，方便我们后续就相关问题进行整理、分析和引用。这是 Citavi 的特色功能之一。

第三步是分析阅读专业文献的阶段。我们在学习研究的过程中，围绕着研究课题会积累大量的文献资料，将这些文献资料导入 Citavi 并进行初步的分类整理之后，接下来最关键的一步就是阅读分析也就是消化吸收文献的阶段。这一步可以通过 Citavi 强大的阅读 PDF 及笔记功能来实现。

Citavi 内置有 PDF 及网页浏览器，其笔记功能十分强大，比起传统的手工做笔记有过之而无不及，而且笔记文本都保存在 Citavi 数据库中，可以随时阅读检索并在写作时插入 Word 中加以引用。我们可以使用之前创建的参考文献大纲，或新建一个大纲，将阅读分析得来的笔记链接到大纲中，然后可以在 Word 中直接插入引用。Citavi 中的笔记种类繁多，包括直接引用、间接引用、摘要（概括）、评论、图片引用、想法，以及各种文本标记，如黄色标记、红色标记，等等。也就是说，传统手工笔记的功能在 Citavi 中都可以完美实现。Citavi 将每一条笔记作为一个独立的知识单元，比如评论某书中的某段文字，记下评论的内容作为笔记正文后，还可以加上一个简短的核心声明以揭示笔记主题，此外还可以为这条笔记加上关键词以方便索引，还可以将笔记链接到知识大纲中，同时该笔记知识可与其来源建立链接。如果是在 Citavi 中阅读 PDF 文档时所做的笔记则该笔记会与 PDF 中的标记段落自动建立链接，当然也可以先做笔记然后将其链接到 PDF 文档中的任一段落。通过这种双向知识链接，我们一方面可以在 Citavi 中打开该 PDF 时看到其中所记的笔记，另一方面又可以通过大纲目录找到某一问题或主题下所做的笔记，大纲目录及书籍下所做的笔记都会显示在 Word 插件中，从而方便我们思考和写作，避免手工笔记中容易出现的遗忘以及难以查找的问题。Citavi 的笔记功能最好是在文本 PDF 或已经经过文字识别（可以使用 ABBYY FineReader 或 Adobe Acrobat 软件）后的 PDF 上展开，从而方便标记和复制文本，当然未识别文字的图片 PDF 也可以在 Citavi 中通过图片引用的方式作笔记。此外，Citavi 还可以实现已识别的文本 PDF 及其笔记的全文检索，方便我们查找某一个知识点或关键词。总之，笔记功能是 Citavi 相比于其他参考文献管理软件功能最优越的地方，也是我们从事研究的必备手段。

第四步是知识管理的阶段。如上所述，我们通过阅读分析所记的笔记就是一个个的知识单元，如同我们手工所做的知识卡片一般，那么接下来就是对这些知识单元（卡片）进行组织管理，使零散的笔记成为一个结构化的整体。这也就是我们上面提到的大纲目录索引功能，将我们所做的笔记按知识大纲进行链接分类。这个知识大纲目录可以直接使用上述第二步中的参考文献大纲目录，也可以新建单独的知识大纲目录。Citavi 中的知识大纲类似于树状（由根到树干再到枝叶）的思维导图，相当于专著的章节目录，可以直接通过 Citavi 的 Word 插件插入文档中成为章节标题。反过来我们也可以将已有的 Word 文档章节导入 Citavi 中成为知识大纲目录。

第五步是关联写作及其学术规范。一般的参考文献管理软件（如 Endnote、Noteexpress 等）的 Word 插件中并不能直接显示大纲目录、参考文献或笔记的具体内容，只能在 Endnote 或 Noteexpress 软件中选择插入参考文献条目。而 Citavi 的 Word 插件功能非常强大，可以在插件窗口中直接查看或检索参考文献并选择引文格式插入文档。引文格式根据投稿期刊的要求而定，对于中国大陆期刊来说，主要就是国标 GB/T 7714—2015 中的两种格式（Citavi 中可以下载这两种格式）：文本内引用（In-text）与脚注引用（Footnote）。如果期刊的格式与国标有所不同，则需要在 Citavi 中修改引文格式。Citavi 的引文格式编辑器功能非常强大，是基于一种模块化的编程方式（编程语言为 C#），但一般并不需要编写代码，只需要像搭积木一样移动不同的格式组件（如作者或编者、标题、出版地、出版社、出版时间、期刊名称、期刊卷期号、页码等）方块即可进行修改以符合投稿期刊或出版社的要求。Citavi 的 Word 插件还可将上述步骤中的参考文献或知识的大纲目录直接插入文档使其成为章节标题，同时可以将大纲及参考文献下的知识单元也就是笔记直接插入 Word 并使其成为文章内容，方便引用及进一步修改和撰写文章。如果想在 Word 中引用参考文献或笔记，可以在 Word 插件中直接检索然后双击插入相应位置。在插入笔记时，还可以在 Citavi 的 Word 插件中选择只插入笔记正文或者连同核心声明一起插入。总之，我们平时在 Citavi 中积累的大纲章节、相关的参考文献、笔记以及文档中已经引用的文献内容都会直观地显示在 Word 插件中，并且可以随时点击插入文章。这样平时的积累就可以无缝对接到最后的写作中，检索、修改和管理起来都非常方便，而且对文献及知识进行结构化后也不会散乱丢失。尤其是当我们积累了成千上万条文献条目或笔记知识时（Citavi 能管理的参考文献及其笔记数量在理论上没有上限),这样大数据的管理尤其重要。总之,Citavi 与 Word 的深度协作可以使我们将平时所做的大纲目录、相关文献以及笔记无缝对接到文章中。

上述使用 Citavi 辅助学习研究的五个阶段对应上述课程教学及其教材的五个板块:在线搜索/数据资源[主要对应板块四"文科数字资源与服务(武汉大学图书馆)"]、任务规划/文献管理[主要对应板块三"文献管理与知识组织(Citavi 软件使用教程)"]、分析阅读/专业文献(主要对应板块一"中国哲学史专业文献")、知识组织/理论方法(主要对应板块二"古典文献学理论与方法")、关联写作/学术规范(主要对应板块五"学术规范与阅读写作")。这样就可以将 Citavi 的使用贯穿到我们搜集文献、管理文献、阅读分析、组织知识乃至写作投稿的整个学习研究过程之中。其流程如下所示:

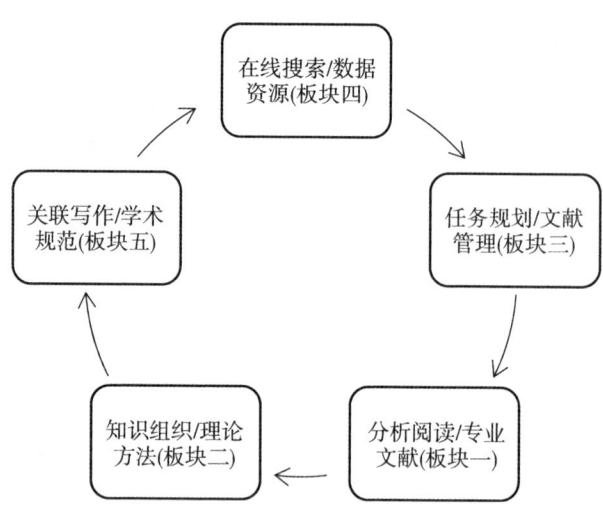

综上所述,我们通过整合上述五个板块的内容,力图使中国哲学史文献学的课程教学及教材达到理论与实践的统一,避免偏向空泛的理论或技术操作,使学生既知道为什么这么做,又知道该怎么做,从而全面指导学生的学习和研究,并且将信息化技术深度整合到传统人文学科的教育之

中。这也体现了我们这门课程的学术性和工具性、理论和实践相统一的特征。需要指出的是，我们这里论述的虽然是中国哲学史文献学的课程及教材体系，但其理论、方法以及工具同样适用于文学、历史等相关学科，甚至整个文科，因为文献的检索、整理、阅读、分析和写作可以说是任何学科尤其是人文学科的研究都共同需要的。因此我们的课程完全可以作为整个人文学科，尤其是哲学学院本科生及研究生教育的基础通识课程。

基于基础学科拔尖人才培养的教学管理模式创新研究

陈苏一①

一、研 究 背 景

1978年,我国从"少年班"开启了探索拔尖人才培养的历程,1990—2008年,进入了"基地班"培养时期,"少而精、高层次"的拔尖培养机制使基础学科专业和人才培养得以保护和发展;2009—2018年,教育部启动了"拔尖计划",致力于培养多模式学术领军人才,各大高校开始在拔尖人才培养模式上进行大胆创新和"试验"。

2018年至今,"拔尖计划2.0"出炉并开始建设,基地班拓围到文、史、哲、经济等,实现了学科全覆盖。"拔尖计划2.0"旨在培养"中国的大师",将培养、选才与鉴才相结合,真正发现和遴选志向远大、学术潜力大、综合能力强、心理素质好的优秀学生。

近年来,进入第一批基础学科拔尖专业培养的教育教学工作者,已对拔尖学生教学管理模式进行相关研究,并形成了一些的理论成果,如"更新教学理念,搭建深厚广博的教学平台""提升教学管理层次,建立科学有序的教学管理体系""改革课程考核方式,坚持知识、能力和素质协调发

---

① 陈苏一,女,硕士研究生,武汉大学哲学学院教学与科研管理办公室副主任。

展"等。但由于目前入选"拔尖计划2.0"的哲学专业基地数量还很少,哲学拔尖人才的管理模式这一问题在目前处于初步探索阶段。

二、武汉大学哲学专业拔尖人才培养历史背景

武汉大学哲学专业具有百年办学历史和优良的办学传统,始终抓住本科人才培养这个根本,坚持开展教育教学改革,不断创新本科人才培养模式,提升本科人才培养质量。经过长期的探索,一是构建了多层次、多类型的哲学专业人才培养体系,包括哲学博睿班(原哲学基地班)、现代哲学国际班、国学弘毅班、宗教学班等;二是探索了多种跨学科拔尖人才培养模式,哲学专业与文学、历史等专业联合创办的"人文科学试验班",哲学专业与政治学、经济学专业联手创办的"PPE试验班",哲学专业与法学、经济学等专业合办的"PLE试验班"。2020年,武汉大学哲学专业正式入选教育部首批"基础学科拔尖学生培养计划2.0基地",开启了拔尖人才培养的新阶段。

三、武汉大学哲学拔尖人才培养管理模式的实践与探索

(一)管理思维模式的转变

1. 聚焦全员育人,重视管理育人

武汉大学哲学拔尖人才管理模式致力于将每一个哲学拔尖人才作为完整培养主体,依托于学院专业的教学管理和学生工作团队,扭转因行政原因导致的管理上的"割裂"培养,构建一套"教"与"育"相结合的培养机制。在关注学生专业知识培养提前下,同时注重学生的人格、体魄、品格等各方面综合素养的提升;构建哲学拔尖学生综合素养的培养机制,同时也将是教学管理与学生管理、专业教育与思政教育、第一课堂和第二课堂有效

融合的探索,并在此基础上助力于实现整个本科生教育体制的创新与发展。

贯彻全员育人理念,打破以往教学与学工在培养哲学本科生中的分而治之的现状,形成教学管理、学生工作和专业教师的三要素管理培养体系,实现教书育人、管理育人、服务育人的统一,以一种有机融合、统筹协作的方式培养哲学拔尖人才。

2. 兼顾综合素养的提升与个性化培养

以学生为主体,一方面注重学生的跨学科综合素养的提升,另一方面注重个性化发展潜力的挖掘和多元培养。

贯彻书院制与通识教育,培养人文素养与科学素养兼备的哲学拔尖人才;依托武汉大学已有的综合学科优势,开设跨学科拔尖荣誉课程,邀请物理、生物、计算机、法学、经济学等学科的专家讲授学科前沿问题,并鼓励学生在学有余力的情况下修习跨院系选修课程,培养具有跨学科(综合能力)研究素养的哲学拔尖人才。

采取双导师制,即学业导师和第二班级导师相结合。学业导师由专业教师或相关专业的专家学者担任;第二班级导师则聘请校内外学工部、校团委、就业指导中心、心理健康中心等相关职能部门管理人员担任。采用小班教学的模式,培养具有深厚的专业基础和批判性思维的哲学拔尖人才;建构科研训练机制,学生通过参与科研项目、撰写学年论文、参与学术交流等方式,培养学生的哲学思辨能力与科研写作能力。全面关注学生的学习、成长与成才,深入挖掘学生潜力,摒弃"工业化"和"流水线"式的培养方式,更重视学生的"个性化"培养。

3. 注重培养学生的自我管理能力

重视培养学生在大学期间的自我管理能力。针对学生在校的学业、生活、深造等各方面，采取不同于学生干部体系的"学生联络人"制度。一方面有助于学生合理制订适合于自己的学业和发展计划，提升学生自我管理与自我约束的能力；另一方面通过学生联络和学生互助的形式，有效在学生内部解决掉一部分共性问题，打通学院与学生的沟通渠道，降低学校和学院的管理和沟通成本。

4. 教学质量保障理念

树立质量保障理念，保持质量文化的先进性。加强内部质量保障体系的建设，充实质量监控队伍，形成自觉、自省、自律、自查、自纠的质量文化。将质量价值观落实到教育教学各环节，将质量要求内化为全师生的共同价值追求。建立各教学环节质量标准，包括但不限于课程教学质量标准、实践教学质量标准、毕业论文质量标准等。建立教学质量保障理念和文化，有助于从内部加强专业竞争力和人才竞争力。

二、教学平台的搭建

(一) 课程资源平台

哲学拔尖人才的培养必须先依托于课程建设。丰富且成体系的课程资源，才能使哲学拔尖人才的具有过硬的专业知识结构、跨学科的学习能力、问题意识与解决问题的能力等。针对哲学拔尖人才的培养定位，修订和完善本科人才培养方案和课程体系，并根据课程体系，建立并逐步丰富拔尖人才培养课程资源库。一是依托学院目前现有的国家级一流本科课程、省级一流本科课程、慕课课程、全英文及双语课程等线上线下课程资源；二是集中学院师资力量，采取"课程组"的形式，着力打造一批"王牌"课程；三是增加实践类课程，侧重学生实践能力和创新能力的培养；四是增设拔尖荣誉课程，开设如海外学者系列课程、跨学科系列课程、哲学前沿问题课程等。

(二) 教师资源平台

依托学院拥有的教师资源，尤其是依托国家级、省级教学团队、教学名师、高层次人才、知名学者、外籍教师等一批优秀教师和学者，建立拔尖人才培养导师库。导师库内导师负责拔尖人才的选拔和培养，为学生提供全过程培养的指导；承担拔尖课程的教学任务，积极参与教材编写和教学研究。

(三) 拔尖人才国内外交流平台

与国内兄弟院校和海外知名高校哲学系建立长期稳定的联系，建立拔尖人才国内外交流平台。采取学术会议、实践活动、研讨交流等多种形式(疫情防控期间可以采取线上的形式)，拓宽拔尖人才的交流途径，锻炼学生的眼界和沟通能力。培养具有开放视野、能够进行跨文化交流的哲学拔尖人才。

(四) 创新实践平台

依托哲学学院校友资源以及校级的各类实习实训基地，以实践反哺科研与教学，加强传统哲学专业比较忽视的实践和创新能力培养。针对哲学学科的特点，进行本科生科研实践的探索。培养具有强烈的社会责任感，能够深入思考当代中国面临的现实问题，并具有实践创新精神的哲学拔尖人才。

三、制度创新与科学管理

拔尖人才的培养还要注重制度创新，建立合理且规范、标准化与人性化相结合、"教"与"育"一体化的科学高效的教学管理机制为目标。以培养主体(拔尖人才)的需求为导向,建立一套科学的管理体系,创新管理模式,促进教学运行科学化。

(一)试行拔尖人才培养小组制度

对哲学拔尖人才的培养试行"培养小组制度",由分管本科的教学副院长担任组长,由专业教师担任组员,全面负责拔尖计划的学生的选拔、培养和管理。包拔尖人才选拔与考核、培养方案的制定、课程设置、教学改革等事务。改革理念、创新举措,总结探索,反思精进,持续推进哲学拔尖人才培养改革发展。

(二)建立拔尖计划教学档案

在拔尖人才培养过程中,建立学生个人成长档案,包括但不限于学生科研论文、毕业论文、实践报告、会议报告、在国内外各类竞赛中的获奖,奖学金获得情况、毕业去向等;对拔尖计划执行过程中的政策文件、规章制度、教学运行日志、教学改革项目、教师教学研究论文进行收集、整理和建档。建立拔尖计划专项教学档案,注重拔尖计划执行过程中产生各类资料的积累,促进拔尖人才培养的过程管理,有利于总结、发现和解决问题,以期不断修正和改进拔尖人才培养模式,保持培养机制的先进性。

(三)探索科研实践的培养路径

根据哲学专业本身的特点,制订科学的科研实践计划,注重科教结合协同育人。一方面拔尖计划的导师要尊重学生科研兴趣,激发学生科研热情,提升学生自主学习动力,通过师生交流,指导学生建立科研思维,合理规划科研未来。另一方面学院要积极挖掘和创建适合本科生参与的科研实践项目,对相关项目予以资助,保证每一名学生在本科期间均参加一次科研实践项目,使学生在完成科研实践任务的过程中锻炼动手能力、创新实践能力,并提高创新思维水平。

(四)加强交流与兼收并蓄

因武汉大学哲学"拔尖计划2.0"基地获批不足一年,尚处于制度改革和创新的阶段,哲学学院应充分听取教师和学生在培养过程中的感受和意见,及时调整管理方式和机制;学习其他哲学拔尖基地的措施与特色,甚至学习哲学专业之外的其他拔尖基地在培养学生综合素养方面的机制与举措;借鉴国际上先进的管理理念和管理机制,充分研究国外优秀教育教学理论,学习与吸收国外先进管理经验,积极更新教学管理理念,优化教学管理模式,结合哲学专业办学定位与特色,构建一套科学、高效的哲学拔尖人才培养与管理体系。同时,利用和争取一切资源为拔尖人才培养开辟多种渠道,构建多元化拔尖人才培养平台,培养出具有国际竞争实力的高素质人才。

参 考 文 献

1. 叶俊飞. 从"少年班""基地班"到"拔尖计划"的实施——35年来我国基础学科拔尖人才培养的回溯与前瞻[J]. 中国高教研究,2014(4):13-18.

2. 教育部等六部门关于实施基础学科拔尖学生培养计划2.0的意见[EB-OL][2018-10-17]. http://www.moe.gov.cn/srcsite/A08/S7056/201810/t20181017_351895.html.

3. 田少萍,郭玉鹏,徐家宁."基础学科拔尖学生"管理模式的探索[J]. 教育教学论坛,2017(32):11-12.

4. 马文芝,边立云. 柔化专业人才拟培养模式培养社会需要的多样化人才[J]. 天津农学院学报,2014,21(1):51-54.

全员育人视域下的课程思政建设研究

严 璨 曹佳乐①

在高校的立德树人教育中,既要紧抓思政课的主渠道,也要发挥其他课程的思想教育与价值引领作用,在同向同行的基础上实现协同育人。这不仅需要一线教师的建设与努力,更需高校推动落实全员育人教育理念,正确发挥各大育人主体的主观能动性,遵循教育的客观规律,进而不断提升育人效果,实现育人目标。

一、全员育人与课程思政的理念融通

"三全育人"的主要内涵为全员育人、全过程育人与全方位育人。"毫无疑问,作为育人主体的'全员育人'是'三全育人'的重点。"②在三全育人中,全员育人从育人主体出发,以马克思关于人的全面发展理论为思想根源,是三全育人概念的重要一环。全员育人使得高校中教学、管理和服务等部门的成员全部参与学生培养的工作,实现统筹协调与齐抓共管。全员育人可充分发挥学生自主性,构建目标明确、内容完善、保障有力、成效显著的育人工作体系与工作格局,进而实现对学生的培养目标。在高校

---

① 严璨,武汉大学哲学学院党委副书记;曹佳乐,武汉大学哲学学院硕士研究生。
② 朱平.高校"三全育人"体系协同与长效机制的建构——以全员育人为中心的考察[J].思想理论教育,2019(2):101.

中,全员育人可以发挥各种教育因素、教育力量、教育影响的整体作用,形成整体教育合力,构建完善育人体系。在全员育人体系中,人人皆可发挥教育者的作用,所有机构都能发挥育人的功效,使育人效果实现显著跃升。

课程思政是指在课程中注重发挥思想政治价值引领作用的教育理念。"根本而言,'课程思政'是一种包含科学的教育理念的思想政治教育方式方法。只有如此认识理解'课程思政',才能真正把握其本质……才能有效发挥整体课程的教育功能,才能实现全员、全方位和全过程育人。"[①]课程思政具有融合性与整体性,需要在"大思政、大学工、大育人"的背景下,将课程知识与思想引领相结合,将专业教师与高校辅导员相结合,将"传道授业解惑"与"立德树人成才"相结合,汇聚育人智慧,凝聚育人合力,提升育人效果,打造立体化、系统化、专业化的育人体系。如此,高校才能在为党育人、为国育才中培养担当民族复兴大任的时代新人。而课程思政所引领的系统化的育人体系,必然需要融会专业教师与高校辅导员的合力。但仅有二者是难以胜任所有课程思政任务的,育人效果也将大打折扣。因此,凝聚高校管理干部、科研人员、教辅人员、行政人员、后勤人员的全员育人合力是不可或缺的。

沈壮海所指出,"思想政治教育的主体性,是思想政治教育活动有效展开的基本条件"[②]。课程思政与全员育人在理论上有融通之处,而全员育人也正是课程思政这一教育活动有效展开的条件。二者不仅在思想政治教育的主体上融通,还在客体对象上保持着一致性。学生作为全员育人与课程思政的客体对象,是高校思想政治教育过程中的核心要素,如果学生在思想政治教育的过程中不能充分发挥其主体性,那么整个高校思想政治教育活动就失去了开展的前提。而在全员育人的基础上落实课程思政,可以

---

① 何玉海,于志新. 新时代推进高校"课程思政"建设的四个维度[J]. 思想理论教育导刊,2021(2):132-136.

② 沈壮海. 思想政治教育有效性研究(第三版)[M]. 武汉:武汉大学出版社,2016:62.

使得各育人主体互通有无、取长补短，进而完善课程思政育人渠道，优化课程思政育人环节，提升课程思政育人效果。

二、全员育人与课程思政的现实困境

全员育人与课程思政的教育理念在诸多高校已有普遍实践，并取得了良好成效。但毋庸置疑的是，理念在实践中的发展很难一蹴而就，反而"曲折式前进"与"螺旋式上升"更符合普遍的实践规律。而全员育人与课程思政的教育理念，在实践中亦会遭遇现实困境。

（一）观念滞后，育人协同与合力待凝聚

在诸多育人主体中，往往是学生工作队伍对全员育人与课程思政的教育理念较为认同并有清晰认知，而部分专业教师、科研人员、教辅人员、行政人员、后勤人员等对二者的理念认知还存在滞后现象。在全员育人的背景下，学生工作队伍往往成为育人的主力军之一。而部分对全员育人与课程思政理念了解不具体、研究不深入的育人主体，则未能明晰育人主体责任，反而将本应承担的育人责任集中到主力军之处。这不仅加重了学生工作队伍与部分专业教师的负担，亦会对育人效果造成冲击。

而部分专业教师虽然在课程讲授中贯穿思想政治教育，但存在敷衍应付与形式主义的现象。甚至部分育人主体，对全员育人和课程思政的教育理念的学习并不深入，进而形成观念偏差乃至误解，对二者理念持抵触心理。这严重影响了育人观念的协同与育人合力的凝聚，甚至产生反作用力影响育人效果。

（二）培训缺乏，育人实践与成效待提升

高校的专业课教师与科研人员，往往科研能力与教学能力突出，掌握

丰富的专业理论知识。但术业有专攻，很多专业的教职人员与科研人员对思想政治教育理论并不熟悉，在教学育人实践中不一定能很好地发挥思想政治育人效果。而很多高校并未对相关教职工开展系统培训，仅是传达理念与学习文件。甚至有的高校仅仅是粗暴地下达行政命令，并未很好地传达相关精神，更遑论系统化、专业化的培训。

同时，课程思政带来的变革是系列的、整体的，在课程中贯穿思想政治教育还需对原有授课内容与时长做出调整。而教学目标、教学内容、教学方式也应该随课程思政进行有针对性的变革，这需要教研室乃至学院和学校有关部门协同联动，完善顶层设计，拓宽课程思政育人实践途径，提升课程思政育人成效。

在缺乏培训的现实困境下，诸多育人主体对全员育人和课程思政了解不深入，便持抵触、放弃或者敷衍塞责等态度。而部分育人主体亦是有心无力，在摸着石头过河中进行初步探索。由于经验的缺乏，其育人实践的途径往往较为单一，甚至较为枯燥，很难对乐于接触新鲜事物的高校学生产生良好育人效果。

因此，面向广大育人主体的培训是不可或缺的。应当避免部分育人主体的单打独斗，在培训中强化育人主体的相关理念，群策群力地拓宽育人实践途径、提升育人成效。

（三）资源不均，育人制度与评价待完善

高校的全员育人与课程思政在探索与实践中，其资源配置是需要动态变化的，很难做到完全均衡合理而无需变动。所以高校全员育人与课程思政在客观上存在资源配置不均的问题。而资源配置深刻影响着育人主体的工作积极性，也影响着育人制度与评价体系。

在课程资源上，专业课与思政课的分配需要协同，而课程思政的专业知识与思想引领的授课时间分配也需协同。在有限的学分与课时下，如何尽可能平衡资源配置并最大化发挥专业知识与课程思政的育人效果，是困

扰一线教师的难题。部分理工科的专业课程在知识上实在很难迁移到思想政治教育上，生搬硬套亦不可取，需要文科相关课程和通识教育给予资源支持。而在育人主体的资源分配上，课程思政与全员育人工作的支持者与实践者，有时并未得到足够的资源支持，甚至在投入时间精力的基础上并未得到相应的回报。这将对育人主体的积极性造成打击。同时，这也反映了育人制度与评价体系的不足。在全员育人与课程思政的实践创新中，制度规范既能有效保证育人主体参与其中，又能提供相应指导与资源支持。而制度缺位则会冲击全员育人与课程思政的实施，令育人主体在贯彻落实有关教育理念时心中无底、手中无措。若评价体系不能及时同步，会消解育人主体的积极性，也会导致学生真实反馈的缺乏。

三、全员育人与课程思政的建设路径

虽然全员育人与课程思政的教育理念在实践中遭遇现实困境，但是这一点是符合实践的普遍规律的。因此，借机唱衰全员育人与课程思政的教育理念与相关理论是不妥当的。与之相反，更应该重视二者的理论研究与融合。而更为重要的是，应当在实践中完善全员育人与课程思政的建设路径。

（一）更新育人理念，凝聚育人合力

全员育人视域下的课程思政建设，需要全体教职工更新育人理念，对全员育人与课程思政有明晰认知。在此基础上，其他育人主体"才能与思政课教师一样，重视思想政治育人活动在教学过程中的作用，有效落实全员育人要求，确保育人的正确方向和高效开展"。[1]

---

[1] 张凤翠，邬志辉."三全育人"视域下高校课程思政建设研究[J]. 社会科学战线，2022(4)：265-270.

高校要坚决落实"一把手制度",在高校党委的支持下,学校领导通过教职工大会、走访调研会、育人报告会等形式,向高校各职能部门与培养单位传递全员育人与课程思政理念。相关教育理念深入人心后,育人主体将在高校思想政治工作领域中"主渠道"与"主阵地"之间,"实现专业课的隐性育人与思想政治理论课的显性育人之间的同频共振"。[①]

要面向高校各职能部门与培养单位征集论文、报告等有关文稿,扎实推进理论建设,不断更新实践经验,持续推广优秀做法。将文集刊印并组织学习,通过融媒体手段持续更新优秀期刊所发表的理论研究与优秀高校的措施做法,不断更新全体教职工的教育理念,凝聚育人共识与合力。

(二)加强育人培训,提升育人成效

在凝聚育人共识与合力后,各育人主体有全员育人与课程思政的教育理念与工作意愿。各育人主体各有特点,各有擅长,但在思想政治教育与价值引领方面并非都有优势,故加强育人培训势在必行。

育人培训既要全校一盘棋,又要各育人主体扬长避短、开辟育人主场。高校要为全员育人与课程思政培训提供场地支持、智力支持、组织支持,对共性问题与相关能力开展统一培训。而各育人主体也要积极开展专业化培训,开辟育人主场,提升育人成效。学生工作队伍可以交流互鉴,一线教师和科研人员可以请德高望重的老教授通过示范公开课真讲真谈,行政队伍与教辅人员可以在服务学生时耳提面命,后勤人员可以在宿舍食堂等场所保障学生生活并开展相关安全教育与思想教育。有心而为,处处皆课堂,事事皆学问。通过加强育人培训,各育人主体将积极拓宽育人途径,开辟新的"育人课堂",实现全员育人与课程思政的有机融合,不断提升育人成效。

---

① 王习胜. 以"三全育人"为导向 构建高校思想政治工作管理体系[J]. 思想理论教育,2021(4):96-101.

(三) 整合育人资源，完善育人制度

全员育人视域下的课程思政所需的人力资源、智力资源、课程资源是多方面的，高校应加强资源的挖掘与整合，优化资源的配置与融合，贯通各育人环节与育人主场，在全员育人的基础上实现全过程育人与全方位育人，不断提升课程思政的质量与成效。

高校可评选全员育人先进单位与课程思政先进单位，并将相关评优树先纳入各职能部门与培养单位的考核评价体系；进而推动各职能部门与培养单位完善内部相关制度与评价体系，对积极参与全员育人与课程思政并作出突出贡献的教职工给予对应的资源配置与工作量计算。同时，也要将学生的反馈与评价纳入全员育人与课程思政的考核体系，通过调查问卷与评教系统，真实地反映全员育人与课程思政的效果，不断改进相关措施，在扎实做好闭环的基础上完善育人制度，推动全员育人与课程思政的可持续发展。

高校应将全员育人与课程思政有机融合，凝聚育人主体的共识与合力，开拓"育人新课堂"并将思想教育与价值引领贯穿其中，更好地完成为党育人、为国育才的使命。

哲学创新的必备要件：重视"当代哲学史"

冯书怡①

一、导　言

2020年11月3日，教育部高教司吴岩司长在新文科建设工作会议上发表重要报告，强调全面推进新文科建设。报告中，"新文科"指的是文科教育的创新发展。报告指出，八个文科学科没创新，高等教育不算创新。②哲学是八个文科学科中的重要学科，哲学创新当然也是文科教育创新发展中重要一环。那么，哲学创新需要借助怎样的工具和手段来实现？本文将从传统的"哲学史与哲学论证的关系"这一老话题为出发点，从"哲学史"概念中提炼出"当代哲学史"概念，即由近30年来哲学领域已有研究成果为成员构成的历史，进而阐述对当代哲学史的把握是达到哲学创新目的的必备要件，应予以高度重视。

近20年来，学界广泛认同应在哲学教研中提高对问题意识和哲学论证的重视。这不难理解，任何学科的研究都是为了解决问题。自然科学、社会科学研究是如此，哲学研究亦是如此。各学科的不同只是需要解决的问题和解决问题的手段不同。数学领域常用的手段是提供数学证明，经济学

---

① 冯书怡，哲学博士，武汉大学哲学学院副教授。
② 吴岩. 和势蓄势谋势 识变应变求变——全面推进新文科建设[J]. 新文科教育研究，2021(1): 5-11.

领域常用的手段是构造经济学模型。为了解决哲学问题，最常见的手段则是提供哲学论证——通过讲道理的方式回答哲学问题。那么，高水平的论证能力、思维能力对哲学研究就尤为重要。许多学者早已纷纷指出这一点。比如，费多益提出哲学教育应"教人思考而不是死记硬背教条"；"教学不是简单地宣布理论主张，而应引领思考品质锻炼的途径，唤醒学生对自己生活和人生的自觉反思"。① 阳建国强调要"强化论证训练理念，在讲课中凸显论证分析"。② 徐英瑾则呼吁"提高'论证训练'的权重，要系统地引入'论证训练'的教学程序"。③

然而，我们也必须注意，具有高水平的论证能力、思维能力并不是最终目的，而只是为了达到最终目的——解决哲学问题的手段。尤其在全国高校开展新文科建设的大背景下，我们更要注意，对哲学问题的解决必须具有创新性。对于同一个哲学问题，我们提供的解决方案必须在他人已有工作的基础上有所推进。用同样的方法重新证明一遍拉格朗日定理不能算创新性地解决了数学问题；从头开始将凯恩斯模型构造出来也不能算创新性地解决了经济学问题。同样地，对于同一个哲学问题，如果我们提供的答案和他人已有的成果重复，这不能算创新性地解决了这个哲学问题。哲学创新必须避免原地打转，必须避免重复劳动。要做到这点，高水平的论证能力和思维能力只是一个必备条件。当代哲学史，即近30年来已有哲学研究成果形成的历史对哲学创新也具有相当重要的意义，而对当代哲学史的把握可有效避免重复劳动、直接指引研究方向、直接促发哲学直觉。

---

① 费多益. 基于推理论证训练的哲学教学模式探索[J]. 科学技术哲学研究, 2019(6): 121-128.
② 阳建国. 基于论证训练理念的教学法探索——以麻省理工学院开放课程《心灵与机器》为例[J]. 现代大学教育, 2012(5): 47.
③ 徐英瑾. 经典阅读，还是论证训练？——对中国的西方哲学教育的反思[J]. 学术月刊, 2010(6): 35.

二、哲学论证和早期哲学史

一直以来,"哲学论证和哲学史在哲学教研中分别承担怎样的角色"是哲学家们非常关注的元哲学问题。① 早在2006年,武汉大学就以"哲学是不是哲学史"为主题举办了大型辩论。在这场辩论中,不少学者纷纷指出哲学教研要重视问题意识和哲学论证。近20年来,国内哲学界对论证训练的重视达到了相当的高度。当然,长期以来,哲学史对于哲学探索的重要性也是公认的:哲学史凝结了人类历史上哲学思考最宝贵的洞见,它为我们的哲学探索提供了底层直觉、灵感和启发。苏德超曾强调哲学"需要不断地返回经典寻找启发",② 哲学教研应同时重视哲学论证和哲学史已成为学界共识。

不难发现,每当谈及"哲学史",我们所指称的那段历史具有两个特征:一是"早期性";二是"经典性"。"早期性"的意思不言自明:一般来说,"哲学史"这个概念让我们不由自主地想到的是从古代到现代(大约是19世纪40年代)为止的哲学理论。至于19世纪40年代之后,尤其是近30年来的哲学理论,我们会将它们归于"当代哲学",而不会将它们划归到哲学史。这是自然的。当代哲学研究中的许多工作,即便伟大,也仍然非常年轻。它们必须经过更久的时间检验,才有可能被后人划归到哲学史的范畴。"经典性"的意思是构成哲学史的成员必须是经典著作,比如中国哲学中"孔孟老庄、程朱张王"等哲学家的理论;西方哲学中柏拉图、亚里士多德、笛卡儿、休谟、康德、黑格尔等哲学家的作品。这些哲学作品经过时

---

① 需要澄清的是,本文提及的"哲学史"需要和所谓的"观念史"区分开来。后者指的是哲学思想与它们所在"时代周遭环境的相互关系","更多的是关注哲学家们的生活:他们的社会、政治、宗教和文化的背景与约束;他们成长、写作、教育的环境;他们读了什么以及谁影响了他们;他们认为理所当然的东西和他们所反对的东西;他们为谁写作;他们的著作在当时意图具有的或实际上具有的影响;等等"。

② 苏德超. 问题、经典与生活——哲学教育的三大支点[J]. 湖北大学学报(哲学社会科学版),2019(6),64-71.

间的洗礼而沉淀下来,是人类思想发展过程中的瑰宝。一旦谈及"哲学史",我们指的正是这些作品的历史,是这些作品为成员在时间中形成的序列。本文将具有这样两个属性的哲学史称为"早期哲学史"。与"早期哲学史"不同,笔者接下来将提出"当代哲学史"的概念。它也是哲学的历史,但它主要是由近30年以来的哲学成果为成员在时间中形成的序列。在本文第三部分,笔者将依次论述:与早期哲学史的特征不同,当代哲学史具有"当下性"和"非经典性"。当代哲学史与哲学论证关系紧密,两者互相内在于对方。当代哲学史对哲学创新有直接的促进作用,是哲学创新的必备要件。

三、哲学论证和"当代哲学史"

(一) 当代哲学史的"当下性"和"非经典性"

当代哲学史具有"当下性",意思是说构成当代哲学史的成员是19世纪40年代以后的哲学作品,尤其是近30年以来的哲学成果。既然当代哲学史具有"当下性",那么构成当代哲学史的成员显然不是中国哲学和西方哲学中的早期经典作品。这是当代哲学史具有"非经典性"的第一层意思。"非经典性"的第二层意思是构成当代哲学史的成员绝不仅仅是近30年哲学成果中的代表作品和杰出作品,比如著名哲学家的作品或是里程碑式的作品。当然,什么样的作品才算是"里程碑式"的作品,我们很难提供"一刀切"的标准。但我们可以举例说明。比如,如果我们探讨"关于心灵的现象属性是否随附于所有微观物理属性?"这个问题,那么里程碑式的论证会包括大卫·查莫斯(David Chalmers)的僵尸论证、[①] 弗兰克·杰克森(Frank

---

[①] Chalmers, David. The Conscious Mind [M]. Oxford: Oxford University Press, 1996.

Jackson)的知识论证、① 约瑟夫·列文(Joseph Levine)的解释鸿沟论证,②等等。当代哲学史除了要把近30年哲学成果中的代表作品和杰出作品囊括其中,也要纳入不知名学者的作品或是对问题推动贡献度较小的作品。在非常宽泛的意义上,只要一个理论或是论证能够对哲学问题有一定推动性、创新性,它们都应该被划归到当代哲学史的范围内。本部分第三节将解释为何当代哲学史的"非经典性"如此重要:我们只有对哲学研究的已有成果有充分而广泛的把握,才能避免在后续研究中做重复劳动。仅仅掌握哲学已有成果中的代表作品和杰出作品是不够的。

(二)哲学史和哲学论证互相内在于对方

哲学的历史无非是由哲学问题、哲学理论和哲学论证串起来的历史。"是哲学问题规定了哲学史而不是哲学史规定了哲学问题"。③早期哲学史和当代哲学史的区别无非是年代和构成成员的区别。既然我们可以把古代到现代的哲学作品梳理出历史发展线索,我们在研究近30年的哲学理论和论证时,也完全可以把它们之间的历史发展脉络梳理出来。不管在哪个时代,那个时代的哲学问题、理论和论证所构成的历史和这些哲学作品实际上都处于互相内在于对方、不可分割的关系。对哲学史的研究无法脱离哲学论证而进行;对哲学论证的研究也无法脱离哲学史而进行。

对哲学史的研究脱离不了对哲学论证的研究。这在早期哲学史的研究中非常明显。任何早期哲学的经典作品,无论是中国哲学中的濠梁之辩、"白马非马"论题,还是西方哲学中的柏拉图对话录、笛卡儿第一沉思,对

---

① Jackson, Frank. What Mary Didn't Know? [J]. Journal of Philosophy, 1986(83): 291-295.

② Levine, Joseph. Materialism and Qualia: The Explanatory Gap [J]. Pacific Philosophical Quarterly, 1983(64): 354-361.

③ 苏德超. 问题、经典与生活——哲学教育的三大支点[J]. 湖北大学学报(哲学社会科学版), 2019(6), 64-71.

文本中论证的处理是哲学教研中最为重要的环节。只是因为早期哲学史的经典作品离我们生活的年代太过久远，这些作品中使用的基础概念、语言表达和当代人差异太大，所以我们在抓取其论证之前需要先花费大量力气理解它们的文字大意。但理解文字大意仅仅是哲学经典阅读的一部分。只有提炼出经典作品的论证、对其进行评估、考察它是否有足够的说服力，我们才能充分从经典作品中充分吸取养分。

对哲学论证的研究实际上也脱离不了对哲学史的研究（虽然我们可能对这一点意识不足）。在学界高度重视哲学论证训练的大背景下，我们往往对哲学理论和论证本身非常重视。比如我们非常关注：某种理论和论证原则上会面临哪些批评；这种理论或论证原则上还能从哪些方向出发进行修补和改进。但与此同时，我们也要注重梳理这些理论和论证发展的内在线索和未来的走向。比如我们应该关注：在最近30年，这种理论或论证已经面临了怎样的批评；对于各种批评，学者已经提供了怎样的回应或是已经做出了怎样的改进；对于这些改进策略，哪些路径已经被证明是希望较小的；在未来，哪些改进策略是更有希望的。总而言之，对于任何哲学理论和论证，我们必须关注关于它的研究在最近30年已经进展到哪个地步。对当代哲学史的关注直接促进哲学创新，是哲学创新必不可少的条件。笔者接下来将详细论述这一点。

(三) 当代哲学史对哲学创新的直接性和必要性

毋须赘言，任何年代的哲学史对哲学问题的解决都有促进作用。早期哲学史的这一贡献已得到公认。比如，前文提到，早期哲学史对我们的思维能力、哲学直觉有促进作用；它为我们的哲学探索提供了底层直觉、灵感和启发。同时，我们也必须注意，早期哲学史对我们哲学探索的促进作用是间接的、非必需的。"间接性"的意思是说它以氛围熏陶、环境培养的方式为我们的哲学思维和直觉提供养料，如同我们长期阅读优美的文章而逐渐提高语言审美能力甚至写作能力一样。熟读唐诗三百首，不会吟诗也会吟。但熟读唐诗并不是学会作诗的必要条件。所以，早期哲学史对于哲学探索的"间接性"促进随之引发它的"非必需性"：并非所有人的所有研究都需要从早期哲学史中获取资源（相比较而言，哲学论证则是必需的，因为任何人讨论任何哲学问题都离不开哲学论证这个工具）。我们不妨以对"心灵现象和物理世界的关系"这个问题的研究为例。毋庸置疑，我们可以从柏拉图、休谟、笛卡儿等人的作品里获得大量的底层直觉、灵感和启发。但即便某个人从未读过这些大师的作品，这似乎也不妨碍他能在短期内，比如在一篇文章中，对该问题提供推动性的回答。从这个例子可以看出，早期哲学史对哲学探索虽然有促进作用，但这种促进作用是间接的、非必需的。接下来本文要论述的是：与早期哲学史的功能不同，当代哲学史对于哲学问题的解决，尤其是创新性解决有直接促进作用，而且它对每个人的所有研究都是必需的。

前文提到，和其他任何学科的目标一样，哲学研究的目的是解决问题，而且是创新性地解决问题。哲学创新要求我们不能原地打转、不需要从头做起。把别人说过的话重说一遍，把已有的哲学成果重做一遍不是哲学创新。苏德超指出，"哲学对问题的回答有一个推进的过程。就像今天初学几何者不必从欧几里得的几何原本学起，今天的哲学学习者也不必从两千多年前的古希腊或者先秦开始。曾经的某些问题或某些回答已经被淘汰，例如既然今天的物理学给出了好得多的回答，我们就不再像米利都人一样讨论世界的本原是水还是气。过分严肃地对待过往哲学家的所有观点既是对前辈成就的不恭又是对今人智力的浪费"。① 苏德超对早期哲学史的观点同样适用于当代哲学史。如果我们正在或将要做的工作是近30年来已经有人完成的，那么再重复做同样的工作就是人力资源的浪费。我们做的工作必须在前人已有工作的基础上向前推进。比如说，我们必须做到：第一，对于一个已有的论题做出新的论证；第二，对于一个已有的论题做出

---

① 苏德超. 问题、经典与生活——哲学教育的三大支点[J]. 湖北大学学报（哲学社会科学版），2019(6)，64-71.

新的反驳；第三，提出一个新论题并进行严密的论证。① 要达到这个目的，笔者认为，对自己研究领域里近30年来他人已有成果的把握是极为必要的。

在形而上学层面，对当代哲学史的把握有两方面的重要意义，一是负向意义：对当代哲学史的把握是避免重复劳动的必要条件。二是正向意义：其一，对当代哲学史的把握对哲学研究后续工作方向有直接的指引作用；其二，对当代哲学史的把握对哲学直觉的提升有直接的促进作用。我们首先谈负向意义。在哲学探索中，如果学者不了解相关领域的当下进展，那么他非常有可能出现重复劳动的情况：自己正在为之努力的解决方案其实有人已经完成了，甚至已经有人已指出这个解决方案的缺陷并做出了改进。对于任何人，无论他做哪方面的研究，我们很难在不了解他人已有工作的基础上不和其他人"撞车"，更不用说做出推进性的工作。我们很有可能重新证明拉格朗日定理，或是重新推导出凯恩斯模型。但重复劳动显然是不明智的。如威廉姆森所说，"如果你真的无视所有过去的哲学，包括过去三十年的，你就要试图从头开始做哲学。无视数学或物理学的所有先前的探究成果，试图从头开始做数学或物理学，这并不比重新做哲学更明智。幸运的话，你会重新发明轮子；或者，你可能发明了方轮子"。② 这也是为何前文要强调当代学术史的"非经典性"。"非经典性"意味着仅仅掌握自己研究领域里的杰出工作或是代表性工作是远远不够的。我们必须尽量广泛而全面地掌握该领域的全部已有工作，这样才能更大概率地保证自己的工作不和已有工作重复。

掌握当代哲学史的正向意义包括(但不限于)两点。其一，只有熟知当代哲学史，知道自己的研究领域当下已经进展到什么程度，我们才能知道往哪些方向进行是更有希望做出推动性成果的方向。如同下棋一般，

---

① 朱志方. 哲学不是哲学史[J]. 中国地质大学学报(社会科学版)，2008(3)：104-108.

② [英]蒂莫西·威廉姆森. 哲学是怎样炼成的：从普通常识到逻辑推理[M]. 胡传顺，译. 北京：燕山出版社，2019：151.

每一步落子已经在相当程度上直接决定了下一步棋的走向：有些走法随着上一步落子已经成为不可能；在剩余可能的走法之中，某些走法可以被预见大概率没有赢面；只有某些走法有可能带来成功。所以，对当代哲学史的把握能够有效保证我们的后续研究聚焦于那些更有希望的路径。其二，梳理并归纳总结近30年的哲学已有研究成果有助于哲学直觉的提升。还是以下棋类比，观摩他人的对弈，总结、模仿他人的棋路无疑有助于提升自身棋艺。哲学探索也是一样，通过梳理已有研究成果的发展线索，我们可以从他人已有的实践中总结资源、获取有效的哲学直觉、提升自己的直觉能力。此外，从当代哲学史中获取资源并不需要额外学习语言，比如古希腊语、古拉丁语。而且，相较于早期哲学史，当代哲学史中使用的概念体系、语言表达更为我们所熟悉。所以，相较于早期哲学史，我们从当代哲学史中获取资源更具有直接性和便利性。

在认知层面，在哲学作品中呈现自己的工作相对于已有工作具有哪些推进是便于读者获取信息的必要条件，也是学术投稿的基本要求。哲学学科的学术成果往往通过学术论文来展现，读者也往往通过阅读学术论文获取哲学洞见。如果不在自己的论文中讨论近30年的已有成果，尤其是和自己同时代的学者的工作，那么读者（尤其是对该领域不熟悉的读者）很难了解这篇文章是否以及如何推进了前人已有的工作。所以，为了便于读者获取信息，哲学工作者必须在论文中展现自己的工作如何推进了前人成果，这是学术写作不可缺少的一部分。这也是为何很多杂志要求投稿论文要展现自己的贡献。如果缺乏这一部分的展现，一篇论文很难称得上符合学术规范的论文。

综上，把握当代哲学史从而避免重复劳动，从当代哲学史中探索最有希望的理论发展方向、直接便利地获取哲学直觉，展现当代哲学史使读者迅捷了解自己的工作贡献，这些无疑是哲学创新的重要助力。然而，虽然当代学术史对于哲学创新有不可或缺的重要意义，我们日常的哲学教研对它的重视程度仍然不够。本文第四部分将阐述某些重视不足的现象。

四、对"当代哲学史"重视不足的现象

本部分将从哲学教学和哲学研究两方面来阐述我们对当代哲学史重视不足的现象。

(一)哲学教学方面的不足

在教学过程中,我们对哲学论证的训练和对当代学术史的归纳总结并没有很好地结合起来。为了达到提升论证能力的目的,不少高校纷纷引进国外英美分析哲学的许多课程,比如形而上学、知识论、语言哲学、心灵哲学,等等。这些课程的内容都以当代哲学理论为主,其讨论方式以哲学论证为主。所以,这些课程的授课内容往往包括如何构造论证、如何为论证辩护、如何反驳论证。然而,我们必须注意,关注论证构造、论证辩护和论证反驳等仅仅和一个论证或理论相关的内容是不够的。训练学生梳理出关于某个理论或论证已有的辩护路径和反驳路径的发展线索,让学生了解这个理论或论证下一步还可以往哪个方向发展也是极为重要的。用一个形象的比方,在教授某种理论或论证的同时,我们需要画出一幅关于这种理论或论证的地图。它需要展现这种理论或论证已有的辩护或反驳都是从哪些路径进行的,哪些路径已经被证明是相当可能是失败的,哪些路径是当下学界认为可能有希望的。"画地图"的目的是让学生明白最近30年这种理论或论证已经发展到哪个地方、何种程度,我们还可以往哪个方向进行突破。这样学生才更清楚这个领域的空白以及未来更有希望的工作方向,等等。

然而,在教学实践中,"画地图"的工作并没有得到和哲学论证训练同等程度的重视。很多时候,学生往往只注重论证或理论本身,但没有注重梳理当代哲学史,即将某个理论或论证的已有辩护、反驳、改进等整条线索归纳总结出来。教学中对当代哲学史的忽略将带来一些不良后果,笔者

将列举两类例子:一类是学生的工作属于重复劳动;另一类是学生不知如何选取"小"主题进行讨论。笔者将以个人经历为例来谈。

有一次笔者阅读到一篇关于大卫·刘易斯因果理论的本科学生论文。他的论文内容是提出刘易斯因果理论的三个缺陷。这篇文章展现了该生相当高的直觉敏锐性、论证能力、思维水平。但是该生却没有注意,刘易斯的因果理论已有50年历史,他所提出的关于该理论的三个缺陷已不新鲜,甚至有不少学者已经为刘易斯的理论做了改进,弥补了这些缺陷。所以说,这篇论文虽然展现了很强的哲学功底,但相当于重新证明了拉格朗日定理或是从头开始将凯恩斯模型构造出来。这样的工作是重复劳动,没有满足哲学创新的要求。不妨设想,假如该生对刘易斯因果理论近30年来的批评与改进路线非常熟悉,以他在这篇论文中展现的论证功力,他完全可以基于关于该理论的最新成果在这个领域作出(哪怕一点点)推进性的工作。

不知如何选取"小"话题进行讨论是学生进行学术写作中常见的困难。话题一旦过大,由于学生暂时还不具有相应水平的处理能力,他们往往只能对问题做出非常粗糙的解决方案。这也是为何哲学教师常常提醒学生不要谈论过大的话题。可问题是,学生往往并不明白怎样的话题才是一个"小"话题。他们经常认为自己讨论的话题已经非常小。还是以上文的刘易斯因果理论为例。假如该生熟悉刘易斯的因果理论近30年的发展史,他就会发现,他所提出的三个理论缺陷其中任何一个(比如刘易斯理论在很多例子上无法区分事件的真正原因和背景因素)都是非常庞大的话题。刘易斯理论的任何一个缺陷都是一个本科生难以自如地处理的,更不用说在一篇文章中讨论刘易斯理论的所有缺陷。假如该生能把主题缩小到其他学者对刘易斯理论某个缺陷的改进策略,讨论这个改进策略还具有何种缺陷、这个改进策略还能如何加以改进,这对于本科生来说是更为合适的。毫无疑问,找到合适的"小"主题要求学生对他所处理的哲学问题近30年的研究发展史非常熟悉,知晓这个问题当下已发展到什么程度。

(二)哲学研究方面的不足

对哲学当代史重视不足的现象也往往存在于哲学研究,主要是哲学论文的写作中。前文已经提过,对当代哲学史的呈现是哲学论文中体现学术贡献必须具备的要素,是学术规范的基本要求。但是,有的作者并不在论文中展现任何其他学者的已有工作。比如,笔者曾读到一篇关于尼采女性哲学的论文。这篇论文阐述了作者对尼采著作的解读并基于该解读总结出尼采的女性哲学思想。但是,作者并没有谈及任何他人对尼采的已有解读,更不用说讨论如下方面:自己的解读是否以及为何比已有的解读更合理;是否已有其他学者也总结过尼采女性哲学思想;如果自己的总结和已有工作不同,为何自己的总结是更好的。尼采的时代距离我们已有100多年,在作者和尼采之间,已有好多代学者对尼采的著作作出过诠释。作者对这么多学者的工作避而不谈,一来很难让人信服他的工作并不是重复劳动,二来即便他的工作具有极大的创新性,但在不提及任何其他学者工作的情况下,读者很难了解他的创新之处究竟在哪里。

在写作上,其他常见的对当代学术史的忽略现象还包括如下一些:有的论文对一个问题的解决从柏拉图谈起,梳理这个问题在几千年中的发展史,但是不谈最近30年其他学者做了哪些工作。有的论文虽然也谈及近30年的已有成果,但对这些成果只是简单堆砌罗列,然后独立地论述自己的工作。仿佛对他人已有工作的展现只是一个可有可无的"帽子",即便删掉也不对论文本身造成任何影响。这样的论文实际上并没有真正展现出自己的工作如何在已有成果的基础上推进。当然,在学术论文中对"当代哲学史"的呈现并没有一成不变的方式。对他人已有成果的展现可以完整而独立地以综述的形式呈现出来(但一定要在后文论证自己的推进之处),也可以分散在整个论文中以层层推进的形式展现出来。但无论以哪种方式呈现,其宗旨都是要便于读者了解自己的工作是基于前人的哪些工作进行推进以及如何推进的;无论以哪种方式呈现,作者都必须对前人已有工作非常熟悉。

五、反驳和回应

本文前四部分论述重视当代哲学史，即重视近30年来已有的哲学成果——是哲学创新的必备条件。第五部分将讨论三个可能的反驳，并一一作出回应。

第一个反驳——笔者预设了如下立场：哲学创新是累积性直线进步的。但是，反驳者认为，哲学创新和科学创新不同，前者并不是累积性直线进步的。哲学讨论在探索的路上完全有可能存在迂回甚至倒退的情况。如果哲学创新并不是累积性直线进步的，那么我们就没有必要重视近30年的哲学发展史，也没有必要在论文中展现自己的工作如何推进了已有工作。对于这个反驳，笔者的回应如下：笔者并没有预设累积性的哲学进步观。确实如上述反驳所说，哲学探索完全有迂回甚至倒退的可能。① 然而，"推进前人已有工作"并未蕴含"后续学者的工作一定会比前人更加进步和优秀"的承诺。很有可能，后续学者的某些工作并不如前人优秀。对已有工作的推进并不保证后续工作一定更加进步，但对已有工作做出推进一定是哲学进步得以可能的必要条件。试想，如果后续学者的工作和前人完全重复，没有任何推进，哲学进步从何谈起？"推进"意味着避免重复劳动、避免从头做起。它不是哲学进步的充分条件，但一定是必要条件。我们只有先做到"推进"，才有可能实现"进步"。不做"推进"，"进步"则毫无可能。

第二个反驳——笔者的论述隐含如下观点：哲学研究只能沿着前人的脚步往下做，这导致后续学者的工作只能更加琐碎和细微，这样的方式不利于哲学发展。笔者的回应如下：首先，笔者的论述并没有隐含这个观

---

① 在2020年9月7日在武汉大学的应邀讲座《反思哲学写作》中，南京大学哲学系副教授胡星铭也谈到这个问题。此处的回应受到胡星铭的启发，深表感谢。

点。"推进前人已有工作"并不意味所有的后续工作都只能更加琐碎和细微。推进前人的已有工作有多种方式，某些方式对问题的推进确实是琐碎而细微的，比如承认前人的所有工作前提，只对他的辩护策略提出某一个小改进。但这并不意味着说所有的推进都必须采用这样的方式。我们也完全可以(在给出充分理由的情况下)推翻前人的大多数工作前提并得出全新的结论；我们也可以引入新的基础概念、新的假说，提供全新的理论并论证新理论为何比已有理论更好。也就是说，"推进"并不是只有继承和改进一种方式。"推翻"也是推进；"另立炉灶"也是推进。但无论是处理大话题、做大推进，还是处理小话题、作小贡献，这些工作都要求哲学工作者对前人已有成果非常熟悉。其次，我们也要意识到，做出大的推进意味着更多的论证负担，需要哲学工作者有更好的处理问题的能力。这也是为何笔者在本文第三部分谈及论文写作时，只把话题域聚焦于学生论文：对于大多数哲学学生来说，由于其论证能力暂时还较为有限，为了保证论文的创新性，尽量缩小讨论主题无疑是必要的。

第三个反驳——要求学生论文具有创新性是一个过高的要求：学生论文只需要作者具有一定水平的论证能力即可，他的工作是不是与前人重复并不重要。笔者的回应是：这个反驳不能成立。对学生论证能力的检验一定要通过创新性工作来进行。如同学生在学习数学例题后，一定要通过新题的正确率来检验其数学能力。如果学生具备一定的论证能力，那么不可能出现他只会解"旧题"而不会解"新题"的情况。换句话说，如果学生只能重复前人已有的工作，那么我们有理由相信，他其实并不具备相应水平的论证能力。

六、结　　语

哲学作为一门学科，其目的是解决哲学问题。在全国高校全面建设新文科的大背景下，创新性地解决哲学问题尤为重要。把前人已有工作重新做一遍不是创新，对前人已有工作有所推进才有创新的可能。如前所述，本文旨在探索哲学创新的必要条件——"推进"。本文的论述基于对传统的"哲学史与哲学论证的关系"这个问题的再思考，进而探索出除哲学论证能力之外的实现哲学创新的另一必要条件：重视当代哲学史，即重视近30年已有的哲学成果形成的历史。要达到哲学创新的目的，除了具有高水平的哲学论证能力以外，对当代哲学史的深度把握必不可少。

哲学学院国际化育人的探索与实践

李慧敏①

为深入学习贯彻习近平新时代中国特色社会主义思想和党的十九大精神，持续深入推进专业教育与思想政治教育紧密结合，全面提升人才培养水平，武汉大学哲学学院以习近平新时代中国特色指导，深入学习贯彻习近平总书记关于教育的重要论述和在哲学社会科学的讲话精神，围绕立德树人根本任务，以全面提升学生国际视野为目标，形成全院全过程全方位育人格局。

围绕一流学科建设和高端人才培养的目标，武汉大学哲学学院一直将国际化建设列为学院工作重点之一。通过推行一系列卓有成效的措施，武汉大学学院在国际哲学领域的学术影响力和知名度稳步上升，在2022年QS世界大学哲学学科排名中武汉大学哲学专业全球排名第46位，在内地高校哲学专业中名列第3。近年来，武汉大学哲学学院主要从重视国际引进人才、积极外专引智、深化中外办学、建设国际一流期刊这4个方面开展国际化育人。

一、重视国际引进人才，助推高质量发展

为落实学校人才强校战略，武汉大学哲学学院从2014年开始聘用长期外籍教师。目前该院共有7名外籍教师全职在岗，如澳大利亚人文科学院

---

① 李慧敏，女，武汉大学哲学学院期刊编辑、外事秘书。

院士 Paul Patton 教授和担任剑桥大学出版社和劳特利奇出版社主编的 James Lewis 教授。

在科研方面，外籍教师们为提高哲学学院国际影响力和知名度，作出了显著贡献。外籍教师们在 A&HCI 和 SSCI 检索收录期刊发表了多篇论文：2019 年 11 篇，2020 年 12 篇，2021 年 12 篇。

为了增强学生们的国际意识，让学生们更好地理解全球的多元文化，武汉大学哲学学院在教学方面按照国际领先高校通行的"2+2"教学量，即：每名外籍教师每个学期必须教授 2 门课程。每个学期保持外籍教师开设 10 门以上的哲学专业课程。外籍教师们对待工作一丝不苟、勤勤恳恳，不断积累教学经验、探索适合中国学生的教学方法，受到了学生的欢迎，获得了武汉大学 2019—2020 学年研究生优秀教学业绩奖和 2020—2021 学年本科优秀教学业绩奖。

二、积极外专引智，丰富国际化学术活动

为进一步促进学生国际视野素养的发展，搭建以学生为主搭建国际学术交流平台，全面推进建设世界一流学科的工作，在国家相关项目的支持下，武汉大学哲学学院积极邀请海外高层次专家学者开展学术合作交流，每学期开展"国际学术前沿"系列讲座，保证每周都有海外专家讲座。近几年来，该院先后邀请了国际哲学联合会主席、爱尔兰皇家科学院院士 Dermot Moran 教授，德国自然科学院院士、欧洲科学院院士、国际科学哲学院院士 Hannes Leitgeb 教授，英国皇家学会会士、英国科学院院士、欧洲科学院院士、国际哲学学院院士、美国文理科学院院士、挪威科学院院士、爱尔兰科学院院士、爱丁堡皇家学会会士 Timothy Williamson 教授，海德堡科学院院士、德国国家科学院院士 Otfried Höffe 教授，俄罗斯科学院院士 Lev D. Beklemishev 教授，荷兰皇家艺术与科学学院院士 Albert Visser 教授，美国人文与科学学院院士 Roy F. Baumeister 教授等多位国际顶级学者来院讲学，形成人才集群效应，让学生了解国际学术前沿、扩大了其学术

视野，激发了其科研的兴趣和能力。

三、深化中外办学，拓宽国际交流合作渠道

为了培养国际化卓越人才，武汉大学哲学学院积极寻求国外优质教育资源，不断拓宽教育国际交流与合作的渠道，选派优秀学生赴境外访学交流。

武汉大学哲学学院创新人才培养模式，强化实践育人功能，提升学生的创新能力，与国际一流大学的人才培养体系相衔接。2019年，该院分别和英国卡迪夫大学和利兹大学签订合作协议，举办了"西方心理学与文化"和"欧洲哲学与文化"第三学期课程与出国课程学习项目，于2019年6月成功派出23名本科生赴英国卡迪夫大学和利兹大学开展暑期课程学习。

为了拓宽人才交流渠道，推动教育对外开放新格局，加强国际间、高校间的合作交流，拓展海外学习交流机会，扩大武汉大学的国际影响力，该院开办了全英文硕士项目，积极开展招收国外硕博留学生工作；与英国利兹大学、阿伯丁大学等校合作，同时开展"1+1+1"双硕士学位项目。

为了进一步营造良好的学术氛围，提高研究生培养质量，提升研究生与国际学术界交流的能力，促进我国哲学专业研究生与海外青年学子的学术交流，武汉大学哲学学院自2017年开始，与政治哲学世界排名第一的亚利桑那大学每年合作举办"当代政治哲学前沿"国际暑期学校，邀请亚利桑那大学政治哲学研究中心主任 David Schmidtz 教授，美国人文科学院院士、澳大利亚人文科学院院士 Philip Pettit 教授，伦敦政经学院前政治学系主任 Chandran Kukathas 教授，美国哥伦比亚大学政治理论讲席教授 Nadia Urbinati 教授等多位国际知名学者为同学们讲授课程，让同学们近距离感受名家风范，了解国际学术前沿热点。

四、建设国际一流期刊，提升哲学学科的国际话语权

为了充分利用国际资源扩大我们的出版阵地，推动中国话语国际化，

武汉大学哲学学院充分依托优势学科和专业团队创办了两种国际期刊，一种是由武汉大学哲学学院全职教师、澳大利亚人文科学学院院士 Paul Patton 教授任主编的国际期刊《社会与政治哲学》(*Journal of Social and Political Philosophy*)。另外一种是经过经国家相关部门批准，由学院全职引进的国际邪教问题著名学者、挪威北极大学 James Lewis 教授任主编的国际期刊《国际邪教问题研究》(*Wuhan Journal of Cultic Studies*)。学术期刊的国际化发展是当前全球一体化发展的必然趋势，是学术交流和融合的需要。国际化的学术期刊是世界了解中国的窗口，亦是提升学科国际影响力的重要媒介。

武汉大学哲学学院坚持将国际化建设作为一流学科建设和三全育人工作的重点之一，致力于"引进来"和"走出去"并重，放眼全球，为学生搭建国际化培养平台，以实现国际化育人的目标。充分发挥学院国际化办学的特色，激励外籍教师助力国际化人才培养体系，配合本科生教学"强基计划"和"拔尖计划2.0"的开展，充分发挥外籍教师教学理念、教学方法国际化的优势，加强与弘毅学堂人文科学试验班，政治学、经济学和哲学试验班(PPE)以及哲学、法学、经济学试验班(PLE)的合作，推进国际化建设，培养具有国际视野、通晓国际规则、理解国际多元文化、拥有参与国际合作交往和竞争能力的未来人才。

实验中心实践育人的挑战和对策探析
——以武汉大学哲学与心理实验教学中心为例

程爱丽[①]

一、实验中心的发展

武汉大学哲学与心理实验教学中心的前身为成立于2007年的心理学基础教学实验室,为了促进优质实验教学资源整合和共享,全面提高学生创新精神和实践能力,结合哲学与心理学学科的特点与优势,武汉大学哲学学院于2017年5月正式成立了哲学与心理学实验教学中心(简称"实验中心")。得益于教育部中央高校改善基本办学条件专项资金的支持,实验中心近几年陆续购置了脑电仪、眼动仪、多导生理记录仪、语音分析仪、行为观测仪、人工智能机器人等,建设实验室16间,包括脑电实验室、眼动实验室、多导生理实验室、行为观察室、心理访谈室、团体活动室、个体咨询室、语音分析与人工智能实验室等。经过近几年的发展,哲学与心理实验教学中心已经基本能承担起本科生实验教学的任务,开设了包括实验心理学实验、认知心理学实验、生理心理学实验、心理统计、心理测评、心理咨询等实操课程,并能为师生科研活动提供一定的平台支撑。

---

① 程爱丽,女,武汉大学哲学学院教学科研管理办公室副主任。

二、实验中心实践育人面对的挑战

（一）刻板印象

如同心理学同学在外面不敢随便说自己专业，以免被人要求"算命"，哲学与心理实验教学中心在学校各职能部门面前，也不敢说自己是哲学院的，以免遭到质疑：哲学院还有实验室？作为对老牌文科老大的刻板印象，大家难以想象哲学院的实验室能做什么。

实际上，高校文科实验室作为"新文科"建设的重要抓手，在支撑新文科建设发展、推动文科研究范式转型方面，有着重要的作用。[①] 2019 年 4 月，教育部与科技部、工信部等 13 个部门联合召开"六卓越一拔尖"计划 2.0 启动大会，提出"新文科"建设进入启动实施阶段，并明确指出传统文科与新科技革命交叉融合是其重要的特征，一场全面深化文科教育体系的改革势在必行。2020 年 12 月，教育部社科司发布《关于启动教育部哲学社会科学重点实验室试点建设工作的通知》，强调"要探索中国特色哲学社会科学重点实验室建设之路，形成建设标准和管理范式"。在新文科建设背景下，如何紧跟时代步伐，进一步将新技术、新方法、新理念融入实践教学，着力打造促进学科交叉融通的教学体系，全面构建新型的实践实验教学平台，为培养社会发展需要的新型文科人才提供实践教学方面的保障，是实验中心发展不得不面对的一大挑战。

（二）归属与认同

外人对哲学院建设实验室存在刻板印象。那学院内部的师生，又是如

[①] 解志韬. 高校文科实验室的功能定位、逻辑机理与建设路径——基于"新文科"发展的交叉科学视角[J]. 南京社会科学，2022(5)：126-132.

何认同哲学与心理实验教学中心的呢？武汉大学哲学学院有哲学、心理两个一级学科；分设哲学、宗教学、心理学3个系，下设10个教研室。实验中心最常听到的称呼是：你们心理学实验室。事实上，哲学与心理实验教学中心，作为学院的内设二级机构，为包括哲学、宗教、心理学专业的师生提供实验教学平台。但在实际使用上，哲学、宗教专业师生使用实验室的频率较低，导致师生形成了实验中心只能心理学系师生使用的错觉，这样的认识不利于学科交叉融合、人才贯通培养。

在新文科建设形势下，中心急需考虑如何让哲学与心理学学科在实验实践教学方面进行交叉融合，扩大学生受益面。原因有二，首先，在申报各类实验教学项目和实验室建设项目时，会面临评审专家对哲学与心理两张皮的质疑，缺乏项目经费支持，实验室建设和发展难以形成长效稳定的发展模式。其次，哲学与心理学学科的学科特性，一个重人文思辨，一个重实证研究，它们在实验实践教学方面的交叉融合，其成功经验也可外化到其他人文社会科学领域，为文科实验室建设提供参考模式。

(三) 长期建设与规划

在长期经费投入方面，实验教学离不开基础设施的投入。2016年之前，哲学与心理实验教学中心的前身心理学基础教学实验室，存在投入经费不足、设备老化、短缺等问题，导致理应开设的实验课由于无设备可用，只能在课堂上讲理论知识。近几年通过教育部中央高校改善基本办学条件专项资金的支持，实验资源有了很大的提升。但哲学学院作为老牌文科学院，由于学校按文科专业进行投入，每年下达给学院的基础学科建设经费远远无法满足实验室建设发展的需求，导致实验室长期建设依然存在很大的压力。

在宏观发展规划方面，实验中心通过制定"十三五""十四五"规划，近几年实验室发展，基本是按照规划在进行。但由于实验室建设规划缺乏学院层面自上而下的指导，缺乏哲学、宗教学专业师生的积极参与，经过近几年的运行，发现存在一些问题。一方面，师生反应实验空间不足、现有设备过少、高尖设备缺乏，如很多设备只有一台，实验教学压力非常大，学生实际操练的时间并不多。另一方面，部分实验室实验模式单一，虽然能在基础层面上满足基本的实验教学需求，但不能适应科技的高速发展对人才培养的需求，也不易激发学生的创新意识，导致学生对单一的实验产生厌烦，制约人才培养。此外，还有部分实验室没有被有效利用，长期处于闲置状态。如何利用现有实验资源进行有效整合利用，在现有条件下探索出适合实验中心长期发展的道路，是未来几年实验中心需要探索的内容。

三、对策与建议

（一）建设具有学院特色的实验中心，加快哲学与心理学科的交流融合

武汉大学哲学与心理学实践教学中心秉承武汉大学"创造、创新、创业"的三创人才培养理念，基于哲学学院"爱智、求真、向善、致美"的院训，根据心理学文、理并蓄的学科特点及实验教学和实践的建设定位，逐步树立了"促进心理健康、培养人文素养、强化动手实践能力、提升创造性解决问题能力"的人才培养理念。该中心要充分利用哲学的思辨性特征，以及心理学的实证性和学科交叉性特征，训练学生敏锐的问题意识和科学的论证方法，指导学生用合适的研究方法探讨社会现实，引导学生具备独立思考能力以及社会责任感。

作为一个由心理学基础教学实验室发展起来的院级实验中心，目前心理学的实验课程较多，后续将进一步落实哲学类的实验实践活动，精炼心理学的实验教学体系，在财力和人力允许范围内，探索学科交叉路径，对人文素质培养与科学论证能力提升进行更深入的融合探索。

我们可以借鉴心理学学科发展的思路和经验，考虑实验中心的进一步发展。武汉大学哲学学院心理学系作为国内"后起之秀"，想在短期内赶超一流，目前已走出一条发展文化心理学的特色道路。以文化为结合点，将心理学与哲学乃至其他社会科学（如社会学、人类学、管理学、新闻传播学、语言学、历史学等）结合起来。目前已经成功举办过两届"文化心理学高峰论坛"，以及号召国内外心理学研究专家定期举办"心理学与中国发展论坛"，在国内外取得了良好的反响。这种"抢占高峰、异峰突起"的建设思路，或许也值得实验中心学习。

（二）提高实验中心日常管理的规范化与信息化

随着实验设备和实验室的增加，实验室日常管理事务也随之增多。实验中心在校、院继续加强对实验教学中心在宏观规划建设和管理方面的指导的同时，充分调动中心的自主性，按照中心定位和总体目标实施建设与管理。如科学地设置和调整岗位、明确岗位职责，进一步完善实验室各项制度，做到规范管理、有据可依。该中心目前各类管理体制和诸项规章制度还在逐步完善中，陆续起草了若干规章制度，包括《哲学学院哲学与心理实验教学中心规章管理条例》《哲学学院哲学与心理实验教学中心开放管理规定》《哲学学院哲学与心理实验教学中心工作人员岗位职责》《实验中心安全管理制度》《实验中心设备管理制度》等，并做到了重要制度上墙，包括《实验中心人员管理制度》《实验中心开放运行制度》《实验中心设备管理制度》《实验中心耗材（含低值耐用品）管理制度》《实验中心安全卫生管理制度》等。关于今后的工作重点，该中心需要依据实际运行情况有针对性地修改完善部分规章制度，同时添加新的规章制度，并做到规章制度的出台程序化、规范化和可操作化，使其发挥出应有的规范管理效用。

随着实验室数量、设备资产的增加，实验室管理与设备管理的任务量剧增。目前实验室采用的是线下预约和传统的"登记—取钥—入室"流程，要想科学合理地管理实验室与设备，保证实验室和设备的安全，简化师生的使用手续，需要将线上预约系统与线下实验室门禁管理系统整合起来。实验室信息化建设，是科学管理实验室的基础。这项工作自哲学学院搬入振华楼后一直在筹划，2018年该中心引入过一个实验室预约系统，但效果不太理想。2019年在市场调研的基础上，该中心与多家公司沟通，确定了实验室门禁管理与实验预约集成平台方案。2020年申报了学校"双一流"建设引导专项"武汉大学实验室安全基础设施改造"项目，但受学校经费削减政策的影响，最后未能获批。今后该中心将继续推进此项工作开展。

（三）加快开放性实验中心建设

武汉大学哲学学院凭借其厚重的人文底蕴，以及心理学包罗万象的交叉优势，加快建设开放实验项目，加大开放实验投入力度，为学生的人文素质教育与心理健康教育贡献力量。具体措施包括：

第一，争取学校的开放性实验项目，为全校学生开设普及人文素养、提升心理素质的课程，包括人文经典诵读、心理知识普及、自我表达与人际互动、两性沟通与成长、职业兴趣测评与生涯规划、身心放松与心理调适、学习自律与拖延干预等。具体形式为指导教师带队，哲学和心理学学生团队负责具体的实验项目开展。通过开放性实验项目，一方面提高了学院部分实验室的利用率，另一方面增强了哲学和心理学专业学生的实操技能，此外也有助于学校学生整体的人文素养和心理健康水平的提高。

第二，为进一步完善和加强开放性实验室建设，该中心出台一系列管理措施以保障师生安全有序地进行实验实践活动，比如，制定公布了《哲学与心理实验教学中心实验室开放使用指导》，以方便学生了解实验室相关情况，预约实验室进行实验操练及自主科研；所有进入实验室的人员须签署《实验室安全责任书》，以尽可能排除各方面隐患，防止实验安全事故的发生；对所有预约使用实验室的人员、用途、使用时间等进行登记，以实现完备管理等。

(四)加大虚拟仿真技术的投入

实验中心紧跟时代步伐,思考如何将新技术、新方法、新理念融入实践教学,其中一项重要内容为虚拟仿真技术教育应用。2020年武汉大学三家单位(哲学学院、历史学院、文学院)联合申报了"面向新文科的人文学部实验教学示范中心建设",其中哲学学院的申报主题为"虚拟心理实验教学体系建设"项目,购置虚拟现实呈现系统、人工智能演示教学系统、虚拟仿真教学系统(包括事件相关电位、眼动、生理多导仪的虚拟仿真)等。学生可通过虚拟系统反复模拟实验操作,积累实验经验和数据分析经验,极大提升教学效果,降低实验仪器的损耗,减少设备不足对实验教学的影响,进而改进教学方法,完善本科课程内容,优化实验教学体系。2021年项目建成,目前已投入使用。

在哲学学院做的"十四五"教学实验室建设规划中,该中心计划继续实施人工智能与虚拟仿真实验教学平台建设,包含人工智能道德心理学综合实验室、生理心理学虚拟仿真实验教学平台、人因工程心理学虚拟仿真实验教学平台、发展心理学虚拟仿真实验教学平台等。虚拟仿真技术的投入,对该实验中心的高尖发展和实验教学质量的提高将起到重要作用。

高校德育需要重情:来自实验的证据

姜兆萍 王 艳①

一、问题提出

"国无德不兴,人无德不立。"一直以来,中国学校教育始终把德育放在教育的首位。大学生作为青年中的重要群体,肩负着复兴中华民族、实现国家富强"中国梦"的时代使命。如何提高大学生道德素养以及高校德育的实效性,一直是高等教育关注的重点问题,学者们从理论与实践等方面进行了广泛的讨论。但是,目前针对大学生德育形式及其实效性的实证研究则相对较少。本文拟采用实验法考察想象道德感染对大学生亲社会行为的影响及共情在其中的重要作用,为大学生德育形式及其过程的探讨提供一些启发和思路。

在道德教育过程中,经常会通过对模范人物的宣传或与之接触来培养人们良好的品质和行为。正所谓"近朱者赤,近墨者黑",在与他人的接触中,好的品质通过感染获得,而坏的品质也会传染开来。Rozin 和 Nemeroff 用心理感染(Psychological Contagion)这一概念来解释通过身体接触人与人或人与物之间传递某种实质(Essence)的现象。② 根据 Rozin 等人

---

① 姜兆萍,武汉大学哲学学院心理系副教授;王艳,武汉大学哲学学院心理系硕士研究生。

② Rozin P, Nemeroff CJ. The Laws of Sympathetic Magic: A Psychological Analysis of Similarity and Contagion[M]// Stigler J G, Shweder R A, Herdt G. Cultural Psychology: Essays on Comparative Human Development. Cambridge, England: Cambridge, 1990.

的观点，心理感染包括感染效应的来源(简称感染源，通常是人或物)和接受者(通常是人)两个部分，心理感染就是某种实质性的特征(如病毒、个体特性或道德品质等)通过空间上的直接或间接(借助于某种媒介)接触，从感染源传递给接受者。相应地，道德感染则是指感染者的某种道德(或不道德)品质或行为通过直接或间接接触传递给接受者。

研究表明，心理和道德感染效应对人们的心理行为具有重要影响。如与不道德者进行直接接触(与之握手)或间接接触(坐其坐过的椅子)，个体都会产生较高的内疚情绪，发生道德感染；① 与杀人犯提供者相比，人们更愿意接受义工提供的心脏移植。② 心理和道德感染不仅可以通过直接或间接的身体接触完成，还可以通过想象等其他非身体接触的方式实现。③

心理想象是人类重要的认知活动，对个体的情绪、认知与行为等都有重要影响。④ 想象作为一种超越时空的自我扩展方式，当现实的接触或交流存在困难时，通过想象可以对个体的心理行为进行塑造和训练。如通过想象接触可以减少对外群体的偏见，⑤ 并且具有长期效应。⑥ 想象还被广泛地应用到专业教师培训、改善人际关系的训练中。在道德教育中，由于

---

① Eskine KJ, Novreske A, Richards M. Moral Contagion Effects in Everyday Interpersonal Encounters[J]. Journal of Experimental Social Psychology, 2013, 49(5): 947-950.

② Hood BM, Gjersoe N L, Donnelly K, et al. Moral Contagion Attitudes towards Potential Organ Transplants inBritish and Japanese Adults[J]. Journal of Contagion and Culture, 2011, 11(3): 269-286.

③ Elliott CM, Radomsky AS. Mental Contamination: The Effects of ImaginedPhysical Dirt and Immoral Behavior[J]. Behavior Research and Therapy, 2012, 50(6): 422-427.

④ Blackwell S E. Mental Imagery: From Basic Research to Clinical Practice[J]. Journal of Psychotherapy Integration, 2019, 29(3): 235-247.

⑤ 于海涛，等. 想象接触减少偏见：理论依据、实践需要与作用机制[J]. 心理科学进展, 2013, 21(10): 1824-1832.

⑥ Schuhl J, Lambert E, Chatard A. Can Imagination Reduce PrejudiceOver Time? A Preregistered Test of the Imagined Contact Hypothesis[J]. Basic and Applied Social Psychology, 2019, 41(2): 122-131; Ioannou, M. The Week After: Do the Effects of Imagined Contact Last Over Time? [J]. Journal of Applied Social Psychology, 2019, 49(7): 459-470.

受到时空等因素的限制,人们很难直接接触到模范人物,往往是通过媒体宣传学习其精神和行为。而根据 Fesmire 的观点,道德知识需要通过想象才能转化为道德智力,这种把个人传记与其生活的环境和历史联系在一起的想象被称为生态想象(Ecological Imagination)。① Fesmire 认为生态想象就是对由各种心理模仿或投射所组成的关系的想象。在道德教育过程中,通过想象可以重新发现超越生活实践并存在于个体心灵之中的道德力量,从而为道德内化确立内在的心灵基础和方法论依据,以弥补经验生活在道德教育过程中的缺失和不足。② 因此,在学校开展思想道德教育时,人们可以通过对道德模范、先进事迹进行想象接触,丰富感知经验,激发被教育者的道德感染,促进道德内化,从而使榜样模范的正能量得到更快、更好的传递和继承。

传统道德教育偏重于外部道德规范、知识的传输,道德被诠释为外在化的行为规范,忽视了人的情感、态度和动机在道德知识与道德行为之间的衔接作用,使学习者游离在产生道德知识、规范的生活情境之外,把道德知识、规范客体化。而来自心理学③和神经科学④的研究表明情绪与道德认知和道德行为之间存在着紧密联系。因此,道德教育不应只关注道德规范的认知和道德行为的塑造,更要尊重学生的自主性,注重教育过程中学生的情感共鸣和体验。

共情是一种能够理解并感受到他人情绪的情绪体验。大量研究表明,

---

① Fwsmire S. Ecological Imagination in Moral Education, East and West [J]. Contemporary Pragmatism, 2012, 9(1): 205-222.
② 薛晓阳. 道德想象: 一种新的德育方法论[J]. 高等教育研究, 2007, 28(7): 25-30.
③ Feldmanhall O, Son JY, Heffner J. Norms and the Flexibility of Moral Action[J]. Personality Neuroscience, 2018(1): 1-14.
④ Terbeck S, Savulescu J, Chesterman LP, et al. Noradrenaline Effects on Social Behaviour, Intergroup Relations, and Moral Decisions[J]. Neuroscience and Biobehavioral Review, 2016(66): 54-60.

共情与亲社会行为之间存在显著正相关，能够显著预测亲社会行为。① 在阅读时，对故事情节和人物进行充分想象的个体，与其他两组仅关注语义或休闲阅读的个体相比，对主人公感受到更高水平的共情，其表现的亲社会行为是休闲阅读组的3倍，② 并且人们会对高道德评价者产生显著的疼痛共情，而对低道德评价者则没有此类反应。③ 也就是说人们对道德水平高的个体更容易产生共情反应，而与高道德水平个体的接触则可以诱发积极道德感染。那么在道德感染领域，当个体通过直接或间接方式接触到高道德水平者或其所有物时，如果个体的共情水平提高了，那么其亲社会行为可能也会增加。

目前，有关道德感染如何影响亲社会行为的过程因素研究较少。因此，本文拟考察在想象情境下，积极道德感染与亲社会行为之间的关系，以及共情在两者之间可能存在的中介作用，以期为大学生德育形式和过程的探讨提供实证支持。

二、研 究 设 计

（一）数据来源

在研究前，笔者通过线上和线下的方式招募武汉大学在校学生62名，年龄范围在18~30岁，男生30人，女生32人，所有大学生随机分配到实验组和控制组，两组学生性别匹配适当。

---

① 丁凤琴，陆朝晖. 共情与亲社会行为关系的元分析[J]. 心理科学进展，2016(8)：1159-1174.

② Johnson D R, Cushman GK, Borden LA, et al. Potentiating Empathic Growth: Generating Imagery while Reading Fiction Increases Empathy and Prosocial Behavior [J]. Psychology of Aesthetics, Creativity, and the Arts, 2013, 7(3)：306-312.

③ 李想，等. 好人更值得怜悯？道德评价影响疼痛共情的ERP研究[J]. 中国临床心理学杂志，2018，26(1)：47-51.

(二)材料和问卷

(1)帽子评价问卷。让大学生对一项运动帽(前有帽檐)完成有关帽子质量和感受的调查问卷。4道题目,7点评分,从"完全不符合"到"完全符合"。得分越高满意度越高。

(2)实验组材料:让大学生想象戴上帽子,并阅读材料。材料的主要内容为:帽子的主人是省内某高校一名品学兼优的大三学生,该生乐于助人,定期到养老院看望老人,并拯救落水儿童后不留名、不计报酬,被省政府及学校授予"见义勇为先进个人"的荣誉称号。

(3)控制组材料:让大学生想象戴上帽子,并阅读材料。材料的主要内容为:帽子的主人是本省某高校一名普通大三学生,该生成绩中等,在校表现一般。

(4)道德感染问卷。采用改编的自评问卷,7个题目,7点评分,如"我感觉我的身体受到了正性感染"。得分越高道德感染程度越高。问卷的内部一致性系数为0.89。[①]

(5)共情问卷。采用台湾学者詹志禹本土化修订的Davis编制的人际反应量表(Interpersonal Reactivity Index, IRI)。问卷主要测量个体对他人的同情和关心,共22个题项4个因子:观点采择、想象力、共情关注和个人痛苦,从"不恰当"到"很恰当"5点评分,得分越高表示共情水平越高。该量表的内部一致性系数为0.74。

(6)亲社会行为。采用慈善捐助任务,[②] 要求大学生想象自己已经本科或者研究生毕业很长时间,选择愿意将自己每年收入的多大比例用于慈善事业。选项有:"1%或者更少,2%~3%,4%~5%,6%~10%,

---

① 李鸿展. 近墨者黑:不道德传染对道德判断的影响[D]. 桂林:广西师范大学硕士论文, 2014.

② Garcia SM, Weaver K, Moskowitz G B, et al. Crowded Minds: The Implicit Bystander Effect[J]. Journal of Personality and Social Psychology, 2002, 83(4): 843-853.

10%～15%，16%～20%，20%以上。"选择的比例越大，表示亲社会行为越多。

(三) 实验程序

每位大学生在实验室个别施测。为了避免参加实验的大学生猜到研究目的，告知其该研究是为某帽子厂进行顾客满意度调查。大学生先完成一顶帽子的质量和感受评价问卷。然后被随机分配到实验组和控制组，阅读实验材料，阅读后要求大学生尽可能充分、清晰地对阅读材料进行想象体验30秒，然后完成道德感染、共情和亲社会行为等问卷。

三、研究结果与分析

(一) 操作检验

对实验组与控制组的道德感染得分进行独立样本 t 检验。结果显示：实验组道德感染得分（$\bar{x}=25.30$，$s=6.35$）显著高于控制组（$\bar{x}=12.21$，$s=3.37$），$t(65)=10.47$，$P<0.001$，$d=1.44$（$d=0.2$，表示小效果量；$d=0.5$，为中等效果量；$d=0.8$，为大效果量）。这表明实验中对想象情境下道德感染的操纵是有效的，实验组成功诱发了道德感染。

(二) 亲社会行为和共情的组间比较

对实验组与控制组的亲社会行为和共情得分分别进行独立样本 t 检验。结果显示：实验组的亲社会行为（$\bar{x}=3.42$，$s=1.23$）和共情（$\bar{x}=78.97$，$s=7.45$）得分都显著高于控制组亲社会行为（$\bar{x}=2.70$，$s=1.19$）和共情（$\bar{x}=74.61$，$s=6.61$），其中，$t_{亲社会行为}(75)=2.45$，$P<0.05$，$d_{亲社会行为}=$

0.67；$t_{共情}(65)=2.52$，$P<0.05$，$d_{共情}=0.66$。

(三) 道德感染、亲社会行为、共情的相关分析

表 1 显示，共情与亲社会行为和道德感染之间均存在显著正相关。

表 1　道德感染、亲社会行为与共情的相关分析结果($N=66$，r)

	道德感染	亲社会行为	共情
道德感染	1		
亲社会行为	0.498**	1	
共情	0.599**	0.696**	1

注：** 表示 $P<0.01$。

(四) 共情在道德感染与亲社会行为间的中介作用分析

采用 Hayes 编制的 SPSS 宏(PROCESS is written by Andrew F. Hayes, http://www.afhayes.com)中的 Model4 对中介模型进行分析，偏差校正的百分位 bootstrap 法对结果进行检验，抽取 5000 个样本，估计中介效应的 bootstrap95% 置信区间。分析表明(见表 2)：道德感染到亲社会行为的路径显著，道德感染到共情的路径显著，共情到亲社会行为的路径显著，而加入了共情后，道德感染到亲社会行为的路径不显著(95% 置信区间的上限与下限之间包括 0)。因此，共情在想象道德感染与亲社会行为之间具有完全中介作用(见图 1)。其中，道德感染到亲社会行为的总效应为 0.08[$t=4.00$，$P<0.001$，95% 置信区间 CI(0.04，0.11)]，直接效应为 0.02[$t=0.94$，$P>0.05$，95% 置信区间 CI(-0.02，0.06)]，间接效应为 0.06[95% 置信区间 CI(0.040，0.09)]，间接效应占总效应的 74.68%。

表 2　共情在道德感染与亲社会行为间中介效应分析结果（$N=66$）

回归方程		整体拟合指标			回归系数显著性		95%的置信区间	
结果变量	预测变量	R	R^2	F	β	t	下限	上限
共情	道德感染	0.60	0.36	34.78***	0.53	5.90***	0.35	0.71
亲社会行为	共情	0.70	0.49	38.24***	0.11	5.02***	0.06	0.15
	道德感染				0.02	0.94	−0.02	0.06
亲社会行为	道德感染	0.50	0.25	16.04	0.08	4.00***	0.04	0.11

注：*** 表示 $P<0.001$。

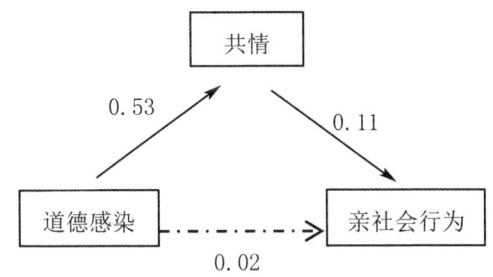

图 1　共情在道德感染与亲社会行为间的中介模型

四、结论与建议

常言道：近朱者赤，近墨者黑。近朱者的"赤"，正是受积极道德"感染"所致；近墨者的"黑"，则是不道德因素"传染"的结果。如何扩大积极的道德影响，强化"感染"，避免"传染"，使社会正能量尽可能广泛地传递，并不断增强人们对不道德因素的免疫力，这对于提高道德教育实效性、践行社会主义核心价值观具有重要意义。但以往研究较少从积极方面探讨道德感染对个体心理行为的影响，并且道德感染对个体心理行为影响机制的研究也相对缺乏。因此，本文通过考察想象条件下，积极道德感染对大学生亲社会行为的影响，以及共情的中介作用，对大学生德育形式及其过程进行了比较有益的探讨,为如何提高高校德育实效性提供实证支持。

研究结果显示,在想象条件下,实验组的道德感染和亲社会行为都显著高于控制组,其效果量分别达到大的和中等水平。这表明与道德者的间接想象接触不仅能够成功诱发个体积极的道德感染,并且能促进其亲社会行为的发生。想象能够激发道德感染已经获得许多研究的支持,如与想象接受过失杀人犯或意外死亡者的心脏器官捐赠者相比,想象接受自杀者的心脏使被捐赠者感到更不舒服,他们认为捐赠者不好的特质可能会传递给自己;① 在想象情况下,人们更不愿意使用严重道德违法者(与非道德违法者和轻微道德违法者相比)使用过的叉子。② 想象作为人类重要的认识活动,可以弥补经验生活的不足,在把道德行为规范提升到道德价值信念过程中具有非常重要的作用。③ 根据 Fletcher 有关道德想象(moral imagination)的观点,道德想象是从多个甚至不相容的参照系中对给定环境进行想象的能力,以确保个体能够拥有更宽广的道德视角来接近和评估生活经验。④ Fletcher 认为,进行道德想象的个体,与没有进行道德想象的个体相比,他们更能够辨别出情境中显著的伦理特征,并能够更好地对他人做出共情反应。

对想象条件下道德感染如何影响亲社会行为的分析结果表明,共情与积极道德感染和亲社会行为之间都存在显著正相关,并且共情在两者之间起完全中介作用。这表明当对道德模范进行想象接触时,所诱发的积极道德感染主要通过激发个体的共情反应来促进其亲社会行为的发生,并且道德感染程度越高,激发的共情水平越高,越能够促进个体亲社会行为的产

---

① Balkcom E R, Alogna V K, Curtin E R, et al. Aversion to Organs Donated by Suicide Victims: The Role of Psychological Essentialism[J]. Cognition, 2019, 192: 1-8.

② Tapp C, Occhipinti S. The Essence of Crime: Contagious Transmission from Those Who Have Committed Moral Transgressions[J]. The British Psychological Society, 2016, 55(4): 756-772.

③ Fwsmire S. Ecological Imagination in Moral Education, East and West [J]. Contemporary Pragmatism, 2012, 9(1): 205-222.

④ Fletcher N M. Envisioning the Experience of Others: Moral Imagination, Practical Wisdom, and the Scope of Empathy[J]. Philosophical Inquiry in Education, 2016, 23(2): 141-159.

生。本文与已有研究取得了比较一致的结果。如道德认知通过道德情感间接影响青少年的亲社会行为;① 阅读时对故事情节和人物进行充分想象,会使个体产生更多的共情反应和亲社会行为。② 虽然目前对共情的研究多于消极事件相联系,但是研究表明共情与积极社会事件的共变关系显著强于与消极社会事件的共变关系。③ 为什么会这样呢？根据 Telle 和 Pfister 的观点,共情是个体做出亲社会行为的先行条件,在面对一个积极社会事件时,个体可能先诱发出积极的共情反应,然后才能够引发亲社会行为。之所以如此,Telle 等人认为个体是为了维持并延长由积极社会事件感知到的积极情绪才会做出亲社会行为,即亲社会行为是个体为了体验并维持积极情绪而自我奖励的结果。因为,对积极情绪的体验和追求是人们无意识的、自发的反应,而助人是令人愉悦的、幸福的,助人可以让人们体验到积极的情绪。④ 来自神经生物学的研究结果也支持了个体做出亲社会行为是对共情这一积极情绪奖励的观点。当被试者向慈善机构捐款时,其大脑中的尾状核、伏隔核和脑岛等区域被激活,这些脑区被称为大脑的奖励系统,当人们品尝美味的甜点或获得金钱时,这些脑区也会被激活。⑤ 这表明当个体感知到他人的需要并给予他人帮助的时候,大脑中的奖励系统就会激活,令个体感到愉悦。在本文中,共情在积极道德感染与亲社会行为

---

① Graaff J V D, Carlo G, Crocetti E, et al. Prosocial Behavior in Adolescence: Gender Differences in Development and Links with Empathy [J]. Journal of Youth Adolescence, 2018, 47(5): 1086-1099.

② Johnson D R, Cushman GK, Borden LA, et al. Potentiating Empathic Growth: Generating Imagery while Reading Fiction Increases Empathy and ProsocialBehavior [J]. Psychology of Aesthetics, Creativity, and the Arts, 2013, 7(3): 306-312.

③ Telle NT, Pfister HR. Positive Empathy and Prosocial Behavior: ANeglected Link [J]. Emotion Review, 2016, 8(2): 154-163.

④ Martela F, Ryan RM. Prosocial Behavior Increases Well-being and Vitality even without Contact with the Beneficiary: Causal and Behavioral Evidence [J]. Motivation and Emotion, 2016, 40(3): 351-357.

⑤ Harbaugh W T, Mayr U, Burghart D R. Neural Responses to Taxation and Voluntary Giving Reveal Motives for Charitable Donations [J]. Science, 2007, 316(5831): 1622-1625.

间具有完全中介作用，这证实了 Telle 和 Pfister 的共情是亲社会行为先行条件的观点。个体在道德模范的积极道德感染影响下，先是唤醒了道德情绪共情，进而产生亲社会的道德行为，即共情在道德感染与道德行为之间具有重要的桥梁作用。

研究结果对于理解社会正能量的传播方式与途径，以及如何更有效地开展大学生道德教育、塑造良好品质具有比较重要的启发意义。首先，想象道德感染可以为高校德育课程设计提供一种新思路。向道德模范学习是道德教育的重要途径之一。但是，心理感染强调感染源与感染接受者在身体上的直接或间接接触，而在现实生活中，要把心理感染效应应用到道德教育中，无论是与模范人物进行身体的直接或间接接触（接触模范人物的所有物或其直接接触过的事物）都比较难以实现。而在本研究中，通过想象与道德模范或其所有物进行间接接触，同样可以诱发大学生的积极道德感染，进而促进其亲社会行为的产生。因此，把想象道德感染效应应用到德育课程设计中，可以打破时空限制，使得对道德模范精神和行为的学习更加具体、直接和生动。

其次，高校道德教育需要"重情"。研究发现，共情在积极道德感染与亲社会行为间具有完全中介作用，共情是两者联系的重要桥梁。这表明道德感染不是单纯的观念层次上的，而更是情感层次上的道德认同。感染者的道德形象，以其动人心魄的力量，触动了被感染者的情感世界，从而潜移默化地实现了道德增殖。这一研究结果揭示了人们在道德教育中尤其需要"重情"，要强调在体验中促发个体认知和情感的融合。富有情绪、情感的德育，才更能激发个体对道德知识、规范的实践与表达，道德情绪是把道德知识、规范转化为道德行为的动力因素。在道德感染中，道德认同的完成，不是基于对道德规范的清醒认识和科学分析，而是以情感为中介，通过心理距离的不断缩减和高尚灵魂的反复浸润而逐步实现的。因此，在高校德育过程中，应该避免与现实社会脱节的道德规范的灌输和说教，充分激发大学生在道德教育中的自主性，让学生的理性与情感体验共同参与到道德教育中，实现道德认知与道德情感的共鸣与提升，从而实现道德规范与行为从他律到自律的转变与升华。